강의가 교재보다 암기속도& 지속성 3배 더 효과적!

" 350만이 선택한 이유있는 해마학습법, 3배 빠르고, 10배 오래 기억 "

정말 연상법은 사람 뇌의 한계를 깨버리는 것 같아요! 듣는것 만으로도 99.9% 다 외워져요.

EVENT 1

100% 증정 룰렛이벤트!

꽝 절~대 없는 100% 즉석당첨 이벤트!!!

룰렛 돌리고 특급혜택 받자!

이벤트 참여방법

1. 경선식에듀 이벤트 QR코드 스캔
2. 응모시작 START 버튼 클릭!
3. 푸짐한 경품이 와르르!

자세히보기

* 본 이벤트는 내부사정에 따라 이벤트 기간 및 상품이 변경될 수 있습니다.

EVENT 2

100% 증정 명예의전당 이벤트!

명예의전당에 이름을 올리면? 문화상품권 100% 증정!

중학영단어 초단기완성하고 문화상품권 받자!

이벤트 참여방법

1. 경선식에듀 이벤트 QR코드 스캔
2. 중학 명예의전당 등록!
3. 누구나 100% 증정! 문화상품권 받기

자세히보기

* 본 이벤트는 내부사정에 따라 이벤트 기간 및 상품이 변경될 수 있습니다.

3배 빠르고 **10배** 오래 기억되는

경선식 중학 영단어 기본

지은이 경선식
만화 이소영

저자
경선식

약력

대한민국 최다 영어 어휘 수강생 보유
연세대 졸업
㈜ 경선식에듀 대표
前 메가스터디 외국어영역 1타강사
前 EBS 라디오 '경선식 고교 영단어' 진행
前 영단기, 공단기 단기학교 어휘 강의

저서

경선식 중학 영단어 - 기본
경선식 중학 영단어 - 완성
경선식 수능 영단어 Vol. 1(기본)
경선식 수능 영단어 Vol. 2(완성)
경선식 영숙어 초스피드 암기비법 - 수능
경선식 EBS 영단어 초스피드 암기비법
경선식 영단어 초스피드 암기비법 - 공·편·토 (수능고난도)
경선식 영단어 초스피드 암기비법 - 토익
경선식 영단어 초스피드 암기비법 - 최고난도
경선식 영단어 초등 ③~④학년
경선식 영단어 초등 ⑤~⑥학년
경선식 영단어 초스피드 암기비법 - 만화
경선식 영문법 WARM UP
경선식 영문법 SPURT
경선식 영문법 PERFECTION
경선식 영문법 어법문제 완성
경선식 수능독해 기본
경선식 수능독해 초스피드 유형별 풀이비법
경신식 수능독해 완성
메가스터디 외국어영역 1000제
메가스터디 외국어영역 문법 300제
그 외 다수

경선식 중학 영단어 기본

펴낸날 2022년 10월 10일 (개정판 제4쇄)
펴낸곳 ㈜도서출판 경선식에듀
펴낸이 경선식
마케팅 박경식
디자인 DOTS
주소 서울시 서초구 서초 중앙로 56(서초동) 블루타워 9층
대표전화 02-597-6582
팩스 02-597-6522
등록번호 제 2014-000208호
ISBN 979-11-89902-13-1

파본은 교환해 드립니다.

강의 및 교재 내용 문의 : 경선식에듀 고객상담센터 02-597-6582 **/ 경선식에듀 홈페이지**(kssedu.com)

완벽에 완벽을 더하다
경선식 중학 영단어

그동안 경선식영단어는 수만 개의 수강후기 글과 영상 등을 통하여 그 효과는 이미 검증되었고 강의를 활용한 학생들 중에는 중학 전체 단어를 단 하루 만에, 또는 이틀 만에 암기한 학생도 있었습니다. 그럼에도 불구하고 그동안 다수의 경쟁자들에 의해 결코 사실이 아닌 의도적인 음해와 비난도 받아왔습니다. 또한 그에 영향을 받은 많은 학생들이 직접 공부하거나 강의를 들어보지도 않고 맹목적으로 그 비난에 동조하기도 했습니다. 그 비난들이 사실이었다면 당연히 경선식영단어는 20년 가까이 1~2위를 다투는 베스트셀러로 자리매김해오지 못했을 것입니다.

책으로는 3~5배, 강의를 활용하면 10배 더 효과적이라는 말을 믿지 못하는 학생들도 있겠지만 그 수치들은 많은 경험자들과 TV 방송 실험 등에 의해 나온 숫자입니다. 제 이름을 걸고 경선식영단어의 효과에 대해서 한 치의 거짓도 없음을 약속드릴 수 있습니다.

경선식영단어 시리즈인 공편토와 수능에 이어 드디어 중학 책도 혁명과도 같은 대대적인 개편을 단행하였습니다.

더 이상 개정하고 발전시킬 게 없도록 그동안의 노력과 노하우가 모두 녹아있는 완벽한 책으로 만들겠다는 생각으로 이번 개정판을 만들었습니다. 아마도 여러분이 공부하다보면 그러한 노력들이 여러분에게 깊이 와닿을 것이라 생각합니다.

Heaven helps those who help themselves.
(하늘은 스스로 돕는 자를 돕는다.)

다 차려놓은 밥상에서 숟가락질의 노력도 하지 않는 제자들은 없길 바랍니다.

이 책에 대한 신뢰를 가지고 최소한의 노력만 해준다면 제 책과 강의는 결코 여러분을 배신하지 않을 것임을 약속드립니다.

저자 경선식

해마학습법의 원리는 연상기억법

전세계 암기왕의 암기비법 = 해마학습법

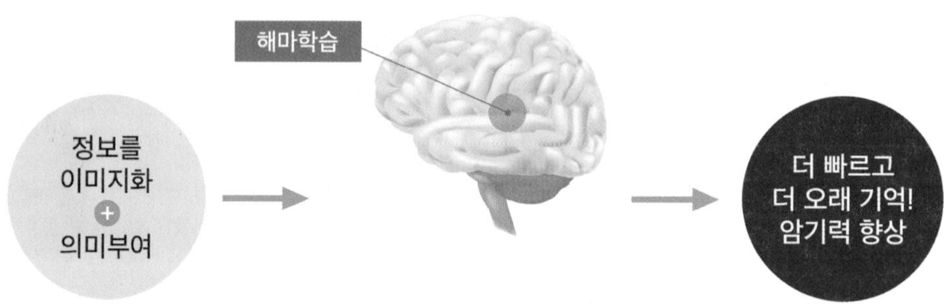

우리 뇌 속 기억 저장을 담당하는 기관인 해마는 정보를 이미지화하면 더 활발하게 작용해 더 빠르고 오래 암기합니다. 해마학습법은 바로 이 원리를 이용해 영어공부를 단기간 효과적으로 진행할 수 있도록 도와주는 과학적이고 체계적인 학습법입니다.

방송으로 검증된 과학적 해마학습법

JTBC 알짜왕 장기기억 암기력 평균 10배 향상!

장기적인 효과까지 차원이 다르다!

중학 영단어 초단기 완성

"1년 7개월이 지난 지금 다시 복습테스트를 봐서 100점을 받았습니다."

이틀 만에 완강하게 되어 기뻤고, 48일 후 단어시험 100점 그리고 1년 7개월이 지난 후에도 복습 테스트에 100점을 받게되었습니다.

영단어 암기만으로도 성적향상 가능하다!

중학 영어 점수 급상승

경선식을 할까? 말까? 고민하시는 분들에게 무조건 추천드립니다.
한번 강의를 수강하면 거의 안 잊어버려요! 제 인생 최고의 강의였습니다.

30점 → 97점

경선식영단어를 공부하며 좋았던 점은, **10배 더 오래가는 경선식영단어였어요. 단어를 먼저 완벽하게 암기해놓으니까, 문법 독해할 때 막힘이 없어 빠르게 공부**할 수 있었답니다!

이*원 수강생

45점 → 95점

다른 어학원을 다니면서 가장 스트레스를 받았던 부분이 단어암기였습니다. 하지만 **경선식영단어 강의를 들으면서 매우 빠르게 암기**되었고, **더 놀라웠던 건 오래 기억된다는 사실**이었습니다. 해마학습법을 통해 암기하다 보니 훨씬 영어가 재밌어졌습니다.

김*영 수강생

58점 → 98점

해마학습법을 이용해서 암기하니까, **하루에 100단어 150단어까지도 외울 수 있었어요. 지금껏 몇 년 동안 했던 영어공부보다 경선식에듀에서의 3달이 더 알차고 효과적이었습니다.**

조*현 수강생

학습효율 업그레이드
중학 영단어 200% 활용 가이드

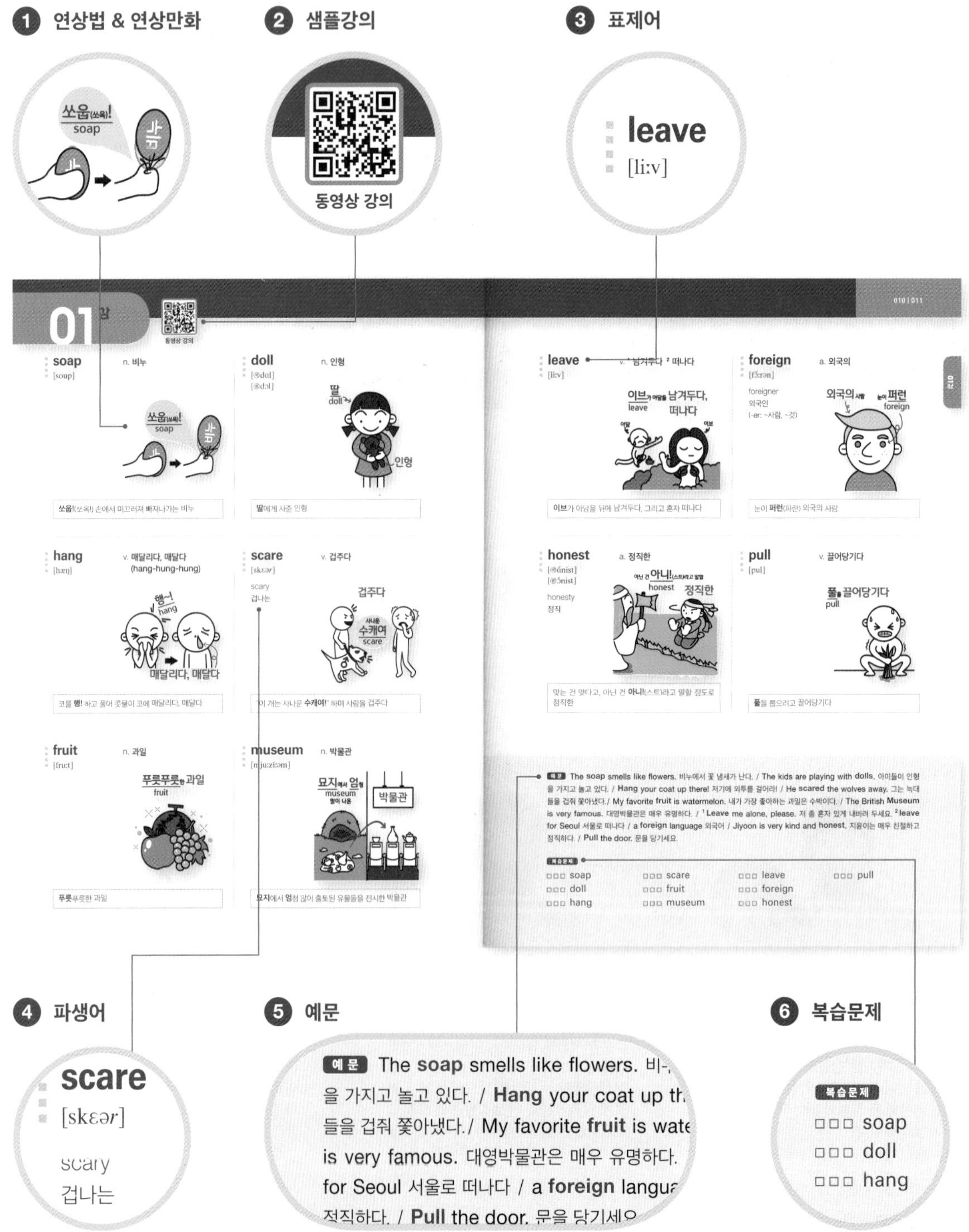

7 복습관리 01 1강 단위 복습 05 5강 단위 복습 15 15강 단위 복습 30 30강 단위 복습 / 파생어 복습

noisy 01 05 15 30 30 30
argue 01 05 15 30 30 30
honor 01 05 15 30 30 30
culture 01 05 15 30 30 30
lonely 01 05 15 30 30 30

8 경쌤's TIP

경쌤's TIP

복습 없이 진도만 나가는 것은 절대 금물입니다.

10단어마다 있는 복습문제를 이용하여 각 10단어

03강 복습하기

01 1강 단위 복습 05 5강 단위 복습 15 15강 단위 복습 30 30강 단위 복습

다음 단어들의 뜻이 1초 내에 생각나지 않으면 각 강의 단위에 표시를 하고 표시한 단어들을 다시 복습하세요.
(학원이나 학교의 숙제용 주관식 문제는 별도로 p.254~p.268에 있습니다.)

noisy	01 05 15 30 30 30	set❸	01 05 15 30 30 30
argue	01 05 15 30 30 30	deaf	01 05 15 30 30 30
honor	01 05 15 30 30 30	fireman	01 05 15 30 30 30
culture	01 05 15 30 30 30	thin	01 05 15 30 30 30
lonely	01 05 15 30 30 30	thick	01 05 15 30 30 30
alone	01 05 15 30 30 30	fog	01 05 15 30 30 30
scissors	01 05 15 30 30 30	advice	01 05 15 30 30 30
cruel	01 05 15 30 30 30	along	01 05 15 30 30 30
glory	01 05 15 30 30 30	hide	01 05 15 30 30 30
weapon	01 05 15 30 30 30	strike❶	01 05 15 30 30 30
necessary	01 05 15 30 30 30	strike❷	01 05 15 30 30 30
half	01 05 15 30 30 30	boredom	01 05 15 30 30 30
trip	01 05 15 30 30 30	discuss	01 05 15 30 30 30
set❶	01 05 15 30 30 30	deer	01 05 15 30 30 30
set❷	01 05 15 30 30 30	dear	01 05 15 30 30 30

파생어, 숙어 복습

noise	01 05 15 30 30 30	sunset	01 05 15 30 30 30
argument	01 05 15 30 30 30	advise	01 05 15 30 30 30
cultural	01 05 15 30 30 30	adviser(=advisor)	01 05 15 30 30 30
loneliness	01 05 15 30 30 30	bored	01 05 15 30 30 30
glorious	01 05 15 30 30 30	boring	01 05 15 30 30 30
necessity	01 05 15 30 30 30		

동사의 과거, 과거분사형 복습

set	—	01 05 15 30 30 30
hide	—	01 05 15 30 30 30
strike	—	01 05 15 30 30 30

032 | 033

경쌤's TIP

복습 없이 진도만 나가는 것은 절대 금물입니다.

10단어마다 있는 복습문제를 이용하여 각 10단어를 완벽하게 암기하고
또한 각 강 마지막에 있는 복습문제를 활용하여
각 단어의 뜻이 "1초 내에" 생각날 정도로 완벽하게 복습해야 합니다.

복습문제 단어의 옆에 있는 작은 네모 칸에 1초 내에 뜻이 생각나지 않는 단어들을 표시하고
완벽하게 암기할 때까지 반복 복습하도록 하세요.

그리고 **각 강을 마친 후 바로 복습**을 하지 않으면
복습하지 않고 지나가는 시간에 비례하여 복습에 걸리는 시간이 늘어나게 됩니다.
반드시 **각 강을 끝내고 난 후 지체 없이 복습**을 하세요.

033

암기 효과 극대화!!!
최고의 효율을 위해 이렇게 공부하세요

TIP 1 목표는 '뜻'을 암기하는 것입니다.

목표는 뜻을 암기하는 것입니다. 연상을 뜻으로 연결시키는 부분에 집중하면서 감정이입을 통해 그 뜻을 직접 느끼고, 행동하고, 생각하면서 암기하세요.

TIP 2 1초 이내에 뜻이 생각나지 않는다면 복습하세요.

복습할 때 1초 내에 그 뜻이 생각나지 않는 단어는 완벽하게 암기한 단어가 아니니 복습 표기란에 표시해 두고 반복해서 암기하세요.

TIP 3 복습은 학습이 끝난 후 5분 내외로 해야 합니다.

강의가 끝난 직후 3분 내외의 복습이면 완벽하게 암기할 수 있지만 시간이 더 흐른 후에 복습하면 더욱 많은 시간이 걸리게 됩니다. (에빙하우스의 망각곡선을 검색해보세요.)

TIP 4 예문 학습은 어휘를 100% 암기한 후에 하세요.

책에 나오는 어휘를 첫 강부터 마지막 강까지 100% 다 암기했다는 자신감이 생겼을 때, 그때 예문을 공부하도록 하세요. 단, 단어 뜻이 잘 와닿지 않거나 그 단어 활용이 어떻게 될지 잘 모를 때는 처음 단계라도 예문을 보도록 하세요.

TIP 5 복습은 1강, 5강, 15강 단위로 빠짐없이 하세요.

각 강마다 복습문제가 있습니다. 1강 단위, 5강 단위, 15강 단위, 전체 복습을 빠짐없이 해야 합니다. 복습하면서 잘 생각나지 않는 단어는 표시를 하고 완벽하게 암기될 때까지 그 표시한 단어들을 반복 복습하세요.

TIP 6 처음에는 표제어 암기에만 집중하세요.

처음에는 표제어 암기에만 집중하세요. 책이나 강의 전체 1회독을 마친 후에 파생어를 공부하도록 하세요. 파생어 공부 방법은 표제어에서 어떻게 변화가 되었는지 어미변화에 신경 쓰면서 1~2번 정도 가볍게 읽고 넘어가세요. 그렇게 공부해 나가다 보면 파생어의 어미변화에 대해 자연스럽게 터득하면서 책 전체의 파생어를 공부하게 될 것입니다. 그 이후 다시 1강부터 파생어를 좀 더 완벽하게 암기해 나가는 것이 효율적인 방법이 될 것입니다.

TIP 7 강의 들을 때는 절대 필기하지 마세요!

강의 자체가 단어 암기하는 시간입니다. 필기를 하게 되면 강의에 집중하지 못할 수 있습니다. 최대한 강의에만 집중해서 선생님의 발음을 따라하면서 암기하고 때로는 행동까지 따라하면서 단어 암기 자체에만 집중하도록 하세요.

TIP 8 강의 배속을 높여 학습시간을 절약하세요.

강의에 익숙해지면 암기에 방해되지 않는 선에서 강의 배속을 높여서 들어보세요. 더 많은 시간을 절약할 수 있습니다.
(한 강을 10~15분 안에 완벽하게 암기할 수 있게 됩니다.)

하루 1시간 10일 완성
영단어 초단기완성 레이스 도전!

하루 3강 (강의당 15분 / 평균 45분) + 복습 (강의당 3분 + 누적복습 5분) / 총 15분) - 하루 1시간

1일 1시간! 10일 집중 코스

1DAY	2DAY	3DAY	4DAY	5DAY
1~3강 □	4~6강 □	7~9강 □	10~12강 □	13~15강 □
복습 □	복습 □	복습 □	복습 □	복습 □
6DAY	**7DAY**	**8DAY**	**9DAY**	**10DAY**
16~18강 □	19~21강 □	22~24강 □	25~27강 □	28~30강 □
복습 □	복습 □	복습 □	복습 □	복습 □

CONTENTS

중학 기본, 필수단어로 30강으로 구성하였습니다.

01 강

동영상 강의

soap n. 비누
[soup]

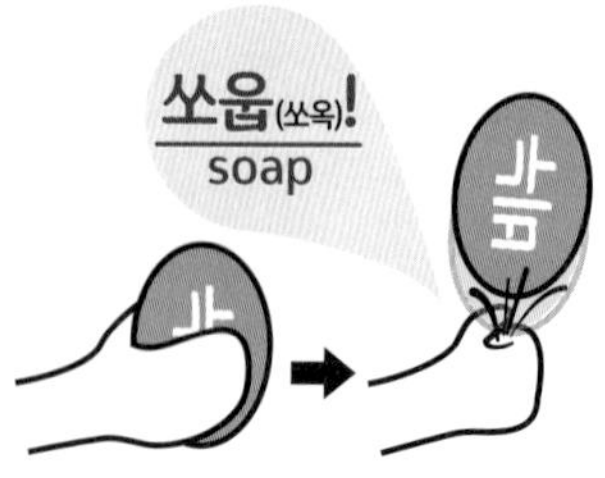

쏘웁!(쏘옥!) 손에서 미끄러져 빠져나가는 비누

doll n. 인형
[ⓜdɑl]
[ⓨdɔl]

딸에게 사준 인형

---

hang v. 매달리다, 매달다
[hæŋ] (hang-hung-hung)

코를 **행!** 하고 풀어 콧물이 코에 매달리다, 매달다

scare v. 겁주다
[skɛər]

scary
겁나는

"이 개는 사나운 **수캐여!**" 하며 사람을 겁주다

---

fruit n. 과일
[fruːt]

푸룻푸룻한 과일

museum n. 박물관
[mjuːzíːəm]

묘지에서 **엄**청 많이 출토된 유물들을 전시한 박물관

leave

[liːv]

v. [1] 남겨두다 [2] 떠나다

이브가 아담을 뒤에 남겨두다, 그리고 혼자 떠나다

foreign

[fɔ́ːrən]

a. 외국의

foreigner
외국인
(-er: ~사람, ~것)

눈이 **퍼런**(파란) 외국의 사람

honest

[㉠ ɑ́nist]
[㉢ ɔ́nist]

a. 정직한

honesty
정직

맞는 건 맞다고, 아닌 건 **아니!**(스트)라고 말할 정도로 정직한

pull

[pul]

v. 끌어당기다

풀을 뽑으려고 끌어당기다

예문 The **soap** smells like flowers. 비누에서 꽃 냄새가 난다. / The kids are playing with **dolls**. 아이들이 인형을 가지고 놀고 있다. / **Hang** your coat up there! 저기에 외투를 걸어라! / He **scared** the wolves away. 그는 늑대들을 겁줘 쫓아냈다. / My favorite **fruit** is watermelon. 내가 가장 좋아하는 과일은 수박이다. / The British **Museum** is very famous. 대영박물관은 매우 유명하다. / [1] **Leave** me alone, please. 저 좀 혼자 있게 내버려 두세요. [2] **leave** for Seoul 서울로 떠나다 / a **foreign** language 외국어 / Jiyoon is very kind and **honest**. 지윤이는 매우 친절하고 정직하다. / **Pull** the door. 문을 당기세요.

복습문제

□□□ soap	□□□ scare	□□□ leave	□□□ pull
□□□ doll	□□□ fruit	□□□ foreign	
□□□ hang	□□□ museum	□□□ honest	

dawn n. 새벽
[dɔːn]

동이 트는 새벽

follow v. 따라가다
[㉶ fálou]
[㉹ fɔ́lou]

following
뒤따르는
(-ing: 형용사형 어미)

앞사람을 **팔로** 잡고 따라가다

ache v. 아프다 n. 아픔
[eik]

에이크! 아파라, 즉 아프다, 아픔

headache n. 두통
[hédèik]

head(머리)가 **ache**(아픔), 즉 두통

grow v. 자라다
[grou] (grow-grew-grown)

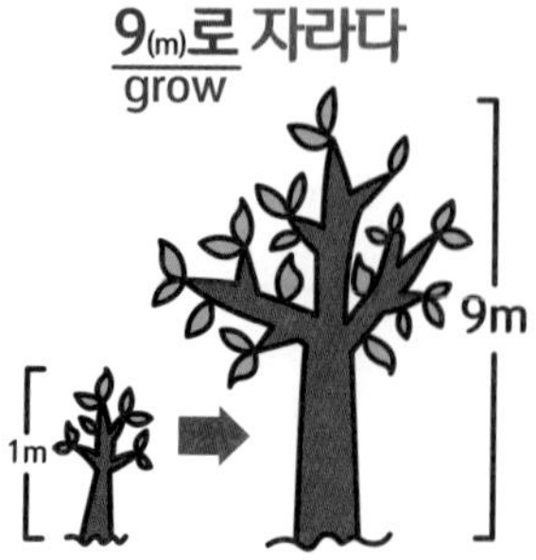

1미터였던 나무가 **9로**(9미터로) 자라다

pain n. 아픔, 고통
[pein]

painful
아픈, 고통스러운
(-ful: 형용사형 어미)

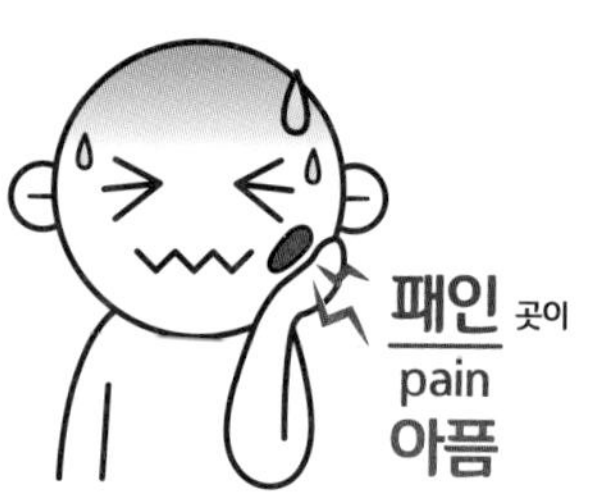

살점이 **패인** 곳이 아픔, 고통

kid   n. 아이
[kid]

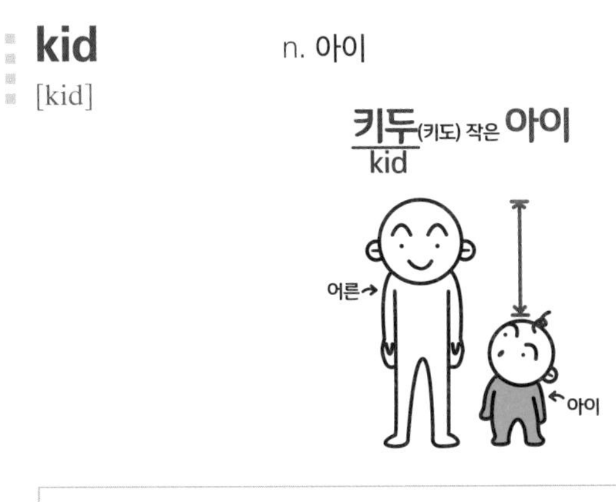

1. **키두**(키도) 작은 아이
2. 키즈카페는 **kids**(아이들)을 위한 카페

dead   a. 죽은
[ded]

death
죽음, 사망

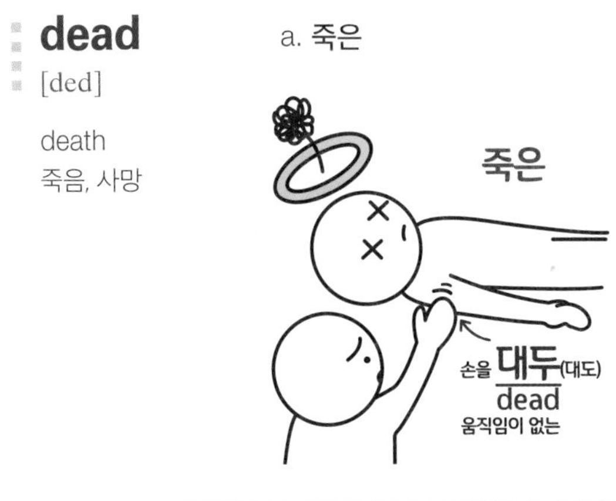

손을 **대두**(대도) 움직임이 없는, 즉 죽은

bee   n. 꿀벌
[biː]

비이~ 하고 날개 소리를 내는 꿀벌

different   a. 다른
[dífərənt]

difference
차이
(-ence: 명사형 어미)
be different from
~와 다르다

다른 사과는 빨간데 이 사과만 **뒤**가 **퍼런**색으로 다른

예문 I studied until **dawn**. 나는 새벽까지 공부했다. / Will you **follow** me, please? 저를 따라와 주시겠습니까? / My arms **ache**. 내 팔이 아프다. / She has a **headache**. 그녀는 두통이 있다. / My hair **grows** fast. 내 머리카락은 빨리 자란다. / He felt a **pain** in his leg. 그는 다리에 통증을 느꼈다. / My **kids** love animals. 우리 아이들은 동물을 너무 좋아해요. / The cat brought a **dead** mouse. 고양이가 죽은 쥐를 가져왔다. / **Bees** get honey from flowers. 벌들은 꽃으로부터 꿀을 얻는다. / Let's play a **different** song. 다른 노래를 틀자.

복습문제

□□□ dawn	□□□ headache	□□□ kid	□□□ different
□□□ follow	□□□ grow	□□□ dead	
□□□ ache	□□□ pain	□□□ bee	

force [fɔːrs] n. 힘, 무력

대포와 같은 **포**를 **쓰**다, 즉 힘, 무력을 쓰다

wall [wɔːl] n. 담장, 벽

도둑이 넘고 있는 담장을 향해 개가 "**월! 월!**" 짖다

carry [kǽri] v. 나르다, 운반하다

석탄을 **캐리**. 그리고 밖으로 나르다, 운반하다

grand [grænd] a. 웅장한

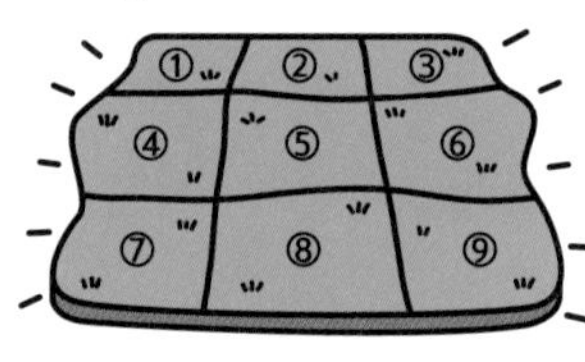

9(구)개의 **land**(땅)을 합쳐놓아 웅장한 땅

then [ðen] ad. [1]그때 [2]그러고 나서

밤 열 두 시를 알리는 종이 **덴! 덴!**(땡! 땡!) 하고 치던 그때, 그러고 나서

engineer [èndʒiníər] n. 기술자, 엔지니어

"이게 **엔진이어**" 하며 기계를 설명하는 기술자

ocean
n. 바다, 대양

[óuʃən]

오~ **션**하게(시원하게) 펼쳐진 바다, 대양

habit
n. 버릇, 습관

[hǽbit]

해의 **빛**만 보면 눈을 찡그리는 버릇, 습관

delicious
a. 맛있는

[dilíʃəs]

"맛있는 거 먹으러 이 음식점에 또 **들리셨수**."

problem
n. 문제

[㉡prάbləm]
[㉢prɔ́bləm]

풀어보렴, 이 문제를.

예문 The fireman used **force** to open the door. 소방관은 문을 열기 위해 힘을 썼다. / a hole in the **wall** 벽에 있는 구멍 / Tom will **carry** the bag. 톰이 가방을 운반할 것이다. / a very **grand** house 매우 웅장한 집 / [1] **Then,** he came in. 그때, 그가 들어왔다. [2] **Then,** put meat in the pot. 그러고 나서, 냄비에 고기를 넣으세요. / I want to be a computer **engineer.** 나는 컴퓨터 엔지니어가 되고 싶어요. / The river flows to the **ocean.** 강물은 대양으로 흘러간다. / She has a bad **habit.** 그녀는 나쁜 버릇이 있다. / The bakery sells **delicious** pie. 그 빵집은 맛있는 파이를 판다. / a difficult **problem** 어려운 문제

복습문제

□□□ force	□□□ grand	□□□ ocean	□□□ problem
□□□ wall	□□□ then	□□□ habit	
□□□ carry	□□□ engineer	□□□ delicious	

01 1강 단위 복습 05 5강 단위 복습 15 15강 단위 복습 30 30강 단위 복습

다음 단어들의 뜻이 1초 내에 생각나지 않으면 각 강의 단위에 표시를 하고 표시한 단어들을 다시 복습하세요.
(학원이나 학교의 숙제용 주관식 문제는 별도로 p.254~p.268에 있습니다.)

soap	01	05	15	30	30	30	pain	01	05	15	30	30	30
doll	01	05	15	30	30	30	kid	01	05	15	30	30	30
hang	01	05	15	30	30	30	dead	01	05	15	30	30	30
scare	01	05	15	30	30	30	bee	01	05	15	30	30	30
fruit	01	05	15	30	30	30	different	01	05	15	30	30	30
museum	01	05	15	30	30	30	force	01	05	15	30	30	30
leave	01	05	15	30	30	30	wall	01	05	15	30	30	30
foreign	01	05	15	30	30	30	carry	01	05	15	30	30	30
honest	01	05	15	30	30	30	grand	01	05	15	30	30	30
pull	01	05	15	30	30	30	then	01	05	15	30	30	30
dawn	01	05	15	30	30	30	engineer	01	05	15	30	30	30
follow	01	05	15	30	30	30	ocean	01	05	15	30	30	30
ache	01	05	15	30	30	30	habit	01	05	15	30	30	30
headache	01	05	15	30	30	30	delicious	01	05	15	30	30	30
grow	01	05	15	30	30	30	problem	01	05	15	30	30	30

파생어, 숙어 복습

scary	01	05	15	30	30	30	painful	01	05	15	30	30	30
foreigner	01	05	15	30	30	30	death	01	05	15	30	30	30
honesty	01	05	15	30	30	30	difference	01	05	15	30	30	30
following	01	05	15	30	30	30	be different from	01	05	15	30	30	30

동사의 과거, 과거분사형 복습

hang	______ — ______	01	05	15	30	30	30
grow	______ — ______	01	05	15	30	30	30

동영상 강의로 교재보다 암기속도 3배 향상

책으로만 봐도 그 효과에 놀라셨나요?

<경선식영단어>는 강의를 통해서 더욱더 놀라운 효과를 볼 수 있습니다.

수험생에게 중요한 것은 '시간'!!!

강의에 집중만 하면 15분 강의만으로 그 자리에서 한 강의 90~100%까지 암기가 됩니다. 그리고 각 강에 대한 강의를 듣고 난 직후 3분 내외의 복습으로 모든 단어가 1초 내에 생각나는 100% 완벽 암기가 가능합니다.

1 강의를 활용하면 발음기호, 연상 설명, 연상을 뜻으로 연결하는 과정을 한 번에 이해하게 되어 훨씬 빠르게 암기할 수 있습니다.

2 선생님의 어감, 표정, 몸짓을 통해 오감을 자극시켜 암기시켜주고, 연상을 뜻에 연결시키는 핵심 포인트를 정확히 알려주기 때문에 책으로 공부하는 것보다 훨씬 오래 기억을 유지할 수 있습니다.

3 발음을 정확히 할 수 있어야 그 발음에서 연상이 되어 암기되는 방법입니다. 발음기호에 따라 정확히 발음하는 능력이 부족한 학생들은 반드시 동영상 강의를 활용하여 암기할 것을 권해드립니다.

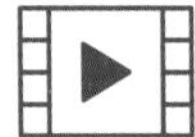

무료 샘플강의 듣는 방법

경선식에듀 홈페이지의 무료강의에서 무료로 올려진 강의를 들어보세요.

수강후기로 읽는 강의가 독학보다 좋은 이유

- 솔직히 강의 보고 안 보고 차이는 엄청납니다. (이*미)
- 정말 빠른 시간 내에 하고 싶으면 꼭 강의를 들어야 합니다. 강의 듣는 게 효과가 3배 정도 훨씬 좋습니다. 이건 산경험에서 나온 겁니다. (김*경)
- 경선식교수님 강의는 100배는 더 집중되고, 아니 집중되는 걸 떠나 완전 빠져듭니다. (유*석)
- 강의를 들으며 공부하니 최소 90% 최대 100%까지 다 맞췄습니다. 암기력과 지속력은 더 뛰어납니다. (박*수)
- 혼자서 하는 것보다 3배 아니 10배 정도 더 효과가 있는 것이 사실입니다. (이*진)
- 확실하게 암기가 되는 것은 물론 암기하는 시간까지 단축되니 강의 수강을 고민할 필요가 전혀 없었습니다. (장*경)

region
n. 지역, 지방
[ríːdʒən]

regional
지역의, 지방의
(-al: 형용사형 어미)

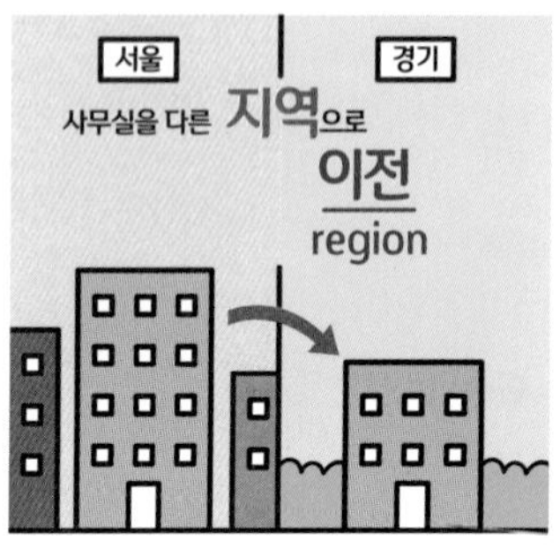

사무실을 다른 지역, 지방으로 **이전**하는

visit
v. 방문하다
[vízit]

visitor
방문자, 손님

사채업자가 **빚이 있**는 사람을 방문하다

bath
n. 목욕
[bæθ]

때 타월로 **배를 쓰**~윽 밀면서 하는 목욕

bathroom
n. 욕실, 화장실
[bǽθrù(ː)m]

bath(목욕)하는 **room**(방), 즉 욕실, 화장실

universe
n. 전 세계, 우주
[júːnivəːrs]

1. **윤이**가 **버스**를 타고 전 세계, 우주를 여행하다
2. 미스 **유니버스**는 전 세계의 미인을 뽑는 대회

pick
v. 골라잡다, 뜯다
[pik]

마당에 난 풀을 **픽! 픽!** 골라잡다, 뜯다

borrow

[ⓜbάrou]
[ⓔbɔ́rou]

v. 빌리다

"**바로** 돌려줄게." 하며 돈을 빌리다

hurt

[həːrt]

v. 다치게 하다, 아프게 하다 (hurt-hurt-hurt)

"**헛!**" 하고 비명을 지르도록 강도가 다치게 하다, 아프게 하다

tooth

[tuːθ]

n. 이, 치아 (*pl.* teeth)

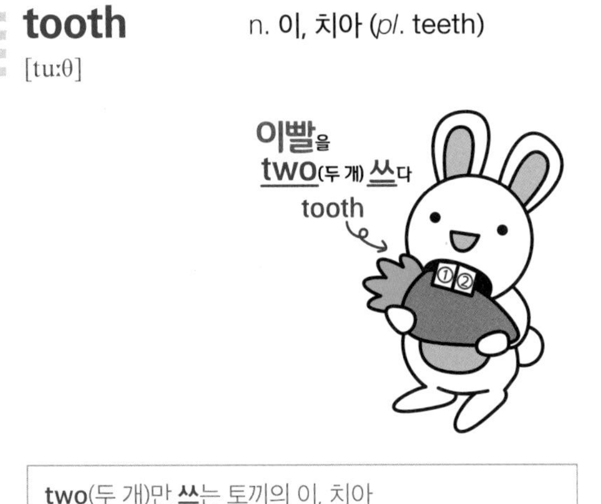

two(두 개)만 **쓰**는 토끼의 이, 치아

frog

[frɔːg]

n. 개구리

똘똘 말린 혀를 **풀어 9**미터나 떨어져 있는 먹이를 잡는 개구리

예 문 The office is in a different **region**. 사무실은 다른 지역에 있다. / He **visited** his parents last week. 그는 지난주에 부모님을 찾아뵀다. / It's time to take a **bath**. 목욕할 시간이에요. / Someone is using the **bathroom**. 누군가 욕실을 사용하고 있다. / The Little Prince lives in another **universe**. 어린 왕자는 다른 우주에 산다. / I **picked** chocolate ice cream. 나는 초콜릿 아이스크림을 골랐다. / Can you **borrow** your book? 네 책 좀 빌려줄 수 있니? / The soccer player **hurt** his knee. 그 축구 선수는 무릎을 다쳤다. / The baby has only one **tooth**. 그 아기는 이가 하나밖에 없다. / A **frog** jumped into a lake. 개구리 한 마리가 호수로 뛰어들었다.

복습문제

□□□ region	□□□ bathroom	□□□ borrow	□□□ frog
□□□ visit	□□□ universe	□□□ hurt	
□□□ bath	□□□ pick	□□□ tooth	

pumpkin [pʌ́mpkin] n. 호박

요술쟁이의 주문에 **펌!** 하고 **queen**(여왕)이 타는 마차로 변한 호박

flow [flou] v. 흐르다

물이 **흘러~** 흐르다

often [ɔ́:fən] ad. 자주

5분에 한 번씩 자주
often

5**분**에 한 번씩 자주 울리는 알람

leaf [li:f] n. 잎, 나뭇잎 (*pl.* leaves)

맆 → 잎

farm [fɑ:*r*m] n. 농장

곡식을 심으려고 농장의 흙을 **팜**(파다)

farmer [fɑ́:*r*mə*r*] n. 농부

땅에서 파다, 채소 같은 뭐를
farmer

1. 농부가 땅에서 **파**다, 채소 같은 **뭐**를(뭔가를)
2. **farm**(농장)에서 일하는 **er**(~사람), 즉 농부

lamb
[læm]

n. 어린 양, 양고기

"**래애애애앰**" 하고 우는 어린 양

sharp
[ʃɑːrp]

a. 날카로운

sharpen
날카롭게 하다
(-en: '~하게 하다'를 뜻하는 동사형 어미)

1. **샤압!** 휘두르는 칼이 날카로운
2. **샤프**연필은 날카로운 심을 사용하는 연필

choose
[tʃuːz]

v. 선택하다
(choose-chose-chosen)

choice
선택, 고르기

"춤을 **추**어**주**(세요)" 하고 무도회에서 왕자가 여성 한 명을 선택하다

clothes
[klouðz]

n. 옷

cloth
옷감, 천
clothing
의복, 의류

옷 뒤의 지퍼 좀 **끌러주**세요~

예문 Mom made **pumpkin** soup. 엄마가 호박 수프를 만들어 주셨다. / The stream **flows** under the bridge. 다리 밑으로 시냇물이 흐르고 있다. / How **often** does the bus leave? 버스는 얼마나 자주 출발합니까? / a falling **leaf** 떨어지는 나뭇잎 / He worked hard on his **farm**. 그는 자신의 농장에서 열심히 일했다. / The **farmer** has three sons. 그 농부는 아들이 셋 있다. / He is as mild as a **lamb**. 그는 양처럼 순하다. / a **sharp** knife 날카로운 칼 / The princess **chose** red shoes. 공주는 빨간 신발을 선택했다. / She is wearing old **clothes**. 그녀는 오래된 옷을 입고 있다.

복습문제

□□□ pumpkin	□□□ leaf	□□□ lamb	□□□ clothes
□□□ flow	□□□ farm	□□□ sharp	
□□□ often	□□□ farmer	□□□ choose	

wallet [ⓜwɑ́lit] [ⓔwɔ́lit]

n. 지갑

지갑을 주우면 경찰서에 알릿!(알려!)
wallet

지갑을 주우면 경찰서에 **알릿!**(알려!)

enter [éntər]

v. 들어가다

entrance
입구, 들어감, 입장
(-ance: 명사형 어미)

사이트 안으로
들어가다

컴퓨터의 **엔터**키를 눌러 그 사이트 안으로 들어가다

bite [bait]

v. 물다, 물어뜯다
(bite-bit-bitten)

큰 공룡이 원시인이 던진 **바위 two**(2)개를 덥석 물다, 물어뜯다

purse [pəːrs]

n. 지갑

소매치기가 남의 **팔**에서 **스**윽! 빼내는 지갑

grass [græs]

n. 풀, 풀밭

시를 적은 글에 쓰윽 그려 넣은
grass

신사임당이 시를 적은 **글에 쓰**윽 난초와 같은 풀을 그려 넣다.

weak [wiːk]

a. 약한, 힘이 없는

weakness
약함(-ness: 명사형 어미)

가벼운 것을 들면서도 "**이크!** 무거워라!" 할 정도로 약한, 힘이 없는

cousin

[kʌ́zn]

n. 친척, 사촌

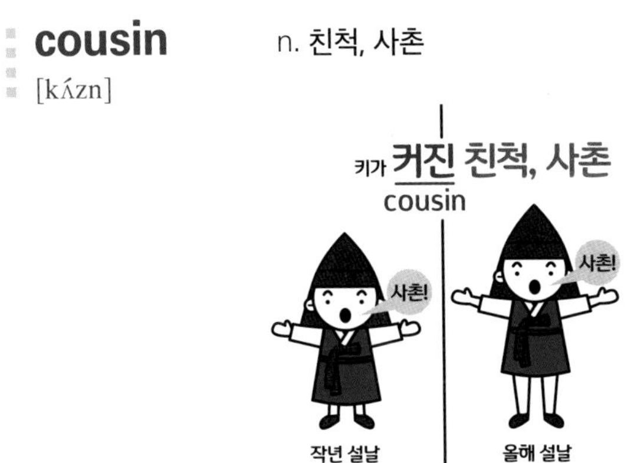

명절 때 보니 키가 굉장히 **커진** 친척, 사촌

behind

[biháind]

prep. ~ 뒤에

비(빗자루)를 든 **하인두**(하인도) 주인 뒤에 따라오다

even

[íːvən]

ad. (심지어) ~조차도

(심지어) **이분**조차도 참가하다니!

heaven

[hévən]

n. 하늘, 천국

해가 **붕** 떠있는 하늘, 천국

예문 She found a **wallet** on the street. 그녀는 길에서 지갑을 주웠다. / **enter** the bank 은행으로 들어가다 / A snake **bit** his leg. 뱀이 그의 다리를 물었다. / I can't find my **purse** anywhere. 어디를 찾아도 내 지갑이 없다. / The horse is eating the **grass**. 말이 풀을 먹고 있다. / Paul is not **weak**. 폴은 약하지 않아. / I played baseball with my **cousin**. 나는 사촌과 야구를 했다. / The table is **behind** the sofa. 탁자가 소파 뒤에 있다. / I don't **even** want to think about it. 그것에 대해 생각조차 하기 싫어. / She looks like an angel from **heaven**. 그녀는 하늘에서 내려온 천사 같다.

복습문제

□□□ wallet	□□□ purse	□□□ cousin	□□□ heaven
□□□ enter	□□□ grass	□□□ behind	
□□□ bite	□□□ weak	□□□ even	

01 1강 단위 복습 05 5강 단위 복습 15 15강 단위 복습 30 30강 단위 복습

다음 단어들의 뜻이 1초 내에 생각나지 않으면 각 강의 단위에 표시를 하고 표시한 단어들을 다시 복습하세요.
(학원이나 학교의 숙제용 주관식 문제는 별도로 p.254~p.268에 있습니다.)

region	01 05 15 30 30 30	farmer	01 05 15 30 30 30
visit	01 05 15 30 30 30	lamb	01 05 15 30 30 30
bath	01 05 15 30 30 30	sharp	01 05 15 30 30 30
bathroom	01 05 15 30 30 30	choose	01 05 15 30 30 30
universe	01 05 15 30 30 30	clothes	01 05 15 30 30 30
pick	01 05 15 30 30 30	wallet	01 05 15 30 30 30
borrow	01 05 15 30 30 30	enter	01 05 15 30 30 30
hurt	01 05 15 30 30 30	bite	01 05 15 30 30 30
tooth	01 05 15 30 30 30	purse	01 05 15 30 30 30
frog	01 05 15 30 30 30	grass	01 05 15 30 30 30
pumpkin	01 05 15 30 30 30	weak	01 05 15 30 30 30
flow	01 05 15 30 30 30	cousin	01 05 15 30 30 30
often	01 05 15 30 30 30	behind	01 05 15 30 30 30
leaf	01 05 15 30 30 30	even	01 05 15 30 30 30
farm	01 05 15 30 30 30	heaven	01 05 15 30 30 30

파생어, 숙어 복습

regional	01 05 15 30 30 30	cloth	01 05 15 30 30 30
visitor	01 05 15 30 30 30	clothing	01 05 15 30 30 30
sharpen	01 05 15 30 30 30	entrance	01 05 15 30 30 30
choice	01 05 15 30 30 30	weakness	01 05 15 30 30 30

동사의 과거, 과거분사형 복습

hurt		—	01 05 15 30 30 30
choose		—	01 05 15 30 30 30
bite		—	01 05 15 30 30 30

경선식 영단어 생생 학습 후기

4일 만에 모두 끝냈네요. 강좌 듣는 것만으로도 99.9% 다 외워져요! (윤*원)

며칠 전에 강좌 신청해서 오늘까지 치면 4일 만에 모두 끝냈네요~~ 솔직히 기억 안 날 법도 한데 너무나 잘 외워져서 감동 ㅜㅜㅜ 일단 듣는 것만으로도 99.9% 다 외워져요! 당연히 열심히 들으니깐 효과는 더 좋았겠죠~! 들으니깐 정말 다 기억나네요. 스펠링 좀 헷갈리는 것들은 공책에 정리해가면서 외웠어요.^^ 그리고 복습은 선생님 말씀대로 주기적으로 했어요.ㅎ 한 강의 끝날 때마다 책 뜻 가리고 바로 복습하고 10강 단위로 끊어서 복습했거든요! 기억에 너무 잘 남아요~~ 그리고 더 좋은 건 제가 중2 독해 책을 샀었는데 일단 단어를 모르니깐 단어 일일이 뜻 하나씩 다 찾기도 어렵고 한 문제 풀기에도 너무 버거웠었는데 경선식 선생님을 만나고 나선! 독해도 술술 풀려요. 문법적으로 암기하지 않아도 일단 단어가 바탕이 되니깐 문제도 잘 풀리고~ 단어를 외우려고 하면 금방 잊어먹고 잘 안 풀리는 문제는 포기해버리고 그랬었거든요~~ 그런 저에게 부족한 점을 채워주신 분입니다~~ㅎㅎ 그리고 4일 만에 저에게 신기한 변화가 생겼어요. 아는 단어가 생기니깐 아는 단어는 영어로 말하고.ㅎㅎ 정말 선생님께도 감사 드리지만 제가 이 단어들을 모두 외웠다는 게 너무 기특하더라고요. 정말 연상학습법이 사람 뇌의 한계를 깨버리는 것 같아요! 경선식 선생님 짱짱!

noisy a. 시끄러운
[nɔ́izi]

noise
소음, 잡음

취가 사방에서 찍찍거리자 "**No! 이 쥐**가 시끄러워!"

argue v. 논쟁하다, 주장하다
[ɑ́ːrgjuː]

argument
논쟁(-ment: 명사형 어미)

아구(아가리)를 크게 벌려가며 논쟁하다, 주장하다

honor n. 영광, 명예
[㉠ɑ́nər]
[㉡ɔ́nər]

유명 연예인이 **안어**주어(안아주어) 영광, 명예

culture n. 문화
[kʌ́ltʃər]

cultural
문화의
(-al: 형용사형 어미)

칼춤을 **춰**. 칼춤은 우리의 전통 문화

lonely a. 외로운
[lóunli]

loneliness
고독, 외로움
(-ness: 명사형 어미)

"잡고 있던 손을 왜 **놓니?**" 너 없이는 나는 외로운

alone ad. 홀로, 외로이
[əlóun]

a(하나의) **논**만 일구며 홀로, 외로이 지내시는 어머니

scissors
[sízərz]

n. 가위

색종이를 **찢어주**세요. 이 가위로.

cruel
[krúːəl]

a. 잔인한, 잔혹한

유태인 학살 얘기를 듣고 "어떻게 **크루얼** 수가!(그럴 수가!)" 즉, 너무 잔인한, 잔혹한

glory
[glɔ́ːri]

n. 영광

glorious
영광스러운
(-ous: 형용사형 어미)

대통령이 붓으로 쓴 **글**을 벽에 걸어 **놓으리**, 즉 가문의 영광

weapon
[wépən]

n. 무기

임진왜란 때 **왜**놈들이 **펑!** 쐈던 대포와 같은 무기

예문 My neighbors are so **noisy**. 내 이웃은 정말 시끄럽다. / I **argue** with my sister all the time. 나는 항상 누나와 논쟁을 한다. / It's a great **honor** for me. 저로서는 크나큰 영광입니다. / We are learning Chinese **culture** today. 우리는 오늘 중국 문화를 배우겠습니다. / I feel very **lonely**. 나는 너무 외롭다. / The old lady lives **alone**. 그 노부인은 혼자 산다. / Use **scissors** to cut papers. 가위를 사용해 종이를 자르세요. / The soldiers were too **cruel**. 군인들은 너무 잔인했다. / I turn this **glory** to my parents. 이 영광을 부모님께 돌리겠습니다. / a powerful **weapon** 강력한 무기

복습문제

□□□ noisy
□□□ argue
□□□ honor
□□□ culture
□□□ lonely
□□□ alone
□□□ scissors
□□□ cruel
□□□ glory
□□□ weapon

necessary [㊊nésəsèri] [㊎nésəsəri] a. 필요한

necessity
필요, 필수품
(-ity: 명사형 어미)

돈을 **내서**라도 **쓰리**, 즉 그 물건이 꼭 필요한

half [㊊hæf] [㊎hɑ:f] n. 반, 절반 (*pl*. halves)

"재는 돈 씀씀이가 **헤프**(헤퍼). 용돈을 받자마자 절반을 썼어."

trip [trip] n. 여행

출입을 허가한 금강산으로 가는 여행

set❶ [set] v. 놓다, 차리다 (set-set-set)

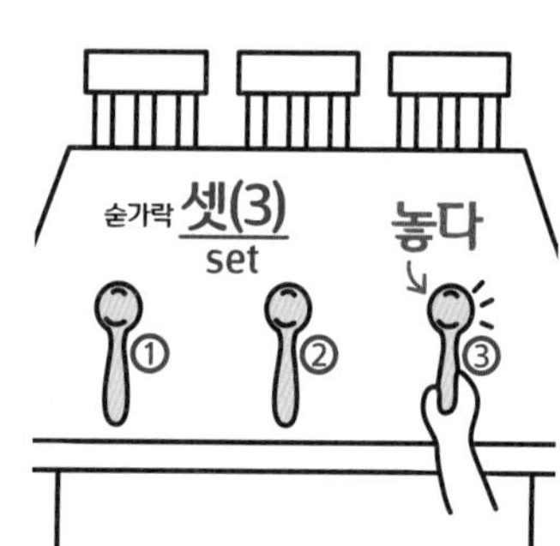

식탁 위에 **셋(3)** 개의 숟가락을 놓다, 차리다

set❷ [set] v. (해·달 등이) 지다 (set-set-set)

sunset
일몰

"하나, 둘, **셋!**" 하는 소리와 함께 해가 지다

set❸ [set] n. (함께 모은) 세트

접시 **세트**, 가구 **세트** 등에서 세트란 (함께 모은) 세트

deaf
[def]

a. 귀가 먹은

대포 소리에 귀가 먹은

fireman
[fáiərmən]

n. 소방관

fire(불)을 끄는 **man**(사람), 즉 소방관

thin
[θin]

a. 가는, 얇은

1. (날)**씬**한 가는, 얇은 몸매
2. **씬** 피자란 보통 피자보다 얇은 피자

thick
[θik]

a. 두꺼운

두꺼운 얼음이지만 **띡!** 하고 금이 가는

예문 It's not **necessary** to run. 뛸 필요는 없다. / I only ate a **half** of the cake. 나는 케이크의 절반만 먹었다. / How was your **trip** to Spain? 스페인 여행은 어땠니? / Please **set** up the table. 상을 차려 주세요. / The sun **sets** in the west. 해는 서쪽으로 진다. / She bought a **set** of clothes. 그녀는 옷을 한 벌 샀다. / The poor girl has been **deaf** since birth. 그 불쌍한 소녀는 태어날 때부터 귀가 멀었다. / He wears a **fireman** uniform. 그는 소방관복을 입고 있다. / My sister is **thin** and tall. 내 여동생은 마르고 키가 크다. / The skaters have **thick** legs. 스케이트 선수들은 다리가 두껍다.

복습문제

□□□ necessary	□□□ set❶	□□□ deaf	□□□ thick
□□□ half	□□□ set❷	□□□ fireman	
□□□ trip	□□□ set❸	□□□ thin	

fog [fɔːg]

n. 안개

포그은(포근)하게 깔려있는 안개

advice [ədváis]

n. 충고, 조언

advise
~에게 충고하다, 조언하다

adviser (= advisor)
충고하는 사람, 조언자

어두운 길에 바위 있수!
advice

조심하라는 충고, 조언

어두운 길에 **바위** 있**수!** 즉, 조심하라고 충고, 조언

along [əlɔ́ːŋ]

[1] prep. ~을 따라서
[2] ad. (~을) 데리고, 함께

어~ long(긴)
along
길을 따라서 데리고, 함께 가다

어~ long(긴) 길을 따라서 친구를 데리고, 함께 가다

hide [haid]

v. 감추다, 숨기다
(hide-hid-hidden)

1. 표범이 먹이를 high(높이) 두어 숨기다
2. "히든 카드(hidden card)"란 급할 때 쓰려고 숨겨놓은 카드

strike❶ [straik]

v. 치다, 때리다
(strike-struck-struck)

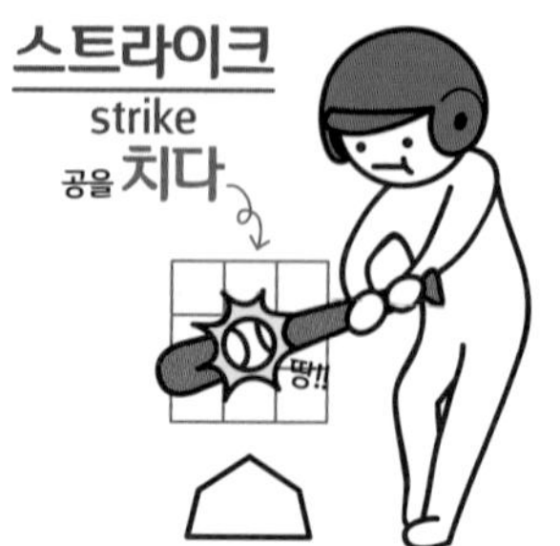

스트라이크로 들어오는 공을 타자가 치다, 때리다

strike❷ [straik]

n. 파업

공장 기계를 **strike**(때려) 부수면서 하는 파업

boredom n. 지루함
[bɔ́ːrdəm]

bored
지루한, 따분한
(-ed: 형용사형 어미)

boring
지루하게 하는
(-ing: 형용사형 어미)

보던 방송을 재방송으로 또 보려니 지루함

discuss v. 토론하다
[diskʌ́s]

여러 등산 코스 중에 **this**(이) **코스**로 갈지 저 코스로 갈지 서로 토론하다

deer n. 사슴
[diər]

뛰어 달아나고 있는 사슴

dear a. 친애하는, 사랑하는, 사랑스러운
[diər]

아기 **deer**(사슴)가 사랑스러운

예문 The **fog** will disappear soon. 안개가 곧 사라질 것이다. / My mentor gave me an **advice**. 멘토가 나에게 조언을 해주었다. / [1] They are walking **along** the street. 그들은 길을 따라 걷고 있다. [2] She brought her sister **along** to the party. 그녀는 파티에 자신의 여동생을 데리고 왔다. / He could not **hide** his feelings. 그는 자신의 감정을 감추지 못했다. / **Strike** it harder! 더 세게 쳐! / The workers are on **strike**. 근로자들이 파업 중이다. / I'm dying of **boredom**. 지루해 죽겠어. / We **discussed** the work plan. 우리는 업무 계획에 대해 논의했다. / The baby **deer** ran away. 아기 사슴이 도망쳤다. / **Dear** my friend, <편지의 서두> 친애하는 친구에게,

복습문제

□□□ fog	□□□ hide	□□□ boredom	□□□ dear
□□□ advice	□□□ strike ❶	□□□ discuss	
□□□ along	□□□ strike ❷	□□□ deer	

복습하기

01 1강 단위 복습 05 5강 단위 복습 15 15강 단위 복습 30 30강 단위 복습

다음 단어들의 뜻이 1초 내에 생각나지 않으면 각 강의 단위에 표시를 하고 표시한 단어들을 다시 복습하세요.
(학원이나 학교의 숙제용 주관식 문제는 별도로 p.254~p.268에 있습니다.)

noisy	01 05 15 30 30 30
argue	01 05 15 30 30 30
honor	01 05 15 30 30 30
culture	01 05 15 30 30 30
lonely	01 05 15 30 30 30
alone	01 05 15 30 30 30
scissors	01 05 15 30 30 30
cruel	01 05 15 30 30 30
glory	01 05 15 30 30 30
weapon	01 05 15 30 30 30
necessary	01 05 15 30 30 30
half	01 05 15 30 30 30
trip	01 05 15 30 30 30
set❶	01 05 15 30 30 30
set❷	01 05 15 30 30 30
set❸	01 05 15 30 30 30
deaf	01 05 15 30 30 30
fireman	01 05 15 30 30 30
thin	01 05 15 30 30 30
thick	01 05 15 30 30 30
fog	01 05 15 30 30 30
advice	01 05 15 30 30 30
along	01 05 15 30 30 30
hide	01 05 15 30 30 30
strike❶	01 05 15 30 30 30
strike❷	01 05 15 30 30 30
boredom	01 05 15 30 30 30
discuss	01 05 15 30 30 30
deer	01 05 15 30 30 30
dear	01 05 15 30 30 30

파생어, 숙어 복습

noise	01 05 15 30 30 30
argument	01 05 15 30 30 30
cultural	01 05 15 30 30 30
loneliness	01 05 15 30 30 30
glorious	01 05 15 30 30 30
necessity	01 05 15 30 30 30
sunset	01 05 15 30 30 30
advise	01 05 15 30 30 30
adviser(=advisor)	01 05 15 30 30 30
bored	01 05 15 30 30 30
boring	01 05 15 30 30 30

동사의 과거, 과거분사형 복습

set	—	01 05 15 30 30 30
hide	—	01 05 15 30 30 30
strike	—	01 05 15 30 30 30

경쌤's TIP

복습 없이 진도만 나가는 것은 절대 금물입니다.

10단어마다 있는 복습문제를 이용하여 각 10단어를 완벽하게 암기하고
또한 각 강 마지막에 있는 복습문제를 활용하여
각 단어의 뜻이 "1초 내에" 생각날 정도로 완벽하게 복습해야 합니다.

복습문제 단어의 옆에 있는 작은 네모 칸에 1초 내에 뜻이 생각나지 않는 단어들을 표시하고
완벽하게 암기할 때까지 반복 복습하도록 하세요.

그리고 각 강을 마친 후 바로 복습을 하지 않으면
복습하지 않고 지나가는 시간에 비례하여 복습에 걸리는 시간이 늘어나게 됩니다.
반드시 각 강을 끝내고 난 후 지체 없이 복습을 하세요.

fear n. 두려움 v. 두려워하다
[fiər]

fearful
두려워하는, 무서운(-ful: 형용사형 어미)

피! **피여!** 하며 뚝뚝 떨어지는 피를 보며 느끼는 두려움, 두려워하다

fortune n. [1] 행운 [2] 재산
[fɔ́ːrtʃən]

fortunate
행운의
fortunately
운이 좋게도
(-ly: 부사형 어미)

로또 **four**(4) **천**만 원 당첨된 행운, 그렇게 생긴 **four**(4) **천**만 원의 재산

mean v. 의미하다 (mean-meant-meant)
[miːn]

meaning
의미, 뜻
(-ing: 명사형 어미 or 형용사형 어미)

친구에게 눈짓을 하면서 살짝 **민** 행동으로 뭔가를 의미하다

traffic n. 교통
[trǽfik]

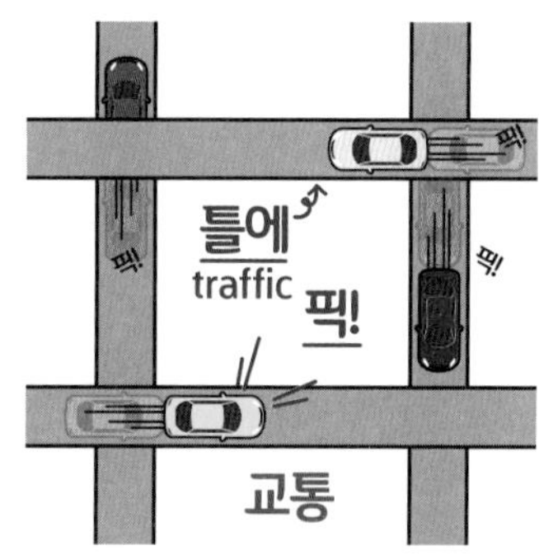

네모난 도로망 **틀에 픽!** 픽! 달리는 차들의 교통

order❶ [1] v. 명령하다 n. 명령 [2] v. 주문하다 n. 주문
[ɔ́ːrdər]

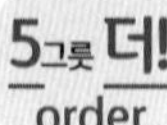

5인분 **더** 가져오라고 명령하다, 주문하다

order❷ n. [1] 순서 [2] 질서
[ɔ́ːrdər]

5명이 들어가고 그다음 **5**명이 **더** 들어가면서 순서대로 질서 있게 입장

enough [inʌ́f] a. 충분한 ad. 충분히

성이 **이**렇게 **높으**면 적을 막기에 충분한

afraid [əfréid] a. 두려워하는, 걱정하는

은행 강도가 "몸을 바닥에 **엎으래두!** 그러네!"라고 말하자 사람들이 두려워하는, 걱정하는

bean [biːn] n. 콩

1. 콩깍지에 콩이 **빈**(비어있는)
2. 커피빈(coffee **bean**)은 커피콩

map [mæp] n. 지도

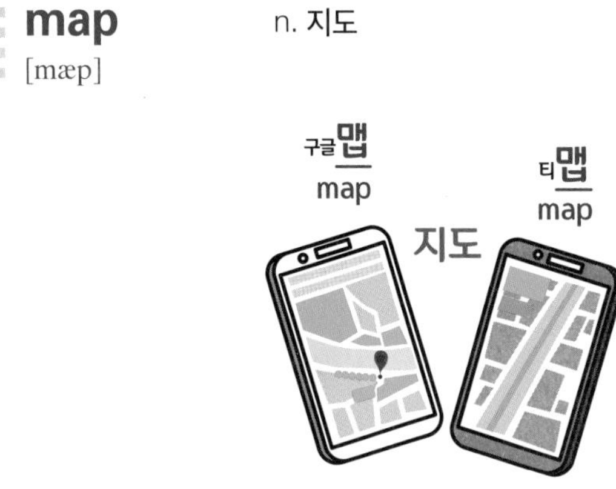

구글**맵**, 티**맵**에서 맵은 지도

예 문 She has a **fear** of darkness. 그녀는 어둠에 대한 두려움이 있다. / [1] Pigs are a symbol of good **fortune.** 돼지는 행운의 상징이다. [2] My grandma left us a **fortune.** 할머니는 우리에게 재산을 남겨 주셨다. / What do you **mean**? 무슨 말인가요? / There was a **traffic** accident. 교통사고가 있었다. / [1] A policeman **ordered** me to stop the car. 경찰관이 내게 차를 세우라고 명령했다. [2] Can you take our **order**, please? 주문 좀 받아 주실래요? / [1] in alphabetical **order** 알파벳 순서대로 [2] Please keep the **order**. 질서를 지켜주세요. / We don't have **enough** time. 우리에게는 시간이 별로 없어요. / I'm **afraid** of dogs. 나는 개를 무서워한다. / I don't eat black **beans.** 나는 검정콩을 먹지 않는다. / Here's the **map** of the United States. 여기 미국 지도가 있다.

복습문제

□□□ fear
□□□ fortune
□□□ mean
□□□ traffic
□□□ order❶
□□□ order❷
□□□ enough
□□□ afraid
□□□ bean
□□□ map

hug

[hʌg]

v. 껴안다

숨이 **헉!** 막힐 정도로 꼭 껴안다

develop

[divéləp]

v. 개발하다, 발전시키다

development
개발, 발전
(-ment: 명사형 어미)

뒤에 있는 산의 나무를 **벨**, 그리고 건물을 **up**(위로) 올려 개발하다, 발전시키다

fill

[fil]

v. 채우다

모두 담배를 **필**, 그렇게 흡연실을 연기로 가득 채우다

remember

[rimémbər]

v. 기억하다

"**니**(가) 우리 클럽 **멤버**였지?" 하고 기억하다

way

[wéi]

n. ¹ 길 ² 방법

왜 이 방법을 몰랐을까?

bat

[bæt]

n. ¹ 박쥐 ² (야구) 배트

배트맨(**Bat**man)은 박쥐 인간

shark n. 상어
[ʃɑːrk]

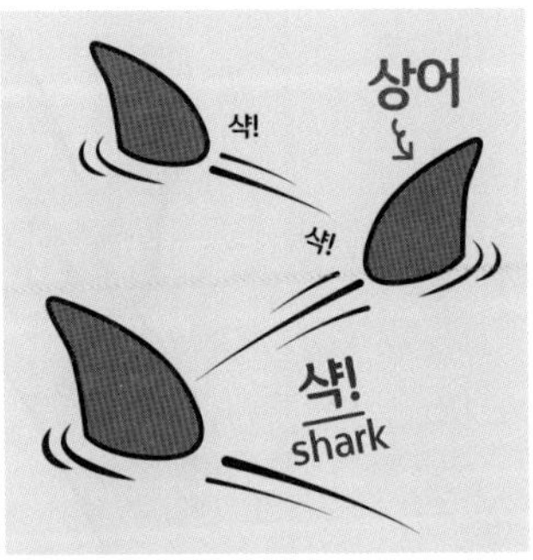

지느러미를 내밀고 **샥! 샥!** 지나가는 상어

battle n. 싸움, 전투
[bǽtl]

서로에게 침을 **뱉을**, 그렇게 시작된 싸움, 전투

pond n. 연못
[㊀pɑnd]
[㊁pɔnd]

일꾼이 땅을 **판다**, 그렇게 만든 연못

garbage n. 쓰레기
[gɑ́ːrbidʒ]

"버려진 (담배) **갑이지?**" 하며 줍는 쓰레기

예문 He **hugged** me tightly. 그는 나를 꼭 껴안았다. / He **developed** his skills. 그는 자신의 기술을 발전시켰다. / The station is **filled** with people. 역은 사람들로 가득 차 있다. / Do you **remember** your school days? 여러분은 여러분의 학창 시절이 기억나나요? / [1] on the **way** back home 집으로 돌아가는 길 [2] I will find a way to help you. 저는 당신을 도울 방법을 찾아볼 것입니다. / [1] My grandmother is as blind as a **bat.** 우리 할머니는 박쥐만큼이나 눈이 잘 안 보이신다. [2] The players signed their **bats.** 선수들이 자신들의 배트에 사인했다. / The song *Baby **Shark*** is popular. '아기 상어' 노래는 유명하다. / The **battle** continued for 5 years. 전투는 5년간 지속되었다. / There is a **pond** behind the school. 학교 뒤에 연못이 하나 있다. / Please take out the **garbage.** 쓰레기 좀 내다 버려주세요.

복습문제

- □□□ hug
- □□□ develop
- □□□ fill
- □□□ remember
- □□□ way
- □□□ bat
- □□□ shark
- □□□ battle
- □□□ pond
- □□□ garbage

emotion
[imóuʃən]

n. 감정

emotional
감정적인
(-al: 형용사형 어미)

이모가 우션(우셔), 감정에 북받쳐서.

medical
[médikəl]

a. 의학의, 의료의

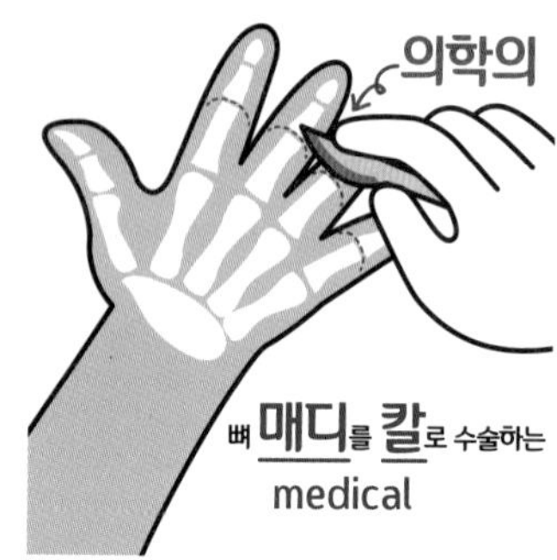

뼈 **매디**(마디)를 **칼**로 자르며 수술하는 의학의, 의료의

foolish
[fú:liʃ]

a. 바보 같은

fool
바보

눈동자가 **풀리시**고 입을 헤~ 하고 벌린 바보 같은 모습

pity
[píti]

n. 불쌍히 여김, 애석한 일

pitiful
가엾은
(-ful: 형용사형 어미)

피를 **튀**기며 절룩거리는 개를 불쌍히 여김, 애석한 일

metal
[métl]

n. 금속

메달은 금, 은, 동과 같은 금속

favorite
[féivərit]

a. 마음에 드는, 매우 좋아하는

소개팅 상대방이 옷을 잘 **빼입어(리트)** 마음에 드는, 매우 좋아하는

grace   n. 우아함
[greis]

graceful
우아한, 품위 있는
(-ful: 형용사형 어미)

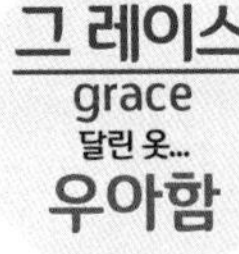

그 레이스 달린 옷이 우아함

grave   n. 무덤
[greiv]

굴에(동굴에) 발견된 아담과 **이브**의 무덤

calm   a. 조용한, 평온한
v. 진정시키다
[kɑːm]

calmly
고요히, 차분하게
(-ly: 부사형 어미)

시골의 **캄**캄한 밤이 조용한, 평온한, 진정시키다

calm down   진정하다
[kɑːm daun]

calm(차분하게 하다) + **down**(아래로): 진정하다

예문 Animals also have **emotions.** 동물들도 감정이 있다. / He is a **medical** student. 그는 의대생이다. / It was a **foolish** decision. 그건 바보 같은 결정이었다. / I felt **pity** for her. 나는 그녀가 불쌍하다는 생각이 들었다. / Gold is a **metal.** 금은 금속이다. / My **favorite** idol is BTS. 내가 가장 좋아하는 아이돌은 방탄소년단이다. / She danced with **grace.** 그녀는 우아하게 춤추었다. / Gyeongju has many big **graves.** 경주에는 많은 큰 무덤이 있다. / It was a **calm** night. 고요한 밤이었다. / **Calm down** and listen to me. 진정하고 내 말 좀 들어봐.

복습문제

□□□ emotion	□□□ pity	□□□ grace	□□□ calm down
□□□ medical	□□□ metal	□□□ grave	
□□□ foolish	□□□ favorite	□□□ calm	

01 1강 단위 복습 **05 5강 단위 복습** **15 15강 단위 복습** **30 30강 단위 복습**

다음 단어들의 뜻이 1초 내에 생각나지 않으면 각 강의 단위에 표시를 하고 표시한 단어들을 다시 복습하세요.
(학원이나 학교의 숙제용 주관식 문제는 별도로 p.254~p.268에 있습니다.)

fear 01 05 15 30 30 30
fortune 01 05 15 30 30 30
mean 01 05 15 30 30 30
traffic 01 05 15 30 30 30
order❶ 01 05 15 30 30 30
order❷ 01 05 15 30 30 30
enough 01 05 15 30 30 30
afraid 01 05 15 30 30 30
bean 01 05 15 30 30 30
map 01 05 15 30 30 30
hug 01 05 15 30 30 30
develop 01 05 15 30 30 30
fill 01 05 15 30 30 30
remember 01 05 15 30 30 30
way 01 05 15 30 30 30

bat 01 05 15 30 30 30
shark 01 05 15 30 30 30
battle 01 05 15 30 30 30
pond 01 05 15 30 30 30
garbage 01 05 15 30 30 30
emotion 01 05 15 30 30 30
medical 01 05 15 30 30 30
foolish 01 05 15 30 30 30
pity 01 05 15 30 30 30
metal 01 05 15 30 30 30
favorite 01 05 15 30 30 30
grace 01 05 15 30 30 30
grave 01 05 15 30 30 30
calm 01 05 15 30 30 30
calm down 01 05 15 30 30 30

파생어, 숙어 복습

fearful 01 05 15 30 30 30
fortunate 01 05 15 30 30 30
fortunately 01 05 15 30 30 30
meaning 01 05 15 30 30 30
development 01 05 15 30 30 30

emotional 01 05 15 30 30 30
fool 01 05 15 30 30 30
pitiful 01 05 15 30 30 30
graceful 01 05 15 30 30 30
calmly 01 05 15 30 30 30

동사의 과거, 과거분사형 복습

mean ________ — ________ 01 05 15 30 30 30

경쌤's TIP

책으로 공부하다가 강의를 수강한 대부분의 학생들은
책만으로 공부하는 것과 강의를 들으면서 공부하는 것의 효과 차이가 매우 크다고 말합니다.

한 강의 단어를 완벽하게 암기하는 데 25분 이상 걸리거나,
한 강을 완성하고 생각나지 않는 단어가 5개 이상이라면
강의를 꼭 듣도록 하세요.

점차 배속에 따라 10~15분 강의로 90~100%까지 암기할 수 있고
3분 내외의 복습으로 100% 완벽하게 암기할 수 있습니다.

경선식 영단어 생생 학습 후기

만화로 배우니까 외우기 쉽고, 이중효과(단어 외우기+발음)가 대박입니다! (박*연)

영어단어 외우기에 진절머리가 나 사실상 영포자였습니다. 영어가 정말 싫었습니다. 영포자... 아니, 영어 혐오자였죠... 눈물을 머금고 영어단어를 외우다가 (또 포기할 뻔...) 영어단어 검색하던 중에 경선식 영단어를 알게 되었습니다. 지푸라기라도 잡는 심정으로 신청했습니다. 강의를 들으면 배로 잘 외워진다고 해서... 근데..... 진짜 대박인 것 같습니다!!!!!!! 너무 늦게 안 걸 후회해요.ㅠㅠㅠ 만화로 배우니까 외우기 쉽고, 그 만화 장면이 영어단어 볼 때마다 연상된다고 할까요? 나중에는 그 영어단어가 쏙 하고 의미랑 바로 연결돼서!!! 경선식 영단어만 있으면 네버!! 전혀 헷갈리지 않고요. 발음도 아주 정확하게 해서 외워집니다. 이 이중효과(단어 외우기+발음)가 대박입니다. 공부하면서 제가 얼마나 영어단어를 한심하게 외우고 있었는지 느끼게 되었네요. 영어단어 공부를 하면서 재미를 느낄 수 있어 너무 기쁘고요. 모두 차근차근 경선식 영단어 듣고 '영어 꽃길'만 걸으세요!!!!

hawk n. 매
[hɔːk]

먹이를 **혹!** 채가는 매

goldfish n. 금붕어
[góuldfiʃ]

gold(금)+fish(물고기)
goldfish 금붕어

gold(금) 색깔의 **fish**(물고기)인 금붕어

dozen n. 12개, 10여 개
[dʌ́zn]

10개에 2개 더 준
dozen

10개에 2개를 **더 준**, 즉 12개

mate n. 친구, 동료, 짝
[meit]

매일 투(two: 둘)이 다니는 친구
mate

매일 two(2)명이 같이 다니는 친구

classmate n. 학급 친구
[㉡klǽsmèit]
[㉢kláːsmèit]

class(학급, 반)+mate(친구, 동료)
classmate 학급 친구

class(학급) + **mate**(친구): 학급 친구

roommate n. 한 방 사람, 같이 방을 쓰는 친구
[rú(ː)mmèit]

workmate
직장 동료

room(방)+mate(친구, 동료)
roommate 한 방 사람

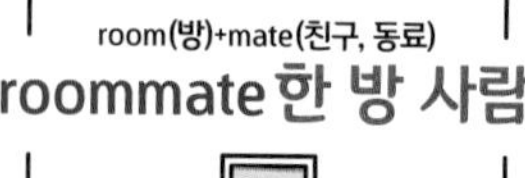

room(방) + **mate**(친구): 같이 방을 쓰는 친구

address
[ədrés]

n. 주소

그 집 주소가 **어디랬수?**

until(=till)
[əntíl]

prep. ~까지
conj. ~할 때까지

언 물이 녹아 **틸** 때까지 개구리가 겨울잠을 자다

general❶
[dʒénərəl]

a. 일반적인

generally
일반적으로
(-ly: 부사형 어미)

재와 **너** 그리고 **all**(모두) 다 그러한, 즉 일반적인

general❷
[dʒénərəl]

n. 장군

제나랄(제나라를) 지키는 장군
general

제나랄(제나라를) 지키는 장군

예문 All **hawks** love hunting. 모든 매들은 사냥하는 것을 좋아한다. / Ron has a pet **goldfish**. 론은 애완용 금붕어를 기른다. / My uncle bought a **dozen** of doughnuts. 삼촌이 도넛 12개를 샀다. / She met a **mate** in the airport. 그녀는 공항에서 친구를 만났다. / We are **classmates**. 우리는 학급 친구예요. / My **roommate** has long hair. 내 룸메이트는 머리가 길다. / May I have your **address**? 주소 좀 알려주시겠어요? / I will sleep **until** 10 o'clock. 난 10시까지 잘 거야. / The concert is open to the **general** public. 그 콘서트는 일반 대중에게 공개된다. / **General** Lee won the battle. 이 장군이 전투에서 이겼다.

복습문제

□□□ hawk
□□□ goldfish
□□□ dozen
□□□ mate
□□□ classmate
□□□ roommate
□□□ address
□□□ until(=till)
□□□ general❶
□□□ general❷

branch n. 나뭇가지
[bræntʃ]

불엔(불에는) **치이~** 소리를 내며 잘 타는 나뭇가지

dictionary n. 사전
[㊊díkʃənèri]
[㊎díkʃənəri]

사전을 보고 모르는 단어의 뜻을 **띡! 써 넣어리**

watermelon n. 수박
[wɔ́:tərmèlən]

water(물)이 많이 든 **melon**(멜론)같이 생긴 수박

tray n. 쟁반
[trei]

네모난 **틀에 2**(이)개의 커피 잔이 있는 쟁반

kind [1] a. 친절한 [2] n. 종류
[kaind]

a kind of
일종의

인간은 **kind**(친절한) 종류와 불친절한 종류로 나뉜다.

mankind n. 인간, 인류
[mæ̀nkáind]

man(인간) + **kind**(종류): 인간, 인류

pear n. 배
[pɛər]

벌레가 갉아먹어 **패어** 있는 배

fail v. 실패하다
[feil]

조각의 얼굴 부분이 **패일**, 즉 조각에 실패하다

teen n. 십대 a. 십대의
[ti:n]

teen → **ten**(10): 십대, 십대의

clock n. (벽걸이) 시계
[㉠klɑk]
[㉡klɔk]

(벽걸이)
시계
클락!
clock
클락!

초침이 "**클락! 클락!**" 소리를 내는 (벽걸이) 시계

예 문 A bird was sitting on a **branch**. 새 한 마리가 나뭇가지에 앉아 있었다. / This **dictionary** is thick. 이 사전은 두껍다. / **Watermelon** is rich in vitamins A and C. 수박은 비타민 A와 비타민 C가 풍부하다. / Dishes are on a **tray**. 접시들이 쟁반 위에 있다. / [1] Thank you for your **kind** help. 친절하게 도와주셔서 감사합니다. [2] What **kind** of food do you like? 어떤 음식을 좋아하세요? / the last **mankind** on Earth 지구상의 마지막 인류 / Korean **pears** are sweet. 한국 배는 달다. / The team **failed** to win the prize. 그 팀은 상을 타지 못했다. / The book is for **teen** readers. 이 책은 십대 독자들을 위한 것이다. / There is a big **clock** on the wall. 벽에 큰 시계가 걸려 있다.

복습문제

□□□ branch	□□□ tray	□□□ pear	□□□ clock
□□□ dictionary	□□□ kind	□□□ fail	
□□□ watermelon	□□□ mankind	□□□ teen	

floor [flɔːr] n. 바닥, 층

짐을 바닥에 **풀러** (놓다)

bottom [미 bátəm] [영 bɔ́təm] n. 밑바닥, 맨 아래

계주경기에서 **바톤**을 밑바닥에 떨어뜨린

guess [ges] v. 추측하다

친구 주먹 속의 동전의 **개수**가 몇 개일까? 하고 추측하다

carrot [kǽrət] n. 당근

농부가 당근 **캐럿**(캐러) 가다

sad [sæd] a. 슬픈

새두(새도) 구슬프게 울며 슬픈

dolphin [미 dálfin] [영 dɔ́lfin] n. 돌고래

돌고래가 **돌**(돌다) **핑**그르르~

clear
[kliər]

a. 맑은, 깨끗한
v. 깨끗이 치우다

맑은, 깨끗한 얼굴의 이성에게 **끌리어**

mad
[mæd]

a. 1 미친 2 화가 난

학생에게 **매두**(매도) 들 정도로 미친 듯이 화가 난

taste
[teist]

v. 맛보다, ~맛이 나다 n. 맛

간이 잘 맞는지 **테스트**하며 맛보다

trash
[træʃ]

n. 쓰레기

쓰레기통의 네모난 **틀에 she**(그녀가) 버린 쓰레기

05일

예문 Put your backpack on the **floor**. 네 배낭을 바닥에 내려놔. / the **bottom** of the ocean 해저 / Can you **guess** the answer? 답을 추측할 수 있겠니? / A donkey likes **carrots**. 당나귀는 당근을 좋아한다. / The song is so **sad**. 노래가 너무 슬퍼요. / I saw a **dolphin** in the sea. 나는 바다에서 돌고래를 보았다. / The water was as **clear** as crystal. 물은 수정처럼 맑았다. / 1 A boy was bitten by a **mad** dog. 한 소년이 미친개에게 물렸다. 2 He is **mad** at her. 그는 그녀에게 화가 나 있다. / This medicine **tastes** bitter. 이 약은 쓴 맛이 난다. / a **trash** can 쓰레기통

복습문제

□□□ floor	□□□ carrot	□□□ clear	□□□ trash
□□□ bottom	□□□ sad	□□□ mad	
□□□ guess	□□□ dolphin	□□□ taste	

01 1강 단위 복습 05 5강 단위 복습 15 15강 단위 복습 30 30강 단위 복습

다음 단어들의 뜻이 1초 내에 생각나지 않으면 각 강의 단위에 표시를 하고 표시한 단어들을 다시 복습하세요.
(학원이나 학교의 숙제용 주관식 문제는 별도로 p.254~p.268에 있습니다.)

단어						
hawk	01	05	15	30	30	30
goldfish	01	05	15	30	30	30
dozen	01	05	15	30	30	30
mate	01	05	15	30	30	30
classmate	01	05	15	30	30	30
roommate	01	05	15	30	30	30
address	01	05	15	30	30	30
until (=till)	01	05	15	30	30	30
general ❶	01	05	15	30	30	30
general ❷	01	05	15	30	30	30
branch	01	05	15	30	30	30
dictionary	01	05	15	30	30	30
watermelon	01	05	15	30	30	30
tray	01	05	15	30	30	30
kind	01	05	15	30	30	30
mankind	01	05	15	30	30	30
pear	01	05	15	30	30	30
fail	01	05	15	30	30	30
teen	01	05	15	30	30	30
clock	01	05	15	30	30	30
floor	01	05	15	30	30	30
bottom	01	05	15	30	30	30
guess	01	05	15	30	30	30
carrot	01	05	15	30	30	30
sad	01	05	15	30	30	30
dolphin	01	05	15	30	30	30
clear	01	05	15	30	30	30
mad	01	05	15	30	30	30
taste	01	05	15	30	30	30
trash	01	05	15	30	30	30

파생어, 숙어 복습

단어						
workmate	01	05	15	30	30	30
generally	01	05	15	30	30	30
a kind of	01	05	15	30	30	30

경쌤's TIP

축하합니다. 여러분은 1강부터 5강까지 완성하였습니다.

각 강을 완벽하게 복습했다 하더라도 **반드시! 꼭! 1강~5강의 전체 단어를 복습**하세요.

1 1강의 복습문제 단어 옆의 5강 단위 표시 란에 1초 내에 바로 생각나지 않는 단어들을 표시하고 그것들 위주로 완벽하게 복습한 후 2강, 3강, 4강, 5강을 같은 방식으로 복습합니다.

2 그런 후에 마지막으로 위 1번에서 5강 단위 표시 란에 표시한 단어들을 다시 한 번 완벽하게 복습하도록 하세요.

지금 복습하면 5강 전체 복습이 5분~10분 걸리지만, 복습을 나중으로 미루면 더 많은 시간이 걸리게 됩니다.

06강

gun
[gʌn]

n. 총

포수가 어깨에 **건** 총

fond
[㉠fɑnd]
[㉡fɔnd]

a. 좋아하는

be fond of
~을 좋아하다

피자 **판 두** 개를 먹어치울 정도로 피자를 좋아하는

supper
[sʌ́pər]

n. 저녁 식사

주걱으로 **썩! 퍼**서 주는 저녁 식사

care
[kɛər]

1 n. 걱정 v. 걱정하다
2 n. 조심 3 n. 돌보아 줌

careful
조심하는
(-ful: 형용사형 어미)

take care of
~을 돌보다

아기가 **깨어** 울까 봐 걱정하면서 조심조심 돌보아 줌

careless
[kɛ́ərlis]

a. 조심성 없는, 부주의한

care(조심) + **less**(~이 없는, ~이 아닌): 조심성 없는, 부주의한

useless
[júːslis]

a. 쓸모없는

use(이용) + **less**(~이 없는, ~이 아닌): 이용할 수 없는, 즉 쓸모없는

exercise [éksərsàiz]

n. 운동, 연습 v. 운동하다

애써서, 입는 옷 **사이즈**를 줄이려고 운동, 운동하다

maybe [méibiː]

ad. 어쩌면, 아마

1. 어쩌면, 아마 이번 주는 **매일 비**가 올 것 같아.
2. may(~일지도 모른다) + be(~이다): 어쩌면, 아마

어쩌면, 아마 이번 주는 매일 비가...
maybe
주간 날씨
월 화 수 목 금 토 일

hurry [hə́ːri]

v. 서두르다 n. 서두름

허리를 크게 다쳐 병원으로 서두르다

cabbage [kǽbidʒ]

n. 양배추

양배추를 밭에서 **캐** 칼로 뿌리를 **비지**(비어내지)

예문 Guns are very dangerous. 총은 매우 위험하다. / I am very **fond** of music. 나는 음악을 매우 좋아한다. / My grandma made me a big **supper**. 할머니는 나에게 푸짐한 저녁을 만들어 주셨다. / [1] He **cares** about my health a lot. 그는 나의 건강을 많이 걱정한다. [2] Take **care** when you drive. 운전할 때는 조심하세요. [3] A nurse takes **care** of him. 한 간호사가 그를 돌보고 있다. / He is a **careless** person. 그는 부주의한 사람이다. / Don't spend your time on **useless** things. 쓸모없는 것에 시간을 낭비하지 마세요. / Walking is a good **exercise**. 걷기는 좋은 운동이다. / **Maybe** you should go to the hospital. 아마도 너는 병원에 가봐야 할 것 같아. / **Hurry** up! We are already late. 서둘러! 우리 이미 늦었어. / **Cabbage** is good for the stomach. 양배추는 위장에 좋다.

복습문제

□□□ gun	□□□ care	□□□ exercise	□□□ cabbage
□□□ fond	□□□ careless	□□□ maybe	
□□□ supper	□□□ useless	□□□ hurry	

kindergarten n. 유치원
[kíndərgɑ̀:rtn]

키도 같은 작은 아이들이 다니는 유치원

throw v. 던지다
[θrou] (throw-threw-thrown)

쓰레기를 **쓸어** 담아 창밖으로 던지다

wise a. 현명한, 똑똑한
[waiz]

wisdom
현명함, 지혜

"구구단을 **와 잊으?**(왜 잊어?)" 즉, 암기한 것은 잊지 않을 정도로 현명한, 똑똑한

bitter a. (맛이) 쓴, 지독한
[bítər]

bitterly
지독히, 몹시
(-ly: 부사형 어미)

약을 **뱉어**. 왜냐하면 맛이 쓴, 지독한

basketball n. 농구
[미bǽskitbɔ̀:l]
[영bɑ́:skitbɔ̀:l]

basket(바구니)+ball(공)
basketball 농구

basket(바구니)에 **ball**(공)을 넣어 득점을 하는 농구

volleyball n. 배구
[미vɑ́libɔ̀:l]
[영vɔ́libɔ̀:l]

빨리 ball(공)을 받아넘겨야 하는 배구

exactly
[igzǽktli]

ad. 정확하게

exact
정확한

exactness
정확함
(-ness: 명사형 어미)

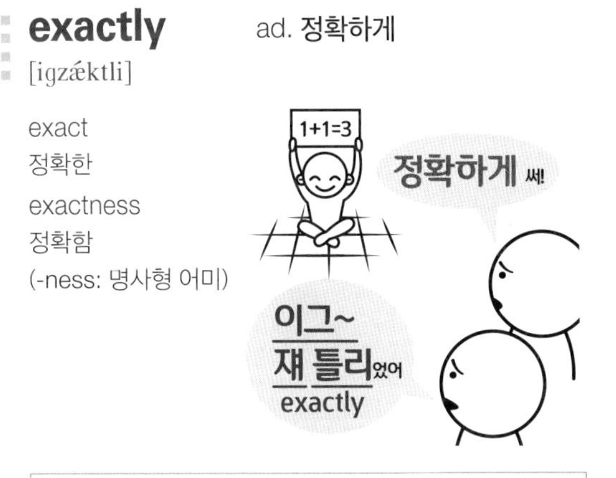

"**이그! 재 틀리**었어. 좀 정확하게 좀 해라!"

laugh
[㊊læf]
[㊄lɑ:f]

v. 웃다 n. 웃음(소리)

laughter
웃음, 웃음소리

내가 **프**하하 웃다

decide
[disáid]

v. 결정하다, 결심하다

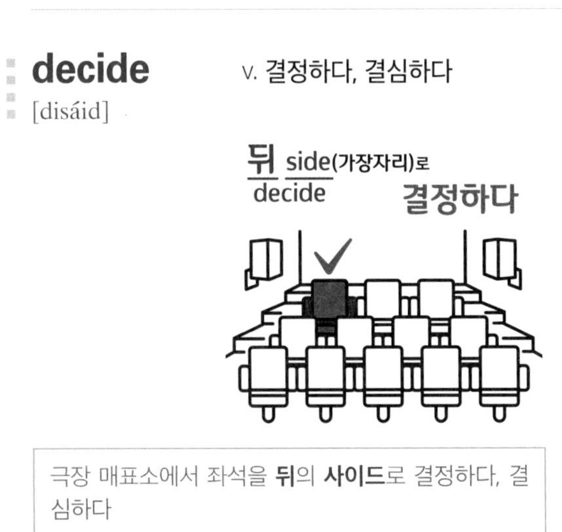

극장 매표소에서 좌석을 **뒤**의 **사이드**로 결정하다, 결심하다

wet
[wet]

a. 젖은

외투가 비에 젖은

예문 His son goes to **kindergarten.** 그의 아들은 유치원을 다닌다. / Don't **throw** stones at my dog! 우리 개에게 돌을 던지지 마라! / Master Lee is a **wise** man. 이 사부님은 현명한 분이시다. / This medicine is **bitter.** 이 약은 쓰다. / Michael Jordan was a famous **basketball** player. 마이클 조단은 유명한 농구 선수였다. / I play both basketball and **volleyball.** 저는 농구와 배구 둘 다 합니다. / I can't remember **exactly.** 난 정확하게 기억이 나지 않아. / Don't **laugh** too loud. 너무 큰소리로 웃지 마라. / Why did you **decide** to become an actor? 당신은 왜 배우가 되기로 결심했나요? / A **wet** towel is heavy. 젖은 수건은 무겁다.

복습문제

□□□ kindergarten
□□□ throw
□□□ wise
□□□ bitter
□□□ basketball
□□□ volleyball
□□□ exactly
□□□ laugh
□□□ decide
□□□ wet

a lot of
[ə lɑt əv]

많은

a lot
대단히, 많이

얼라(아기)를 **업으**시고 안고 손잡고 갈 정도로 얼라들이(아이들이) 많은

catch
[kætʃ]

v. 잡다
(catch-caught-caught)

cat(고양이)가 **쥐**를 잡다

cheap
[tʃiːp]

a. 값이 싼

포테이토 **칩**이 할인 판매로 값이 싼

happen
[hǽpən]

v. (사건·사고 등이) 발생하다

해풍(海風: 바닷바람)에 배가 뒤집히는 사고가 발생하다

weather
[wéðər]

n. 날씨, 기후

날씨가 **왜** (이렇게) **더**워?

whether
[hwéðər]

conj. 1 ~인지 아닌지
2 ~이든 아니든

weather(날씨)가 오늘 추운지 아닌지 모르겠네.
weather(날씨)가 춥든 안 춥든 낚시 갈 거야.

candle
[kǽndl]

n. 초

음료수 **캔 둘**(2) 위에 얹혀있는 초

above
[əbʌ́v]

ad. 위에, 위로
prep. ~ 위에, ~ 이상으로

애기가 "나를 **업어!**" 하고 **부~**웅 위로 뛰어올라 아빠 등에 올라타다

land
[lænd]

1 n. 땅, 육지 2 n. 나라
3 v. 착륙하다

1. 서울**랜드**, 디즈니**랜드**에서 랜드는 땅, 나라
2. 비행기가 **land**(땅)에 착륙하다

ghost
[goust]

n. 유령

무술 **고수**가 분신술로 **two**(두 개의) 자신의 유령을 만들어내다

06일

예문 I have **a lot of** balloons. 나는 풍선을 많이 가지고 있다. / The goalkeeper **caught** the ball first. 골키퍼가 먼저 공을 잡았다. / This ice cream is **cheap** and tasty. 이 아이스크림은 싸고 맛있다. / What **happened** to your cat? 너희 고양이한테 무슨 일 있었어? / How's the **weather** today? 오늘 날씨가 어때요? / 1 I don't know **whether** I like this or not. 내가 이걸 좋아하는지 아닌지 모르겠어. 2 I will buy it **whether** you like it or not. 네가 그것을 좋아하든 안하든 나는 그것을 살 거야. / There is a **candle** on the table. 탁자 위에 초가 있다. / Put the cup **above** the stove. 컵을 난로 위에 놓으세요. / 1 **land** of opportunity 기회의 땅 2 Brazil is the **land** of his birth. 브라질은 그가 태어난 나라이다. 3 The plane **landed** 20 minutes early. 비행기가 20분 일찍 착륙했다. / **Ghosts** walk at midnight. 유령은 한밤중에 돌아다닌다.

복습문제

□□□ a lot of	□□□ happen	□□□ candle	□□□ ghost
□□□ catch	□□□ weather	□□□ above	
□□□ cheap	□□□ whether	□□□ land	

 복습하기

01 1강 단위 복습 05 5강 단위 복습 15 15강 단위 복습 30 30강 단위 복습

다음 단어들의 뜻이 1초 내에 생각나지 않으면 각 강의 단위에 표시를 하고 표시한 단어들을 다시 복습하세요.
(학원이나 학교의 숙제용 주관식 문제는 별도로 p.254~p.268에 있습니다.)

gun	01 05 15 30 30 30
fond	01 05 15 30 30 30
supper	01 05 15 30 30 30
care	01 05 15 30 30 30
careless	01 05 15 30 30 30
useless	01 05 15 30 30 30
exercise	01 05 15 30 30 30
maybe	01 05 15 30 30 30
hurry	01 05 15 30 30 30
cabbage	01 05 15 30 30 30
kindergarten	01 05 15 30 30 30
throw	01 05 15 30 30 30
wise	01 05 15 30 30 30
bitter	01 05 15 30 30 30
basketball	01 05 15 30 30 30
volleyball	01 05 15 30 30 30
exactly	01 05 15 30 30 30
laugh	01 05 15 30 30 30
decide	01 05 15 30 30 30
wet	01 05 15 30 30 30
a lot of	01 05 15 30 30 30
catch	01 05 15 30 30 30
cheap	01 05 15 30 30 30
happen	01 05 15 30 30 30
weather	01 05 15 30 30 30
whether	01 05 15 30 30 30
candle	01 05 15 30 30 30
above	01 05 15 30 30 30
land	01 05 15 30 30 30
ghost	01 05 15 30 30 30

파생어, 숙어 복습

be fond of	01 05 15 30 30 30
careful	01 05 15 30 30 30
take care of	01 05 15 30 30 30
wisdom	01 05 15 30 30 30
bitterly	01 05 15 30 30 30
exact	01 05 15 30 30 30
exactness	01 05 15 30 30 30
laughter	01 05 15 30 30 30
a lot	01 05 15 30 30 30

동사의 과거, 과거분사형 복습

동사	과거		과거분사	복습
throw		—		01 05 15 30 30 30
catch		—		01 05 15 30 30 30

경선식 선생님은 예전 메가스터디에서 3년 가까이 영어 1위를 한 전국 1타 강사입니다.

어휘뿐만 아니라 문법, 독해, 유형별풀이비법을 통한 최단기간 영어성적 향상에서도 전국 1위라고 자부합니다.

모의고사 30점 이상 향상 / 모의고사, 수능 1등급 3~6개월 완성

<경선식에듀 1:1 Online-Care>를 통한 놀라운 성적 향상

67점 상승!	이*원(중3)	고1모 → 고2모	30점 → 97점 (**6개월** 소요)
53점 상승!	임*지(고3)	고3전국모의고사	34점 → 87점 (**5개월** 소요)
50점 상승!	김*영(중2)	고2전국모의고사	45점 → 95점 (**4개월** 소요)
46점 상승!	권*채(중3)	고1모 → 고2모	51점 → 97점 (**8개월** 소요)
42점 상승!	이*진(고2)	고2전국모의고사	58점 → 100점 (**4.5개월** 소요)
40점 상승!	조*현(중3)	고2전국모의고사	58점 → 98점 (**3개월** 소요)

<경선식에듀 1:1 Online-Care>를 통해 중1~고3 학생들이 경선식 선생님의 온라인 어휘, 문법, 독해, 유형별풀이비법, 모의고사 훈련 강의를 들으며 평균 주 5회 1:1 online 관리를 받았습니다. 중학생은 실력에 따라 고1/고2 모의고사를, 고등학생은 자신의 학년 이상의 고1/고2/고3 전국 모의고사 시험을 치렀습니다. 그 결과

결과

평균 **3.2개월** 만에 84% 학생이 **10**점 이상 상승!

평균 **4개월** 만에 50% 학생이 **20**점 이상 상승!

평균 **4.3개월** 만에 9% 학생이 **40**점 이상 상승!

평균 **5개월** 만에 3% 학생이 **50**점 이상 상승!

위와 같은 단기간의 점수 상승은 대한민국 어떠한 학원에서도 찾아볼 수 없는 놀라운 결과입니다. <경선식에듀 1:1 Online-Care>이기에 가능한 것입니다. 나태함과 여러 유혹들로 인해 혼자서 동영상 진도가 나가지 않는다면 매일 전문 관리 선생님이 학습관리와 동기부여를 해주는 <경선식에듀 1:1 Online-Care>를 이용해 보세요.

지금까지 경선식수능영단어 책으로, 특히 강의와 함께 공부해온 학생들은 강의 효과에 대해 전혀 과장이 없다는 것을 알 수 있을 것입니다. <경선식에듀 1:1 Online-Care>를 통해 3개월~6개월 내에 모의고사 30점 이상 또는 1등급 완성을 약속드립니다.

<경선식에듀 1:1 Online-Care> 교재 맨 뒤페이지를 참고하세요.

07강

sheep
[ʃiːp]

n. 양 (*pl.* sheep)

늑대들이 "**쉿!**" 하며 다가가 잡아먹으려고 하는 양

convenience
[kənvíːnjəns]

n. 편리함, 편의

convenient
편리한
(-ent: 형용사형 어미)

큰 비녀 쓰다
convenience

큰 비녀를 **쓰**니(사용하니) 머리가 흘러내리지 않아 편리함

close
v. [klouz]
a. [klous]

[1] v. 닫다 [2] a. 가까운

크로스(교차)해서 부딪칠 뻔했어
close

1cm
두 차 사이가 가까운

좌회전 차량과 **크로스**(교차)해서 부딪칠 뻔했어. 두 차 사이가 가까운

cave
[keiv]

n. 굴, 동굴

동굴을 캐다 이브와 아담이
cave 같이 살려고

동굴을 **캐**다, **이브**와 아담이 같이 살려고.

valley
[vǽli]

n. 계곡

큰 거인이 산을 두 갈래로 **벨리!** 그렇게 만들어진 계곡

discover
[diskʌ́vər]

v. 발견하다, 알아내다

discovery
발견

this(이) **커버**(덮개)를 벗기고 안에 있던 금은보화를 발견하다, 알아내다

hard❶
[hɑːrd]

[1] ad. 열심히 [2] a. 어려운, 힘든

하두(하도) 열심히 공부해서, 그 어려운, 힘든 사법고시를 패스했어.

hard❷
[hɑːrd]

a. 단단한, 딱딱한

soft(부드러운) 웨어의 반대말인 **하드**웨어는 단단한 제품

hardship
[hɑ́ːrdʃìp]

n. 어려움, 고난

hard(어려운, 힘든) + **ship**(상태를 나타내는 명사형 어미): 어려움, 고난

hardworking
[hɑ́ːrdwə̀ːrkiŋ]

a. 열심히 일하는, 근면한

hard(열심히) + **work**(일하다) + **ing**(형용사형 어미): 열심히 일하는, 근면한

예문 What sound does a **sheep** make? 양은 어떤 소리를 내나요? / The hospital opens until late for the patients' **convenience**. 그 병원은 환자의 편의를 위해 늦게까지 문을 연다. / [1] **Close** your eyes for a minute. 잠시 눈을 감아보세요. [2] My house is very **close** to the subway station. 내 집은 지하철역에서 매우 가깝다. / They saved food in a **cave**. 그들은 동굴에 음식을 저장했다. / the big **valley** in the mountain 산속의 큰 계곡 / Columbus **discovered** the new land. 콜럼버스는 새로운 땅을 발견했다. / [1] He always works **hard**. 그는 항상 열심히 일한다. [2] It's **hard** to dance without music. 음악 없이 춤추는 것은 어렵다. / A boiled egg is **hard**. 삶은 달걀은 단단하다. / He had many **hardships** for 10 years. 그는 10년 동안 많은 고난을 겪었다. / Jane is a **hardworking** woman. 제인은 열심히 일하는 여성이다.

복습문제

□□□ sheep	□□□ cave	□□□ hard❶	□□□ hardworking
□□□ convenience	□□□ valley	□□□ hard❷	
□□□ close	□□□ discover	□□□ hardship	

suppose
[səpóuz]

v. 추측하다, 생각하다, 가정하다

소포를 **우주**로 보내는 시대를 추측하다, 생각하다, 가정하다

roof
[ruːf]

n. 지붕

1. 수리를 위해 **로프**(rope)를 타고 올라가는 지붕
2. 자동차의 선**루프**(sun**roof**)란 sun(태양) 빛이 들어오게 만든 자동차 지붕

delight
[diláit]

n. 기쁨, 즐거움

delightful
기쁜, 즐거운
(-ful: 형용사형 어미)

뛸 듯이 기뻐하며 **나이트**클럽에서 춤추는 기쁨, 즐거움

shell
[ʃel]

n. (조개·달걀 등의) 껍질

쉐~엘 하고 바닷바람 소리가 나는
shell
쉐~엘
조개껍질

귀에 대면 **쉐~엘** 하고 바닷바람 소리가 나는 조개껍질

arrive
[əráiv]

v. 도착하다

arrival
도착

도착하다
붕~
오라이!(와라!)
arrive

"이리로 **오라이!**(와라!)" 하고 부르자 '**부**웅~' 하고 도착하다

toe
[tou]

n. 발가락

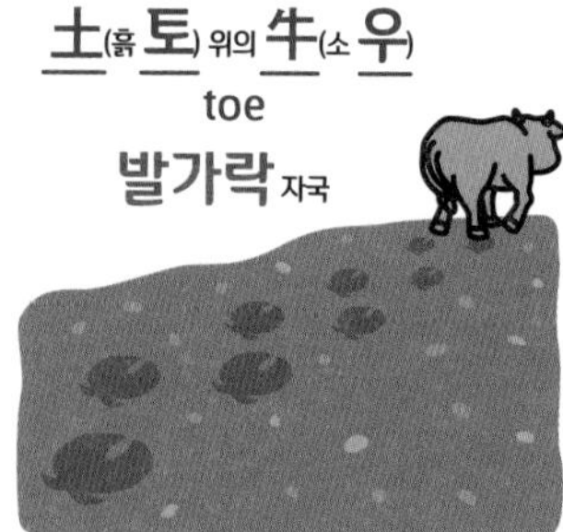

土(흙 토) 위에 찍혀있는 **牛**(소 우) 발가락 자국

pillow
[pílou]

n. 베개

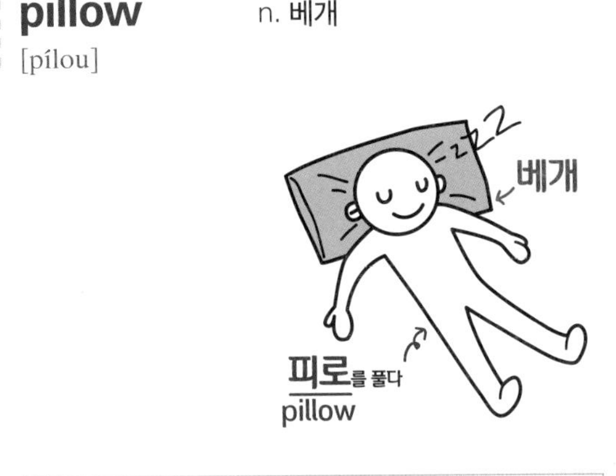

피로해서 베개를 베고 눕다

joy
[dʒɔ́i]

n. 기쁨

1. 남들은 사탕을 1개씩 줬지만 나만 **줘 2**(이)개를, 그래서 기쁨
2. en**joy**(즐기다), 그래서 기쁨

lend
[lend]

v. 빌려주다 (lend-lent-lent)

농부에게 농사지을 **land**(땅)을 빌려주다

patient
[péiʃənt]

[1] n. 환자 [2] a. 인내심이 강한

patience
인내
(-ence: 명사형 어미)

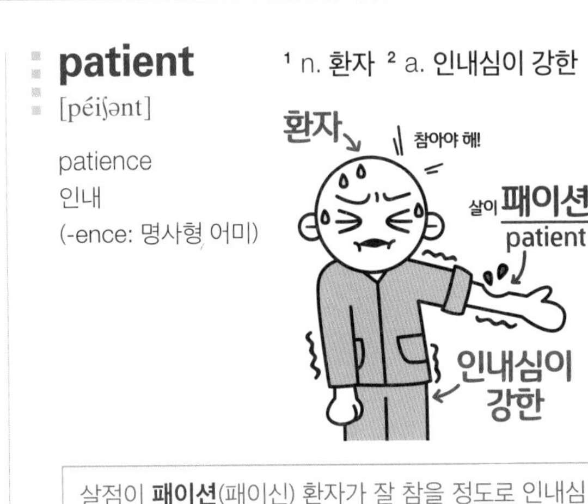

살점이 **패이션**(패이신) 환자가 잘 참을 정도로 인내심이 강한

예문 Do you **suppose** Lisa will marry him? 너는 리사가 그와 결혼할 것 같니? / My dogs went up to the **roof**. 내 개들이 지붕으로 올라갔다. / Her visit was a great **delight** to me. 그녀의 방문은 내게 큰 기쁨이었다. / He's picking up a **shell** on the beach. 그는 바닷가에서 조개껍질을 줍고 있다. / They will **arrive** in Seoul at noon. 그들은 정오에 서울에 도착할 것이다. / I broke my **toe**. 내 발가락이 부러졌다. / The **pillow** is on the bed. 베개가 침대 위에 있다. / The old lady cried for **joy** at the news. 그 노부인은 그 소식을 듣고 기뻐서 울었다. / Can you **lend** me your car? 제게 차를 빌려줄 수 있나요? / [1] The **patient**'s condition is getting better. 환자의 상태가 호전되고 있다. [2] He is a **patient** person. 그는 인내심이 강한 사람이다.

복습문제

□□□ suppose	□□□ shell	□□□ pillow	□□□ patient
□□□ roof	□□□ arrive	□□□ joy	
□□□ delight	□□□ toe	□□□ lend	

07

bring [briŋ] v. 가져오다, 데려오다 (bring-brought-brought)

브링~ 브링~(부릉~ 부릉~) 오토바이로 아이를 집에 데려오다, 가져오다

owl [aul] n. 올빼미

아울~ 아울~ 하고 우는 올빼미

coast [koust] n. 해안

자동차 경주 코스 two(2)번은
coast
해안도로
코스 1
코스 2

1. 자동차 경주 **코스** two(2)번은 해안도로
2. 호주의 골드**코스트**는 'gold(금빛) + coast(해안)'

stair [stɛər] n. 계단

아이가 힘들까 봐 무등을 **스**~윽 **태워** 오르는 계단

downstairs [dáunstɛ̀ərz] n. 아래층 ad. 아래층에

down(아래)+stair(계단)
downstairs 아래층

down(아래) + **stair**(계단): 계단 아래의 아래층, 아래층에

upstairs [ʌ́pstɛ̀ərz] n. 위층 ad. 위층에

up(위에)+stair(계단)
upstairs 위층

up(위에) + **stair**(계단): 계단 위의 위층, 위층에

earn [ə:rn]
v. (돈을) 벌다, 얻다

만 원을 벌다
earn

돈 만 **원**을 벌다, 얻다

ankle [ǽŋkl]
n. 발목

앵~ 하고 날아다니는 모기의 **클**(큰) 발목

beat [bi:t]
v. ¹ 때리다 ² 이기다
(beat-beat-beaten)

프로레슬링에서 상대방의 팔을 **비트**러(비틀어) 때리다, 그렇게 이기다

survival [sərváivəl]
n. 생존, 살아남음

survive
생존하다, 살아남다

survivor
생존자

서바이벌 게임은 전쟁놀이에서 생존하는 게임

예문 Please **bring** out the dishes. 접시 좀 꺼내 주세요. / Harry has a white **owl.** 해리는 하얀 올빼미를 기르고 있다. / The boat is near the **coast.** 배가 해안 가까이에 있다. / She ran up the **stairs.** 그녀는 계단을 뛰어 올라갔다. / Go **downstairs** for laundry. 빨래하려면 아래층으로 내려가세요. / My friend lives **upstairs.** 내 친구는 위층에 산다. / He **earned** a lot of money. 그는 많은 돈을 벌었다. / I think I twisted my **ankle.** 나는 발목을 삔 것 같아요. / ¹ Don't **beat** the dog. 강아지를 때리지 마세요. ² The white team **beat** the blue team. 백팀이 청팀을 이겼다. / It's a matter of **survival.** 그것은 생존의 문제다.

복습문제

□□□ bring
□□□ owl
□□□ coast
□□□ stair
□□□ downstairs
□□□ upstairs
□□□ earn
□□□ ankle
□□□ beat
□□□ survival

01 1강 단위 복습 05 5강 단위 복습 15 15강 단위 복습 30 30강 단위 복습

다음 단어들의 뜻이 1초 내에 생각나지 않으면 각 강의 단위에 표시를 하고 표시한 단어들을 다시 복습하세요.
(학원이나 학교의 숙제용 주관식 문제는 별도로 p.254~p.268에 있습니다.)

sheep	01 05 15 30 30 30	toe	01 05 15 30 30 30
convenience	01 05 15 30 30 30	pillow	01 05 15 30 30 30
close	01 05 15 30 30 30	joy	01 05 15 30 30 30
cave	01 05 15 30 30 30	lend	01 05 15 30 30 30
valley	01 05 15 30 30 30	patient	01 05 15 30 30 30
discover	01 05 15 30 30 30	bring	01 05 15 30 30 30
hard ❶	01 05 15 30 30 30	owl	01 05 15 30 30 30
hard ❷	01 05 15 30 30 30	coast	01 05 15 30 30 30
hardship	01 05 15 30 30 30	stair	01 05 15 30 30 30
hardworking	01 05 15 30 30 30	downstairs	01 05 15 30 30 30
suppose	01 05 15 30 30 30	upstairs	01 05 15 30 30 30
roof	01 05 15 30 30 30	earn	01 05 15 30 30 30
delight	01 05 15 30 30 30	ankle	01 05 15 30 30 30
shell	01 05 15 30 30 30	beat	01 05 15 30 30 30
arrive	01 05 15 30 30 30	survival	01 05 15 30 30 30

파생어, 숙어 복습

convenient	01 05 15 30 30 30	patience	01 05 15 30 30 30
discovery	01 05 15 30 30 30	survive	01 05 15 30 30 30
delightful	01 05 15 30 30 30	survivor	01 05 15 30 30 30
arrival	01 05 15 30 30 30		

동사의 과거, 과거분사형 복습

lend		—		01 05 15 30 30 30
bring		—		01 05 15 30 30 30
beat		—		01 05 15 30 30 30

경선식에듀 1:1 Online-Care 수강생 후기

영덕중학교 3학년 조*현 수강생 - 하루 2시간 주 6일 학습 및 관리

3개월 만에 고2전국모의고사 58점 → 98점

입반 테스트	고2모의고사 58점
▶ 3개월 만에	고2모의고사 98점 (40점 상승)

지금껏 몇 년 동안 했던 영어공부보다 경선식에듀 Online-Care에서의 3달이 더 알차고 효과적이었습니다.

선생님의 강의는 제가 들어본 강의 중 가장 최고였습니다.

원래는 하루에 20단어씩 암기했던 제가 하루에 100~150단어씩 암기했고 5배 정도는 더 빠르게 암기했던 것 같습니다. 일주일이면 사라지던 단어가 1달~2달이 지나도 계속 기억이 났습니다.

그리고 저는 분사구문, 관계대명사 부분이 어려웠었는데 초등학생도 이해할 수 있을 정도로 완벽하게 가르쳐 주시더라고요. 다른 학원에서는 기초문법부터 다루는 웜업 강의를 건너뛰고 넘어가지만 경선식에듀에서는 완벽하게 할 수 있어서 좋았습니다. 그리고 문법을 독해에 적용하는 방법까지 가르쳐 주셔서 독해 기초실력까지 향상되는 것을 느낄 수가 있었습니다.

그리고 시험시간이 턱없이 부족했었는데 유형별 풀이비법으로 15분이나 줄여주어 실전에서 진짜 점수를 대폭 향상시킬 수 있었다고 생각합니다.

입반고사로 고등학교 2학년 모의고사를 봤을 때는 58점이 나왔었는데, 3달을 공부하고 나니깐 98점까지 올랐더라고요.

강의를 시청하기 전에는 감으로 대충대충 하는 독해를 했었는데 경선식영문법과 독해를 듣고 나니깐 완벽하게 독해를 할 수 있게 되었습니다.

어떤 문제집이든 어떤 모의고사의 문제든 보고 나면 한 번에 독해할 수 있을 정도의 수준이 되었습니다. 단기간에 이런 독해 능력을 가지게 된 것이 굉장히 놀랍습니다.

지금껏 몇 년 동안 했던 영어공부보다 경선식에듀 Online-Care에서의 3달이 더 알차고 효과적이었습니다.

courage n. 용기
[kə́:ridʒ]

꼬리를, 특히 **쥐**의 꼬리를 잡을 수 있는 용기

silence n. 침묵, 고요
[sáiləns]

silent
조용한
(-ent: 형용사형 어미)

적의 공습을 알리는 **싸이렌** 소리에 마을 전체가 불을 끄고 침묵, 고요

beer n. 맥주
[biər]

맥주잔을 모두가 들고 "잔을 **비워!**"

wonder [1] v. 궁금해 하다 [2] n. 경이로움, 놀라움
[wʌ́ndər]

1. **원**의 넓이 구하는 공식에 대해 **더** 설명해달라며 궁금해 하다
2. **wonderful**(아주 멋진, 경이로운)의 파생어

appoint❶ v. 지명하다, 임명하다
[əpɔ́int]

a(하나의) 사람을 손가락으로 point(가리키다), 즉 지명하다, 임명하다

appoint❷ v. (시간·장소 등을) 정하다, 약속하다
[əpɔ́int]

appointment
약속, 임명
(-ment: 명사형 어미)

달력의 **a**(하나의) 날짜를 손가락으로 **point**(가리키다), 즉 (시간·장소 등을) 정하다, 약속하다

cycle
[sáikl]

n. 1 자전거 2 순환, 일회전

1. **사이클** 경기장은 자전거(cycle) 경주를 하는 경기장
2. **cycle**(자전거) 바퀴의 순환, 일회전

send
[send]

v. 보내다 (send-sent-sent)

샌드위치를 음식 배달원을 통해 고객에게 보내다

steal
[sti:l]

v. 훔치다
(steal-stole-stolen)

돈을 훔치다, 그리고 **스**윽 **틸**(튀다)

still
[stil]

ad. 아직도, 여전히

첫사랑이 아직도, 여전히 기억에 **스칠**(스치다)

예문 The man had the **courage** to jump. 그 남자는 뛰어내릴 용기가 있었다. / A baby broke the **silence.** 아기가 침묵을 깼다. / Would you like another **beer**? 맥주 한 잔 더 하시겠어요? / I was **wondering** if I could join the club. 제가 클럽에 가입할 수 있을지 궁금해서요. / He was **appointed** as the new sales manager. 그가 새로운 판매 부장으로 임명되었다. / They **appointed** a place for the meeting. 그들이 회의 장소를 정했다. / [1] My dad and I took part in a **cycle** race. 아빠와 나는 자전거 경주에 참가했다. [2] the **cycle** of the seasons 계절의 순환 / I need to **send** these letters today. 나는 이 편지들을 오늘 보내야 한다. / The thieves **stole** diamonds. 도둑들이 다이아몬드를 훔쳤다. / I **still** remember her. 난 아직도 그녀를 기억한다.

복습문제

□□□ courage	□□□ wonder	□□□ cycle	□□□ still
□□□ silence	□□□ appoint❶	□□□ send	
□□□ beer	□□□ appoint❷	□□□ steal	

garlic n. 마늘
[gɑ́ːrlik]

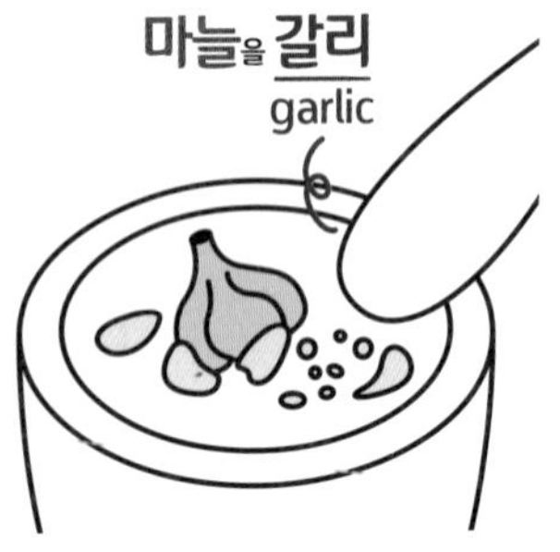

절구통에 넣고 **갈릭**(갈다), 마늘을.

pair n. 한 쌍, 한 벌
[pɛər]

a pair of
한 쌍의, 한 벌의

한 쌍으로 다니는 재들은 한**패여**

symbol n. 상징, 기호
[símbəl]

신발에 그려진 나이키 모양은 나이키의 상징, 기호

search v. 찾다, 수색하다
[səːrtʃ]

1. "리모컨을 내가 아까 **썼지?** 어디다 놨지?" 하며 리모컨을 찾다, 수색하다
2. **써 치 라 이 트** (searchlight)로 탈주범을 찾다, 수색하다

mostly ad. 대부분, 주로
[móustli]

most
대부분의

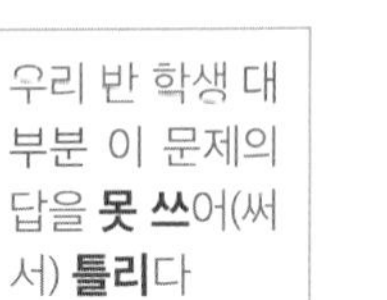

우리 반 학생 대부분 이 문제의 답을 **못 쓰**어(써서) **틀리**다

almost ad. 거의, 대체로
[ɔ́ːlmoust]

all(모두) + **most**(대부분의): 거의, 대체로

cough
[kɔ:f]

v. 기침하다 n. 기침

코를 **프!** 풀며 **기침하다**
cough

종합감기에 걸려 **코**를 **프!** 풀며 콜록콜록 기침하다

pretty
[príti]

[1] a. 예쁜, 귀여운
[2] ad. 꽤, 아주

꽤, 아주 pretty(예뻐)
pretty

"얼마나 예뻐?"
"꽤, 아주 **pretty**
(예뻐)."

seem
[si:m]

v. ~처럼 보이다, ~인 것 같다

과일씨**처럼 보이다**,
씨**인 것 같다** 딱 봐도 과일 **씨임**
seem

이것은 딱 봐도 **씨임**, 어떤 과일의 씨처럼 보이다, 씨인 것 같다

praise
[preiz]

n. 칭찬 v. 칭찬하다

풀(밭)**에 2주** 동안 수색해서 찾아준 경찰을
praise

풀(밭)**에 2주** 동안이나 수색해서 실종아동을 찾아 준 경찰을 국민들이 칭찬, 칭찬하다

08일

예문 Most Koreans love **garlic.** 대부분의 한국인들은 마늘을 무척 좋아한다. / I bought a **pair** of new gloves. 나는 새 장갑 한 벌을 샀다. / Pigeons are the **symbol** of peace. 비둘기는 평화의 상징이다. / The city police are **searching** for the child. 도시 경찰대가 그 아이를 찾고 있다. / We **mostly** watch movie on weekends. 우리는 주로 주말에 영화를 본다. / It's **almost** ten o'clock. 10시가 다 되었다. / He **coughed** and **coughed.** 그는 계속 기침을 했다. / [1] This necklace is very **pretty.** 이 목걸이는 정말 예쁘다. [2] The test was **pretty** easy. 시험은 꽤 쉬웠다. / He **seemed** so sad. 그는 몹시 슬퍼 보였다. / We **praised** his honesty. 우리는 그의 정직함을 칭찬했다.

복습문제

□□□ garlic	□□□ search	□□□ cough	□□□ praise
□□□ pair	□□□ mostly	□□□ pretty	
□□□ symbol	□□□ almost	□□□ seem	

hop
[㊀hɑp]
[㊂hɔp]

v. (깡충) 뛰다

합! 하고 도사가 기합을 넣으며 깡충 뛰다

empty
[émpti]

a. 텅 빈

도둑이 모든 기전 제품과 **앰프**까지 가지고 **튀**어서 집이 텅 빈

attend
[əténd]

v. 출석하다, 참석하다

어! ten(10)시에 두 명의 학생이
attend
출석하다

PC방 들르느라 **어! ten**(10)시에 **두** 명의 학생이 교실에 출석하다, 참석하다

bone
[boun]

n. 뼈, (생선) 가시

고고학자들이 **본**(탁본)을 뜨는 공룡 뼈

disappoint
[dìsəpɔ́int]

v. 실망시키다

disappointment
실망

this(이런) 문제를
a(1) point(점수) 받아서
disappoint
엄마를 실망시키다

this(이렇게) 쉬운 문제를 **a**(1, 하나이) **point**(점수)를, 즉 1점을 받아 엄마를 실망시키다

beam
[biːm]

n. 광선, 빛 v. 빛나다

1. 레이저 **빔**은 레이저 광선, 빛
2. 레이저 **빔~** 하며 나가는 레이저 광선, 빛

mind
[maind]

[1] n. 마음, 정신
[2] v. 꺼리다, 싫어하다

마인드(마음)이 서로 맞지 않아 만나기 꺼리다, 싫어하다

since
[sins]

[1] conj. ~한 이래로 prep. ~ 이래로
[2] conj. ~이기 때문에

신발을 쓰기 시작한 이래로 신발을 쓰기 때문에 인간은 발을 다치지 않았다.

aloud
[əláud]

ad. 큰 소리로

loud
시끄러운, (소리가) 큰
loudly
큰 소리로, 시끄럽게

큰 소리로 얼라(어린 아이)가 우드(우는)

crowd
[kraud]

n. 군중, 무리

크~ loud(시끄러운) 군중, 무리

예문 A rabbit was **hopping** around on the lawn. 토끼 한 마리가 잔디 위에서 이리저리 깡충거리며 뛰어다니고 있었다. / The room is **empty**. 방은 텅 비어있다. / Please **attend** the piano class. 피아노 수업에 출석해 주세요. / This fish has a lot of **bones** in it. 이 생선은 가시가 많다. / She **disappointed** me with lies. 그녀는 거짓말로 나를 실망시켰다. / The spaceship shot a laser **beam**. 그 우주선은 레이저 광선을 발사했다. / [1] I won't change my **mind**. 내 마음은 바뀌지 않을 것이다. [2] Would you **mind** if I open the window? 창문을 열어도 괜찮을까요? / [1] I was strong **since** I was young. 나는 어렸을 때부터 튼튼했다. [2] Since I was tired, I went to bed early. 피고해서 일찍 잠자리에 들었다. / Read the book **aloud**. 책을 큰 소리로 읽으세요. / The **crowd** cheered loudly. 군중은 크게 환호했다.

복습문제

□□□ hop	□□□ bone	□□□ mind	□□□ crowd
□□□ empty	□□□ disappoint	□□□ since	
□□□ attend	□□□ beam	□□□ aloud	

01 1강 단위 복습 05 5강 단위 복습 15 15강 단위 복습 30 30강 단위 복습

다음 단어들의 뜻이 1초 내에 생각나지 않으면 각 강의 단위에 표시를 하고 표시한 단어들을 다시 복습하세요.
(학원이나 학교의 숙제용 주관식 문제는 별도로 p.254~p.268에 있습니다.)

단어	복습	단어	복습
courage	01 05 15 30 30 30	almost	01 05 15 30 30 30
silence	01 05 15 30 30 30	cough	01 05 15 30 30 30
beer	01 05 15 30 30 30	pretty	01 05 15 30 30 30
wonder	01 05 15 30 30 30	seem	01 05 15 30 30 30
appoint❶	01 05 15 30 30 30	praise	01 05 15 30 30 30
appoint❷	01 05 15 30 30 30	hop	01 05 15 30 30 30
cycle	01 05 15 30 30 30	empty	01 05 15 30 30 30
send	01 05 15 30 30 30	attend	01 05 15 30 30 30
steal	01 05 15 30 30 30	bone	01 05 15 30 30 30
still	01 05 15 30 30 30	disappoint	01 05 15 30 30 30
garlic	01 05 15 30 30 30	beam	01 05 15 30 30 30
pair	01 05 15 30 30 30	mind	01 05 15 30 30 30
symbol	01 05 15 30 30 30	since	01 05 15 30 30 30
search	01 05 15 30 30 30	aloud	01 05 15 30 30 30
mostly	01 05 15 30 30 30	crowd	01 05 15 30 30 30

파생어, 숙어 복습

단어	복습	단어	복습
silent	01 05 15 30 30 30	disappointment	01 05 15 30 30 30
appointment	01 05 15 30 30 30	loud	01 05 15 30 30 30
a pair of	01 05 15 30 30 30	loudly	01 05 15 30 30 30
most	01 05 15 30 30 30		

동사의 과거, 과거분사형 복습

동사	과거		과거분사	복습
send		—		01 05 15 30 30 30
steal		—		01 05 15 30 30 30

경쌤's TIP

다시 한 번 명심하세요!

1 더욱 빠르고 오래 암기하기 위하여 **동영상 강의를 활용**하세요.

2 강의 활용시 **절대 필기하지 마세요!** 강의에 100% 집중하세요.

3 1, 2권 모든 단어를 100% 암기하기 전에는 **예문은 공부하지 마세요!**

4 암기할 때 단어의 **뜻과 관련된 연상에 집중**하고 감정이입을 통해 그 뜻을 강하게 느끼거나 생각하면서 암기하세요.

5 2페이지마다 있는 복습, 각 강마다 있는 복습을 통해 **모든 단어의 뜻을 1초 내에** 바로 말할 수 있도록 **완벽하게 복습**하세요.

6 강의에 어느 정도 익숙해졌다면 **암기에 방해되지 않는 선에서 강의 배속을 빠르게** 하여 들어보세요. 더 많은 시간을 절약할 수 있습니다.

spread [spred]

v. 펼치다, 퍼뜨리다 (spread-spread-spread)

한강 **수풀에두** 앉아서 놀려고 돗자리를 펼치다, 퍼뜨리다

thirsty [θə́:rsti]

a. 목마른

thirst
목마름

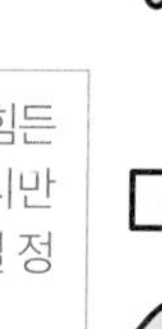

써서 마시기 힘든 **티**(tea: 차)지만 꿀꺽꿀꺽 마실 정도로 목마른

mild [maild]

a. 부드러운, 온화한

고급 자동차는 시속 100**마일도** 차체가 떨리지 않고 부드러운

autumn [ɔ́:təm]

n. 가을

가을이 되자 "**오~** 추워졌네" 하고 **떰**(떨다)

narrow [nǽrou]

a. 폭이 좁은

방의 벽 **네** 면의 높이가 **low**(낮은), 즉 폭이 좁은

within [wiðín]

prep. ~의 안쪽에, (시간) ~ 안에

가족과 **with**(함께) 집 **in**(안에) 있는, 즉 ~의 안쪽에 있는

perhaps
[pərhǽps]

ad. 아마도

네 개의 열쇠를 볼 때 범인은 아마도 도둑질을 **four**(4)번 **했수!**

during
[djúəriŋ]

prep. ~하는 동안

청소하는 동안 **주워**(줍다), **ring**(반지)를.

cost
[kɔːst]

n. 가격
v. ~의 비용이 들다
(cost-cost-cost)

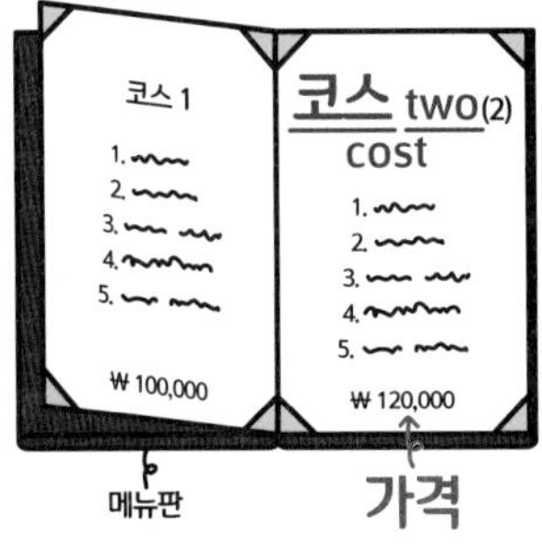

코스요리 메뉴판에 적혀있는 **코스 two**(2)의 가격

probable
[㉰prάbəbl]
[㉤prɔ́bəbl]

a. 가능성 있는, 있음직한

probably
아마도

푸라(푸어라) 아빠의 **밥을**, 아빠가 지금쯤 퇴근하실 가능성 있는, 있음직한

예문 She **spread** the towel. 그녀는 수건을 펼쳤다. / The marathoners were **thirsty**. 마라톤 선수들은 목이 말랐다. / The coffee is **mild**. 커피가 부드럽다. / My favorite season is **autumn**. 내가 가장 좋아하는 계절은 가을이다. / The road is too **narrow** for traffic. 차량이 다니기에는 길이 너무 좁다. / We have to arrive **within** an hour. 우리는 한 시간 안에 도착해야 한다. / **Perhaps** I spoke too soon. 아마도 내가 너무 일찍 말했나보다. / I will learn to swim **during** summer vacation. 나는 여름방학 동안 수영을 배울 것이다. / How much would it **cost**? 그거 비용이 얼마나 들까요? / It is **probable** that it will snow tomorrow. 내일 눈이 올 가능성이 있다.

복습문제

□□□ spread　□□□ autumn　□□□ perhaps　□□□ probable
□□□ thirsty　□□□ narrow　□□□ during
□□□ mild　□□□ within　□□□ cost

diligent [dílidʒənt] a. 부지런한, 열심히 하는

여기저기 **뛸리**(뛰다) **전투**에서, 즉 부지런한 군인

shore [ʃɔːr] n. 바닷가, 호숫가

물 위로 튀어 오르는 **쑈**(쇼)를 하는 **漁**(물고기 **어**)를 볼 수 있는 바닷가, 호숫가

elder [éldər] a. 손위의, 나이가 더 많은

어머니가 **앨**(애를) **더** 낳으면 나는 그 애보다 손위의, 나이가 더 많은

pea [piː] n. 완두콩

송편을 만들 때 만두**피**에 넣는 완두콩

nut [nʌt] n. (호두·밤 등과 같이 껍질이 딱딱한) 견과

피**넛**, (코코)**넛**과 같이 딱딱한 껍질의 견과

peanut [píːnʌt] n. 땅콩

pea(완두콩) + **nut**(견과류): 완두콩 모양의 견과류인 땅콩

dental
[déntl]

a. 이의, 치과의

dentist
치과의사
(-ist: '~사람'을 뜻하는 어미)

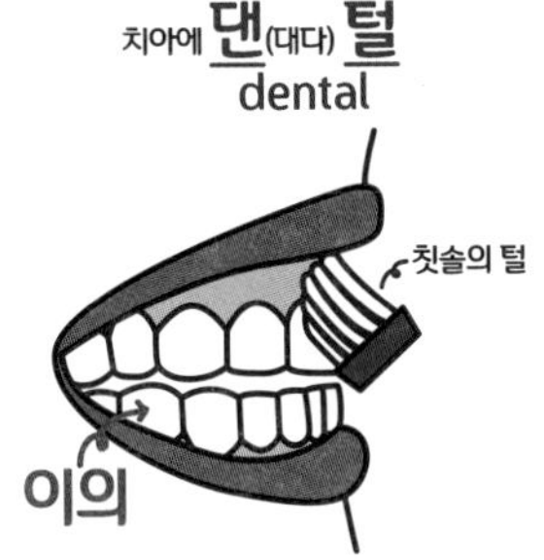

칫솔질하려고 이에 **댄 털** 모양의 칫솔

knowledge
[nálidʒ]

n. 지식, 학식

1. 유명한 박사들이 지식, 학식으로 이름을 **날리지**
2. know(알다) + ledge: 아는 것, 즉 지식, 학식

board
[bɔːrd]

[1] n. 판자
[2] v. (배 · 비행기 등을) 타다

1. 겨울에 타는 **보드**는 나무판자
2. **보드**를 타듯 (배·비행기 등을) 타다

blackboard
[blǽkbɔ̀ːrd]

n. 칠판

black(검은)+board(판자)
blackboard 칠판

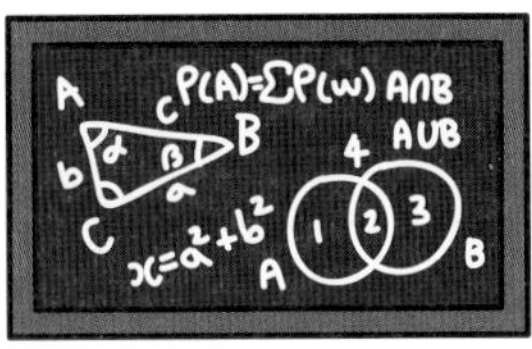

black(검은) **board**(판자)인 칠판

예문 Jimmy is a **diligent** worker. 지미는 부지런한 일꾼이다. / They took a rest on the **shore**. 그들은 해변에서 휴식을 취했다. / I have three **elder** sisters. 나는 누나가 3명 있다. / My sister doesn't like **peas**. 내 여동생은 완두콩을 좋아하지 않는다. / **Nuts** are good for heart. 견과류는 심장에 좋다. / Squirrels love **peanuts**. 다람쥐는 땅콩을 좋아한다. / You have to get a **dental** care. 넌 치과 치료를 받아야 해. / **Knowledge** is power. 아는 것이 힘이다. / [1] We made a box out of wooden **boards**. 우리는 나무판자로 상자를 만들었다. [2] **boarding** pass 탑승권 [3] I was thrilled as I **boarded** the boat. 나는 보트를 탔을 때 정말 신났다. / The teacher wrote on the **blackboard**. 선생님이 칠판에 글을 쓰셨다.

복습문제

□□□ diligent
□□□ shore
□□□ elder
□□□ pea
□□□ nut
□□□ peanut
□□□ dental
□□□ knowledge
□□□ board
□□□ blackboard

09

quarrel n. 싸움 v. 싸우다
[kwɔ́:rəl]

서로의 **코를** 때리며 싸우다

delay v. 연기하다 n. 연기, 지연
[diléi]

돈을 **될**(뒤에) **내이!**(내겠어요!)
delay
OO세탁
지불을 **연기, 연기하다**

돈을 **될**(뒤에) **내이!**(내겠어요!) 하며 지불을 연기, 연기하다

lie① n. 거짓말
v. 거짓말하다 (lie-lied-lied)
[lai]

liar
거짓말쟁이

편의점
담배 한 갑 주세요
21살...
교복
나이를 속이며 **거짓말하다**
lie

편의점에서 담배를 사기 위해 청소년이 **나이**를 속이며 거짓말, 거짓말하다

lie② v. 눕다, 누워있다 (lie-lay-lain)
[lai]

할머니가 **나이**가 들어 힘없이 눕다, 누워있다

lay v. 누이다, 놓다 (lay-laid-laid)
[lei]

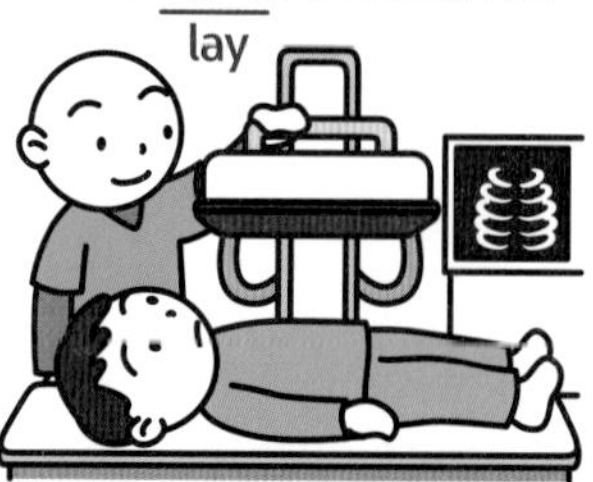

1. 엑스**레이**를 찍기 위해 환자를 촬영기 밑에 누이다, 놓다
2. 농구에서 **레이**업슛이란 공을 골대 위로 놓는(lay up) 슛

layer n. (표면 위나 표면 사이의) 층, 막
[léiər]

lay(놓다) + **er**(~것): 층층이 놓은 것, 즉 층, 막

enemy
[énəmi]

n. 적, 원수

원수 같은 **이놈이!**

piece
[piːs]

n. 한 장, 한 조각

종이를 한 장씩 쫙 **피이수**(폈수)

allow
[əláu]

v. 허락하다

얼라(어린 아이)가 **우**는, 그래서 게임을 허락하다

attention
[əténʃən]

n. 주목

선생님이 "one! two!... ten!" 하고 **어! ten**(10)까지 **셔**(세다). 학생들이 주목

예문 My sister and I had a **quarrel** about clothes. 언니와 나는 옷 때문에 싸웠다. / All flights are **delayed.** 모든 항공편이 지연되었다. / He is not a man to tell a **lie.** 그는 거짓말을 할 사람이 아니다. / My uncle likes to **lie** down. 삼촌은 눕는 것을 좋아한다. / **Lay** your hand under the X-ray. 엑스레이 아래에 손을 놓아주세요. / The cake has many **layers.** 그 케이크는 층이 많다. / He is the **enemy** of my parents! 그는 우리 부모님의 원수야! / Can I have a **piece** of paper? 종이 한 장 얻을 수 있을까요? / She **allowed** her son to buy a toy. 그녀는 아들이 장난감을 사는 것을 허락했다. / Pay **attention!** 주목하세요!

복습문제

□□□ quarrel
□□□ delay
□□□ lie❶
□□□ lie❷
□□□ lay
□□□ layer
□□□ enemy
□□□ piece
□□□ allow
□□□ attention

01 1강 단위 복습 05 5강 단위 복습 15 15강 단위 복습 30 30강 단위 복습

다음 단어들의 뜻이 1초 내에 생각나지 않으면 각 강의 단위에 표시를 하고 표시한 단어들을 다시 복습하세요.
(학원이나 학교의 숙제용 주관식 문제는 별도로 p.254~p.268에 있습니다.)

spread	01 05 15 30 30 30
thirsty	01 05 15 30 30 30
mild	01 05 15 30 30 30
autumn	01 05 15 30 30 30
narrow	01 05 15 30 30 30
within	01 05 15 30 30 30
perhaps	01 05 15 30 30 30
during	01 05 15 30 30 30
cost	01 05 15 30 30 30
probable	01 05 15 30 30 30
diligent	01 05 15 30 30 30
shore	01 05 15 30 30 30
elder	01 05 15 30 30 30
pea	01 05 15 30 30 30
nut	01 05 15 30 30 30
peanut	01 05 15 30 30 30
dental	01 05 15 30 30 30
knowledge	01 05 15 30 30 30
board	01 05 15 30 30 30
blackboard	01 05 15 30 30 30
quarrel	01 05 15 30 30 30
delay	01 05 15 30 30 30
lie ❶	01 05 15 30 30 30
lie ❷	01 05 15 30 30 30
lay	01 05 15 30 30 30
layer	01 05 15 30 30 30
enemy	01 05 15 30 30 30
piece	01 05 15 30 30 30
allow	01 05 15 30 30 30
attention	01 05 15 30 30 30

파생어, 숙어 복습

thirst	01 05 15 30 30 30
probably	01 05 15 30 30 30
dentist	01 05 15 30 30 30
liar	01 05 15 30 30 30

동사의 과거, 과거분사형 복습

동사	과거		과거분사	복습
spread		—		01 05 15 30 30 30
cost		—		01 05 15 30 30 30
lie ❶		—		01 05 15 30 30 30
lie ❷		—		01 05 15 30 30 30
lay		—		01 05 15 30 30 30

세계 여러 논문에 실린 연상법의 탁월한 효과(1)

제목

Retention of foreign vocabulary learned using the keyword method: a ten-year follow-up
(연상법을 사용하여 배운 외국어 어휘에 대한 기억력: 10년간의 추적조사)

발행처

Taylor & Francis (영국)

This article assesses one individual's level of recall for foreign vocabulary learned ten years previously using the keyword method(연상법). Without any revision at all, he remembered 35% of the test words with spelling fully correct and over 50% with only very minor errors of spelling. After 10 minutes spent looking at a vocabulary list, recall increased to 65% and 76% respectively. After a period of revision lasting a further 1½ hours, recall was virtually 100%. This level of recall was maintained for at least one month. The results indicate that 1) the keyword method (as incorporated in Linkword courses) may be used to learn a large list of vocabulary; and 2) this method of learning is not inimical to retention in the long term.

요약

어떤 사람이 10년 전에 연상법으로 암기한 외국어 단어들에 대해 어떠한 복습도 전혀 하지 않았지만 그 단어들의 35%를 스펠링까지 정확하게 기억해냈고, 50%가 넘는 단어들은 스펠링에서 매우 적은 실수를 했지만 기억해냈다. (10년이 지난 시점에) 10분 정도 그 단어들을 본 후 기억은 각각 65%, 76% 상승했다. 1시간 30분 공부한 후에 100% 다 기억했고 그 기억은 적어도 한 달간 유지되었다. 위의 결과는 연상법은 많은 양의 단어를 학습하는 데 사용될 수 있고 장기기억에 전혀 해가 되지 않는다는 것을 보여준다.

＊해마학습법(연상법)은 유치한 말장난이 아닙니다. 과학입니다.

국내 및 국제 암기대회에서 우승을 해왔던 암기왕들은 예외 없이 연상법을 사용하고 있습니다. 전 세계적으로 기억법(mnemonics) 중에서 연상법(the keyword method)을 활용한 많은 책, 논문, 교수법 등이 존재하고, 연상법은 탁월한 효과를 주는 방법으로 널리 인정되고 있습니다.

graduation
[grӕdʒuéiʃən]

n. 졸업

graduate
졸업하다

초등학교 졸업을 했어. **그래두**(그래도) **애이셔**(애 같다)

shade
[ʃeid]

n. (시원한) 그늘

태양을 피해 그늘 아래서 바람을 **쐬이드**(쐬다)

own
[oun]

a. 자기 자신의 v. 소유하다

owner
소유자
(-er: ~사람, ~것)

진시황제가 **온** 세상을 자기 자신의 것으로 소유하다

goal
[goul]

n. [1] 골 [2] 목표

골을 넣는 것이 축구 경기의 목표

tear❶
[tiər]

n. 눈물

눈물이 떨어져 **튀어**

tear❷
[tɛər]

v. 찢다, 찢어지다
(tear-tore-torn)

불에 **태워** 없애기 위해 헤어진 애인의 사진을 찢다

desire v. 바라다 n. 바램

[dizáiər]

desirable
바람직한
(-able: ~할 만한, ~할 수 있는)

장래에 **디자이너**가 될 것을 바라다, 바램

medicine n. 약, 의학

[médisin]

뼈 **매디**(마디)가 **신**(시린) 데 먹는 약

prepare v. 준비하다

[pripɛ́ər]

preparation
준비(-tion: 명사형 어미)

밭을 만들기 위해 풀밭의 **풀이 패어** 있다, 즉 밭을 만들 준비하다

separate a. 분리된 v. 분리하다

a. [sépərət]
v. [sépərèit]

separation
분리, 분류
(-tion: 명사형 어미)

이 사과만 **새퍼렇다**, 그래서 빨간 사과와 분리된, 분리하다

예문 I cried at the **graduation** ceremony. 나는 졸업식에서 울었다. / We lay under the **shade**. 우리는 그늘 아래에 누웠다. / I have my **own** house. 나는 내 집이 있다. / My **goal** is to win the game. 내 목표는 경기에서 이기는 것이다. / **Tears** ran down my face. 눈물이 내 얼굴에 흘러내렸다. / She **tore** the dress. 그녀는 드레스를 찢었다. / He has a strong **desire** for success. 그는 성공에 대한 강한 바램이 있다. / [1] Take this **medicine** after meals. 식후에 이 약을 드세요. [2] People are happy with developments in **medicine**. 사람들은 의학 분야의 발전에 행복해한다. / Please **prepare** for departure. 출발 준비해주세요. / The mother tiger lives in a **separate** cage. 어미 호랑이는 분리된 우리에 산다.

복습문제

□□□ graduation
□□□ shade
□□□ own
□□□ goal
□□□ tear❶
□□□ tear❷
□□□ desire
□□□ medicine
□□□ prepare
□□□ separate

otherwise ad. (만약) 그렇지 않으면
[ʌ́ðərwàiz]

깡패가 아이에게 "집에서 1000원 **얻어와!(이즈)**, 그렇지 않으면 넌 맞을 줄 알아!"

cheek n. 뺨, 볼
[tʃiːk]

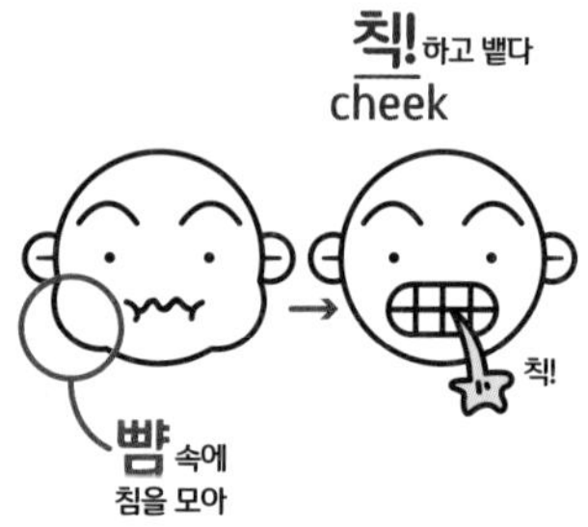

뺨 속에 침을 모아 **칙!** 하고 뱉다

wealth n. 재산, 부
[welθ]

wealthy
부유한

재산이 많아서 돈을 **well**(잘) **쓰**다

meal n. 식사, 끼니
[miːl]

밀죽으로 때우는 식사, 끼니

ruler❶ n. 지배자, 통치자
[ruːlər]

rule
규칙; 지배하다

1. 다른 사람들을 발로 **눌러** 지배하는 지배자, 통치자
2. **rule**(룰, 규칙) + **er**(~하는 사람): 규칙을 정해 다스리는 사람, 즉 지배자, 통치자

ruler❷ n. 자
[ruːlər]

책장이 바람에 넘어가지 않도록 **눌러** 놓은 자

harmony
[hɑ́ːrməni]

n. 조화, 조화로움

하모니카의 여러 칸칸의 음이 이루는 조화, 조화로움

stomach
[stʌ́mək]

n. 위

스윽 떠먹은 것이 소화되는 위장

judge
[dʒʌdʒ]

n. 판사, 심판 v. 판단하다

"네가 **졌지!**" 하고 판사, 심판이 판단하다

turtle
[tə́ːrtl]

n. 거북

등이 딱딱하여 **터틀**(터트릴) 수 없는 거북

예 문 We have to run, **otherwise** we'll miss the train. 우리는 뛰어야 해, 그렇지 않으면 기차를 놓칠 거야. / He kissed me on the **cheek**. 그는 내 볼에 뽀뽀했다. / The goal is to create **wealth**. 목표는 부를 창출하는 것이다. / I had only one **meal** today. 나는 오늘 한 끼만 먹었다. / Queen Mary was a famous **ruler**. 메리 여왕은 유명한 통치자였다. / Pass me a **ruler**. 자 좀 건네 주세요. / They sang in perfect **harmony**. 그들은 완벽한 조화를 이루며 노래했다. / My brother has a **stomach** problem. 내 남동생은 위가 좋지 않다. / The **judge** was angry. 판사는 화가 났다. / The **turtle** won the race. 거북이가 경주에서 이겼다.

복습문제

□□□ otherwise
□□□ cheek
□□□ wealth
□□□ meal
□□□ ruler❶
□□□ ruler❷
□□□ harmony
□□□ stomach
□□□ judge
□□□ turtle

disease
[dizíːz]

n. 병, 질병

병이 걸려 **디지즈**(디지다, 죽다)

ill
[il]

a. 병든, 아픈

스트레스 받는 **일** 때문에 병든, 아픈

agree
[əgríː]

v. 동의하다

"**어, 그리**(그렇게) 해라." 하며 동의하다

accept
[əksépt]

v. 받아들이다, 수락하다

acceptable
받아들일 수 있는
(-able: ~할 만한, ~할 수 있는)

억 원어치의 선물 **세트**를 날름 받아들이다, 수락하다

spend
[spend]

v. (돈·시간·노력 등을) 들이다[쓰다]
(spend-spent-spent)

스팸 두 개를 사는 데
spend
돈을 쓰다

스팸 두 개를 사는 데 돈을 쓰다

expend
[ikspénd]

v. (많은 돈·시간·노력 등을) 들이다[쓰다]

expense
비용
expenditure
지출, 소비

익! 스팸 두 개를 사는 데
expend
많은 돈을 쓰다

10만원!
익!
SPAM
SPAM

익! 스팸 두 개를 사는 데 많은 돈을 쓰다

let
[let]

v. ~하게 하다, 허락하다 (let-let-let)

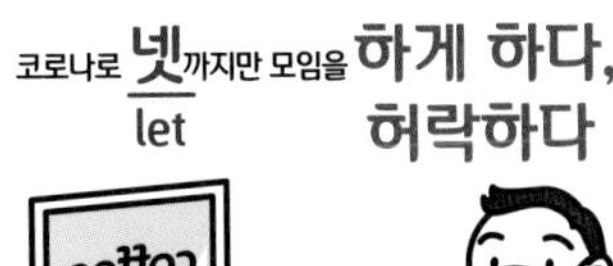

코로나로 인해 **넷**(네 명)까지만 모임을 하게 하다, 허락하다

both
[bouθ]

a. 양쪽의, 둘 다의

'가위 바위 보'를 하는데 둘 다 **보**를 **쓰**다

tail
[teil]

n. 꼬리

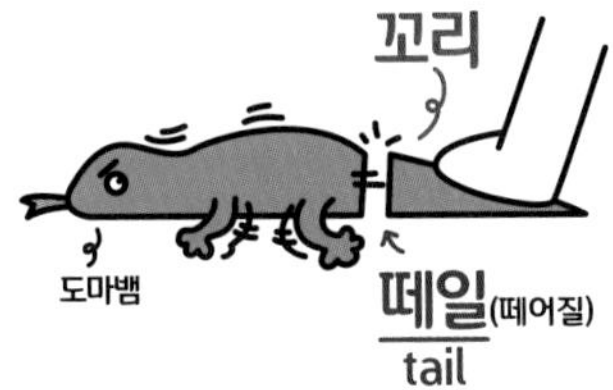

도마뱀 꼬리가 밟히어 **떼일**(떼어지다)

tale
[teil]

n. 이야기, 소설

tail(꼬리가) 9개 달린 여우 이야기, 소설

예 문 the risk of heart **disease** 심장병의 위험 / Are you **ill**? 어디 아프니? / I don't **agree** with you. 저는 당신 의견에 동의하지 않아요. / I'll **accept** your suggestion. 당신의 제안을 받아들일게요. / Don't **spend** too much money. 너무 많은 돈을 쓰지 마세요. / I have **expended** all my time. 나는 내 시간을 다 썼다. / **Let** me go out. 저 좀 나가게 해주세요. / She broke **both** legs. 그녀는 두 다리가 부러졌다. / A rabbit has a short **tail**. 토끼는 꼬리가 짧다. / Grandma told me an old **tale**. 할머니는 나에게 옛날 이야기를 해주셨다.

복습문제

□□□ disease	□□□ accept	□□□ let	□□□ tale
□□□ ill	□□□ spend	□□□ both	
□□□ agree	□□□ expend	□□□ tail	

01 1강 단위 복습 05 5강 단위 복습 15 15강 단위 복습 30 30강 단위 복습

다음 단어들의 뜻이 1초 내에 생각나지 않으면 각 강의 단위에 표시를 하고 표시한 단어들을 다시 복습하세요.
(학원이나 학교의 숙제용 주관식 문제는 별도로 p.254~p.268에 있습니다.)

단어	복습	단어	복습
graduation	01 05 15 30 30 30	ruler❷	01 05 15 30 30 30
shade	01 05 15 30 30 30	harmony	01 05 15 30 30 30
own	01 05 15 30 30 30	stomach	01 05 15 30 30 30
goal	01 05 15 30 30 30	judge	01 05 15 30 30 30
tear❶	01 05 15 30 30 30	turtle	01 05 15 30 30 30
tear❷	01 05 15 30 30 30	disease	01 05 15 30 30 30
desire	01 05 15 30 30 30	ill	01 05 15 30 30 30
medicine	01 05 15 30 30 30	agree	01 05 15 30 30 30
prepare	01 05 15 30 30 30	accept	01 05 15 30 30 30
separate	01 05 15 30 30 30	spend	01 05 15 30 30 30
otherwise	01 05 15 30 30 30	expend	01 05 15 30 30 30
cheek	01 05 15 30 30 30	let	01 05 15 30 30 30
wealth	01 05 15 30 30 30	both	01 05 15 30 30 30
meal	01 05 15 30 30 30	tail	01 05 15 30 30 30
ruler❶	01 05 15 30 30 30	tale	01 05 15 30 30 30

파생어, 숙어 복습

단어	복습	단어	복습
graduate	01 05 15 30 30 30	wealthy	01 05 15 30 30 30
owner	01 05 15 30 30 30	rule	01 05 15 30 30 30
desirable	01 05 15 30 30 30	acceptable	01 05 15 30 30 30
preparation	01 05 15 30 30 30	expense	01 05 15 30 30 30
separation	01 05 15 30 30 30	expenditure	01 05 15 30 30 30

동사의 과거, 과거분사형 복습

동사	과거		과거분사	복습
tear		—		01 05 15 30 30 30
spend		—		01 05 15 30 30 30
let		—		01 05 15 30 30 30

경쌤's TIP

축하합니다. 여러분은 10강까지 완성하였습니다.

1 먼저 1강~5강의 5강 단위 복습에 표시했었던 단어들을 복습하세요.

2 그런 다음 6강부터 10강까지 "전체 단어"를 복습하세요.

- 6강의 복습문제 단어 옆의 5강 단위 네모 표시 란에 1초 내에 바로 생각나지 않는 단어들을 표시하고 그것들 위주로 완벽하게 복습한 후 7강, 8강, 9강, 10강을 같은 방식으로 복습합니다.

3 그런 다음 마지막으로 6강~10강의 위 2번에서 5강 단위 네모 표시 란에 표시한 단어들을 다시 한 번 복습하도록 하세요.

복습을 미루는 시간에 비례하여 복습시간이 늘어난다는 점 명심하세요!!!

clap
[klæp]

v. 손뼉을 치다
n. 박수, 탁[쿵] 소리

클(크게) **랩**에 맞춰 손뼉을 치다

flag
[flæg]

n. 기, 깃발

보기도 싫은 그것 좀 **풀래? 그** 나치 깃발을!

apologize
[əpɑ́lədʒàiz]

v. 사과하다

apology
사과, 사죄

a(하나의) **팔로** 내밀며 악수를 청하며 "**자**, 싸운 것은 **잊으**세요!" 하고 사과하다

accident
[ǽksidənt]

n. [1] 사고, 사건 [2] 우연

accidental
우연한

accidentally
우연히

"**액! 씨! don't**(하지 말라고) 했잖아!" 음주운전으로 일으킨 사고, 사건

hold ❶
[hould]

v. 잡다, 붙들다, 유지하다
(hold-held-held)

1. 맨홀 **hole**(구멍)에 빠진 사람 **두** 손을 잡다, 붙들다, 유지하다
2. 축구, 권투에서 **홀딩**(holding) 반칙으로 상대방 선수를 잡다, 붙들다, 유지하다

hold ❷
[hould]

v. (행사·대회 등을) 개최하다
(hold-held-held)

호텔의 **홀 두** 개를 빌려 모임을 개최하다

bit
n. 작은 조각, 조금

[bit]

a bit of
한 조각의, 약간의

빗방울 하나만큼 작은 조각, 조금

Mars
n. 화성

[mɑːrz]

지구와 이웃하여 **마주**보고 있는 화성

sum
n. 합계, 액수

[sʌm]

수확한 쌀이 모두 몇 **섬**인지 합계와 그 판매 액수

summary
n. 요약 a. 요약한

[sʌ́məri]

써!(쓰다) **머리**말만 모아서, 즉 요약, 요약한

예문 We **clapped** along with the music. 우리는 그 음악에 맞추어 손뼉을 쳤다. / Taegeukgi is the national **flag** of Korea. 태극기는 대한민국의 국기이다. / I will **apologize** to her. 나는 그녀에게 사과할 것이다. / Careless drivers cause **accidents**. 부주의한 운전자는 사고를 일으킨다. / My husband **held** my hand. 남편이 내 손을 잡았다. / The World Cup is **held** every four years. 월드컵은 4년에 한 번씩 개최된다. / The cat ate a **bit** of food. 고양이가 음식을 조금 먹었다. / The scientist found water on **Mars**. 그 과학자는 화성에서 물을 발견했다. / He made a large **sum** of money. 그는 큰 액수의 돈을 벌었다. / Please write a **summary** of this morning's meeting. 오늘 아침 회의 내용을 요약해서 작성해 주세요.

복습문제

□□□ clap	□□□ accident	□□□ bit	□□□ summary
□□□ flag	□□□ hold❶	□□□ Mars	
□□□ apologize	□□□ hold❷	□□□ sum	

bury v. 묻다
[béri]

칼로 **베리!** 그렇게 죽인 사람을 땅에 묻다

unless conj. ~하지 않으면
[ənlés]

버스기사가 "(돈을) **안 냈으**면(~하지 않으면) 버스에서 내려!"

professor n. 교수
[prəfésər]

문제를 **풀어**보라고 하고 못 풀면 학생을 **팼어**, 그 교수가.

blind a. 눈이 먼, 맹인의
[blaind]

가로등 **불**빛 **line두**(선도) 보이지 않을 정도로 눈이 먼, 맹인의

throat n. 목구멍
[θrout]

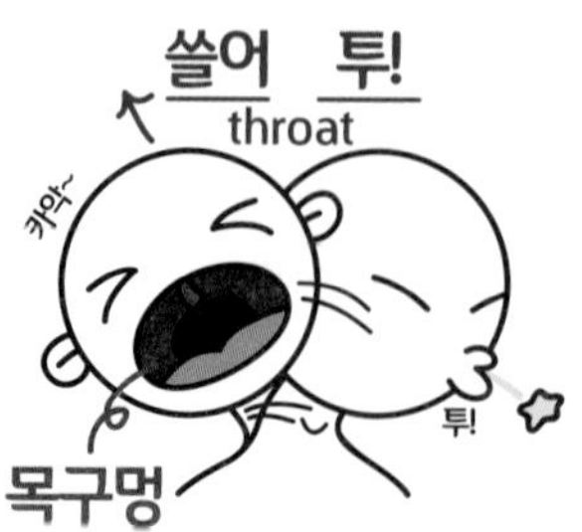

목구멍에서 가래를 **쓸어** 올려 **투!** 하고 뱉다

silly a. 어리석은
[síli]

"여기서 좀 **쉴리**." 하고 쉬다가 거북이에게 진 어리석은 토끼

celebrate v. 축하하다
[séləbrèit]

celebration
축하
(-tion: 명사형 어미)

생일빵으로 친구를 **쎄려부레이!(트)**(때려버리는), 그렇게 축하하다

apart ad. 따로, 떨어져서
[əpáːrt]

a(한) 파트씩
apart
따로, 떨어져서

a(하나의) **part**(부분)씩 따로, 떨어져서

iron❶ n. 철
[áiərn]

영화 '**아이언** 맨(Iron Man)'은 iron(철)로 만든 옷을 입은 man

iron❷ n. 다리미 v. 다림질하다
[áiərn]

iron(철)로 만든 다리미로 다림질하다. (*옛날에는 **철**로 만든 판에 뜨거운 숯을 넣어 다리미로 썼습니다.)

예문 She **buried** her horse. 그녀는 그녀의 말을 묻었다. / You'll get cold **unless** you wear a coat. 코트를 입지 않으면 추울 거예요. / The **professor** has a research team. 그 교수는 연구팀을 갖고 있다. / The **blind** man had a dog. 장님에게는 개가 한 마리 있었다. / My **throat** hurts. 목이 아파요. / Don't be **silly**! 바보같이 굴지 마! / Let's **celebrate** our victory! 우리의 승리를 기념합시다! / My brothers live **apart**. 내 형들은 따로 산다. / **Iron** is an important metal. 철은 중요한 금속이다. / Could you **iron** my pants for me? 제 바지 좀 다려 주시겠어요?

복습문제

□□□ bury
□□□ unless
□□□ professor
□□□ blind
□□□ throat
□□□ silly
□□□ celebrate
□□□ apart
□□□ iron❶
□□□ iron❷

accord
n. 일치 v. 일치하다

[əkɔ́ːrd]

어! 전기 **코드**가 콘센트 구멍과 정확히 일치, 일치하다

according to
~에 따라, ~에 의하면

[əkɔ́ːrdiŋ tuː]

어코디언(아코디언)의 연주에 따라 노래를 부르다

college
n. 대학, 단과대학

[kάlidʒ]

어떤 대학을 가는가에 따라 친구들 인생이 **갈리지**

envious
a. 부러워하는, 시기하는

[énviəs]

envy
부러움, 시기;
부러워하다,
시기하다

"**엥!** 내 깡통만 **비었수!**"라며 동전이 가득한 깡통을 가진 옆 거지를 부러워하는, 시기하는

downtown
n. 중심가, 상업지역, 상가

[dàuntáun]

예전 미국의 맨해튼 **down**(아래) 남쪽에 있는 **town**(마을)은 식당이나 상점이 많았던 상업지역

uptown
n. 도시의 주택가

[ʌ̀ptáun]

예전 미국의 맨해튼 **up**(위에) 북쪽에 있는 **town**(마을)은 주택이 많은 주택가

between prep. ~의 사이에
[bitwíːn]

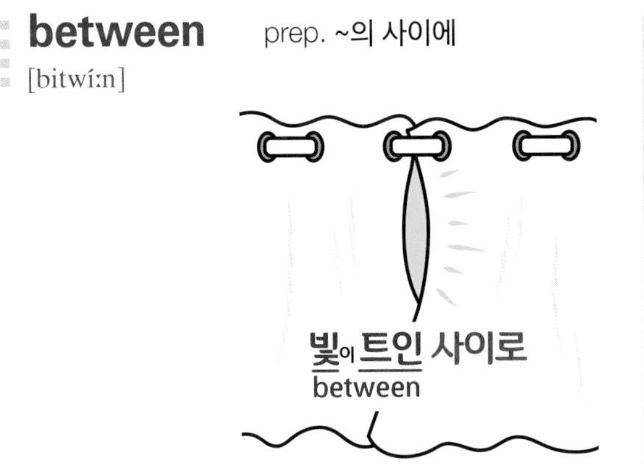

빛이 커튼의 **트인** 사이로 들어오다

shy a. 수줍어하는
[ʃai]

사위가 장모님 앞에서 인사를 드리며 수줍어하는

tend v. ~하는 경향이 있다
[tend]

친구 텐(10)명도
tend
그 책을 본다. 그게 요즘 경향이다

내 친구 **ten**(10)**두**(열 명도) 경선식 단어를 하고 있어. 요즘 그 책을 보는 경향이 있다

tendency n. 경향, 성향
[téndənsi]

1. 결혼 후보자 **ten**(10)명 중 **돈**이 많은 **~씨**[사람]을 고르는 것이 요즘 경향, 성향
2. **tend**의 명사형

ten(10)명 중 돈이 많은 ~씨를 고르는
tendency 경향, 성향

예문 His plan did not **accord** with mine. 그의 계획은 내 계획과 일치하지 않았다. / **According to** the weather forecast, it will snow tomorrow. 일기예보에 따르면, 내일 눈이 올 것이다. / She's at **college** in California. 그녀는 캘리포니아에 있는 대학에 다니고 있다. / He was **envious** of his brother's success. 그는 형의 성공을 시샘했다. / The old theater is in **downtown** New York. 그 오래된 극장은 뉴욕 중심가에 있다. / My aunt lives in the **uptown**. 우리 이모는 주택가에 산다. / I sat down **between** mom and dad. 나는 엄마와 아빠 사이에 앉았다. / Speak up, don't be **shy**! 크게 말해 봐, 부끄러워 말고! / He **tends** to sleep early. 그는 일찍 자는 경향이 있다. / He has a **tendency** to get angry at jokes. 그는 농담에 화를 잘 내는 경향이 있다.

복습문제

□□□ accord
□□□ according to
□□□ college
□□□ envious
□□□ downtown
□□□ uptown
□□□ between
□□□ shy
□□□ tend
□□□ tendency

01 1강 단위 복습 05 5강 단위 복습 15 15강 단위 복습 30 30강 단위 복습

다음 단어들의 뜻이 1초 내에 생각나지 않으면 각 강의 단위에 표시를 하고 표시한 단어들을 다시 복습하세요.
(학원이나 학교의 숙제용 주관식 문제는 별도로 p.254~p.268에 있습니다.)

clap	01 05 15 30 30 30
flag	01 05 15 30 30 30
apologize	01 05 15 30 30 30
accident	01 05 15 30 30 30
hold ❶	01 05 15 30 30 30
hold ❷	01 05 15 30 30 30
bit	01 05 15 30 30 30
Mars	01 05 15 30 30 30
sum	01 05 15 30 30 30
summary	01 05 15 30 30 30
bury	01 05 15 30 30 30
unless	01 05 15 30 30 30
professor	01 05 15 30 30 30
blind	01 05 15 30 30 30
throat	01 05 15 30 30 30
silly	01 05 15 30 30 30
celebrate	01 05 15 30 30 30
apart	01 05 15 30 30 30
iron ❶	01 05 15 30 30 30
iron ❷	01 05 15 30 30 30
accord	01 05 15 30 30 30
according to	01 05 15 30 30 30
college	01 05 15 30 30 30
envious	01 05 15 30 30 30
downtown	01 05 15 30 30 30
uptown	01 05 15 30 30 30
between	01 05 15 30 30 30
shy	01 05 15 30 30 30
tend	01 05 15 30 30 30
tendency	01 05 15 30 30 30

파생어, 숙어 복습

apology	01 05 15 30 30 30
accidental	01 05 15 30 30 30
accidentally	01 05 15 30 30 30
a bit of	01 05 15 30 30 30
celebration	01 05 15 30 30 30
envy	01 05 15 30 30 30

동사의 과거, 과거분사형 복습

hold ______ – ______ 01 05 15 30 30 30

중간고사 점수가 23점이였는데 이번 기말고사 점수가 98점이 되었어요!!!!
75점이나 올랐어요. (장*현)

제 중간고사 점수가 23점이였는데 경선식 해마학습법을 듣고 이번 기말고사 점수가 98점이 되었어요!!!! 75점이나 올랐어요. 정말 대단한 것 같아요. 앞으로도 경선식에듀 강의를 더 많이 볼 거예요. 앞으로도 좋은 강의 부탁드립니다. 선생님은 저 같은 영어 초보 학생들에게 희망을 주시는 선생님 같아요. 감사합니다. 아 맞다!! 그리고 저 전교 370명 중 84등이었는데 경선식에듀를 듣고 이번에 32등 했어요. 감사드립니다. 부모님께서 이번에는 전교 10등 안에 들어 보자라고 하시더라고요. 저는 공부를 더 더욱 열심히 할 것이며 부모님께 효도도 열심히 할 거예요. 미래에는 저의 이름이 유명해질 거예요. 기대하세요. 제가 제일 싫어하는 과목이 영어였지만 선생님의 강의를 듣고 영어라는 과목의 재미를 알게 되었어요. 제가 미래에 성공한 사람이 된다면 선생님의 도움이 컸을 거예요. 선생님은 저의 글을 보시지는 않겠지만 저는 마음속에 선생님에 대한 감사함을 잊지 않을 거예요.

12강

regulation
[règjuléiʃən]

n. 규율, 규칙

regular
규칙적인, 보통의

regularly
규칙적으로

왕인 **내**가 **규율**을 **내이션**(내다). 그러니 따르라는 규율, 규칙

pole
[poul]

n. [1] 극 [2] 막대기, 장대

the North Pole
북극

the South Pole
남극

폴~ 폴~ 눈이 계속 내리는 남극(북극)을 양손에 스키용 막대기, 장대를 집고 가다

---

satisfy
[sǽtisfài]

v. 만족시키다

satisfactory
만족스러운

satisfaction
만족

satisfied
만족한

시장에서 사온 **새 티s**(티셔츠들)과 **파이**로 아이를 만족시키다

matter
[mǽtər]

[1] n. 문제 [2] v. 중요하다

삼각형 한 변의 길이가 몇 **메터**(미터)인지 구하는 문제, 그 문제는 빈출문제로 중요하다

---

particular
[pərtíkjulər]

a. 특별한, 특정한

particularly
특히, 자세히

파티에 혼자서 드라**큘라** 복장을 해서 특별한, 특정한

hike
[haik]

v. 도보여행하다

hiking
도보여행, 하이킹
(-ing: 명사형 어미 or 형용사형 어미)

high(높고) **크**다란(커다란) 산을 도보여행하다

period

[píəriəd]

n. 기간, 시기

periodically
정기적으로

이 꽃은 **피어리, 어두**운 밤
period **기간, 시기**에만

1. 이 꽃은 **피어리, 어두**운 밤 기간, 시기에만.
2. 농구의 1**피리어드**는 6분 정도의 시간, 시기

neither A nor B

A도 아니고 B도 아니다

[ní:ðər A nər B]

니도 아니고 **너**도 아니다
neither A nor B

A도 아니고 B도 아니다

니도 아니고 **너**도 아니다, 즉 A도 아니고 B도 아니다

either❶

[㉠í:ðər]
[㉢áiðər]

n. (둘 중) 어느 하나
a. (둘 중) 어느 하나의

이것이 **더** 크다
either

둘 중 어느 하나가 더 크다

이것이 **더** 크다, 즉 둘 중 어느 하나가 더 크다

either❷

ad. (부정문에서) ~도 또한 (아니다)

[㉠í:ðər]
[㉢áiðər]

이도 또한 (아니다)
either

이도(이것도) 또한 (아니다)

예문 What do you think about the **regulation** on hair style? 두발규제에 대해 어떻게 생각하나요? / [1] Penguins live in the South **Pole**. 펭귄은 남극에 산다. [2] a ski **pole** 스키 폴(스키를 탈 때 사용하는 긴 막대) / Our goal is to **satisfy** the customers. 우리의 목표는 고객을 만족시키는 것이다. / [1] The **matter** is important to us. 그 문제는 우리에게 중요하다. [2] The size of the house didn't **matter**. 집의 크기는 중요하지 않았다. / She's a **particular** friend of mine. 그녀는 나의 특별한 친구이다. / The students will **hike** the Rockies. 학생들은 로키산맥을 도보여행할 것이다. / He built up the business over a **period** of ten years. 그는 10년이라는 기간 동안에 그 사업체를 세웠다. / My brother is **neither** tall **nor** short. 내 남동생은 키가 크지도 작지도 않다. / You can have **either** of them. 당신은 둘 중 하나를 가질 수 있다. / I did not hear it **either**. 나 또한 그것을 듣지 못했다.

복습문제

□□□ regulation	□□□ matter	□□□ period	□□□ either❷
□□□ pole	□□□ particular	□□□ neither A nor B	
□□□ satisfy	□□□ hike	□□□ either❶	

breathe v. 호흡하다
[briːð]

breath
숨, 호흡

오리의 **부리** 끝의 **두** 콧구멍으로 호흡하다

royal a. 왕의, 왕실의
[rɔ́iəl]

로얄젤리(royal jelly)는 여왕벌만 먹는 왕의, 왕실의 먹이

novel n. 소설
[㉣nɑ́vəl]
[㉧nɔ́vəl]

친구가 **나블**나블 이야기해주는 소설 이야기

suffer v. 괴로워하다, (고통 따위를) 겪다
[sʌ́fər]

전사한 아들의 소지품이 **소포**로 와서 괴로워하다, 괴로움을 겪다

shadow n. 어둠, 그림자
[ʃǽdou]

1. 밤을 **새도** 아직 남아있는 어둠의 그림자
2. 아 이 **쉐 도 우**(eye shadow)는 눈에 어둠과 그림자가 지도록 하는 화장품

suggestion n. ¹ 제안 ² 암시, 시사
[səd͡ʒéstʃən]

suggest
제안하다, 암시하다, 시사하다

"종이에 **써** 봐, 내가 하는 **제스처**가 뭘 암시하는지." 하고 퀴즈 게임을 제안

prison [prízn] n. 감옥

감옥에서 **풀어준**

scold [skould] v. 꾸짖다

수많은 **cold**(차가운) 아이스크림을 배탈 나도록 먹어 꾸짖다

ever [évər] ad. [1] 언제나, 항상 [2] 한 번이라도

4남매를 키우느라 엄마는 언제나, 항상 **애**를 **봐**주고 있어. 한 번이라도 쉬셨으면…

forever [fərévər] ad. 영원히, 언제나

for(~ 동안) + **ever**(언제나): 영원히, 언제나

예문 **Breathe** deeply and relax. 심호흡을 하고 긴장을 푸세요. / He is a chef for the **royal** family. 그는 왕실 요리사이다. / She wrote her first **novel** at the age of 14. 그녀는 14살에 그녀의 첫 소설을 썼다. / He **suffers** from a headache. 그는 두통으로 고생하고 있다. / Peter Pan doesn't have a **shadow**. 피터팬은 그림자가 없다. / Thank you for your **suggestion**. 당신의 제안에 감사드립니다. / He got out of the **prison**. 그는 감옥에서 나왔다. / The teacher **scolded** the students. 선생님은 학생들을 꾸짖었다. / [1] They lived happily **ever** after. 그들은 그 후 내내 행복하게 살았다. [2] Have we **ever** met before? 저희 전에 한 번이라도 만난 적 있나요? / I will love you **forever**. 나는 당신을 영원히 사랑할 거예요.

복습문제

□□□ breathe	□□□ suffer	□□□ prison	□□□ forever
□□□ royal	□□□ shadow	□□□ scold	
□□□ novel	□□□ suggestion	□□□ ever	

fix
[fiks]

v. ¹ 고정시키다 ² 수리하다

픽! 쓰러지려는 탑을 버팀목으로 고정시키다, 수리하다

background
[bǽkgràund]

n. 배경

그림을 그릴 때 **back**(뒤에) 보이는 **ground**(땅)이 배경

few
[fjuː]

a. 거의 없는, 소수의

a few
약간의, 조금의

학교에서 담배를 피우는
few
사람들은 거의 없는

학교에서 담배 **피우**는 친구들이 거의 없는, 소수의

result
[rizʌ́lt]

n. 결과 v. 결과로 일어나다

니가 절을 two(2)번 한
result 결과

네 소원이 이루어진 것은 부처님께 **니**가 **절**을 **two**(2) 번 한 결과

broad
[brɔːd]

a. 폭이 넓은, 폭넓은

broadly
넓게, 널리

부유한 마을은 road(길)도
broad

1. **부**유한 마을은 **road**(길)도 폭이 넓은
2. **브로드**웨이는 'broad(넓은) + way(길)'

abroad
[əbrɔ́ːd]

ad. 해외에, 해외로

어부가 바다의 road(길)을 통해
abroad

어부가 바다의 **road**(길)을 통해 해외에, 해외로 가다

court
[kɔːrt]

n. [1] 법정, 법원
[2] (테니스 등의) 코트

판사들이 검은 **코트**를 입고 판결하는 법정, 법원

rough
[rʌf]

a. 거친, 험한

로프를 잡고 올라야 하는 거친, 험한 절벽

moment
[móumənt]

n. 순간

위험한 순간을 **모면**하는 **투**

confidence
[㊊kάnfidəns]
[㊎kɔ́nfidəns]

n. 자신감

confident
확신하는,
자신이 있는

큰 피 같은 **돈**을 다 **쓰**고 있을 정도로 투자한 사업에 대해 갖는 자신감

예문 [1] Try to **fix** it on the wall. 그것을 벽에 고정시켜 보세요. [2] My dad **fixed** the TV. 아빠가 TV를 고치셨다. / Paint the **background** later. 배경은 나중에 색칠하세요. / **Few** people came to the party. 파티에 사람이 거의 오지 않았다. / We will get the **result** tomorrow. 결과는 내일 받을 것이다. / He is a **broad** minded person. 그는 마음이 넓은 사람이다. / She was **abroad** all last summer. 그녀는 지난 여름 내내 해외에 있었다. / [1] The criminal appeared in **court**. 범인이 법정에 출두했다. [2] The ball went out of the **court**. 공이 코트 밖으로 나갔다. / The mountain is **rough**. 그 산은 험하다. / It was a wonderful **moment**. 멋진 순간이었다. / Have some **confidence**! 자신감을 좀 가져!

복습문제

□□□ fix	□□□ result	□□□ court	□□□ confidence
□□□ background	□□□ broad	□□□ rough	
□□□ few	□□□ abroad	□□□ moment	

01 1강 단위 복습 05 5강 단위 복습 15 15강 단위 복습 30 30강 단위 복습

다음 단어들의 뜻이 1초 내에 생각나지 않으면 각 강의 단위에 표시를 하고 표시한 단어들을 다시 복습하세요.
(학원이나 학교의 숙제용 주관식 문제는 별도로 p.254~p.268에 있습니다.)

regulation	01 05 15 30 30 30
pole	01 05 15 30 30 30
satisfy	01 05 15 30 30 30
matter	01 05 15 30 30 30
particular	01 05 15 30 30 30
hike	01 05 15 30 30 30
period	01 05 15 30 30 30
neither A nor B	01 05 15 30 30 30
either❶	01 05 15 30 30 30
either❷	01 05 15 30 30 30
breathe	01 05 15 30 30 30
royal	01 05 15 30 30 30
novel	01 05 15 30 30 30
suffer	01 05 15 30 30 30
shadow	01 05 15 30 30 30
suggestion	01 05 15 30 30 30
prison	01 05 15 30 30 30
scold	01 05 15 30 30 30
ever	01 05 15 30 30 30
forever	01 05 15 30 30 30
fix	01 05 15 30 30 30
background	01 05 15 30 30 30
few	01 05 15 30 30 30
result	01 05 15 30 30 30
broad	01 05 15 30 30 30
abroad	01 05 15 30 30 30
court	01 05 15 30 30 30
rough	01 05 15 30 30 30
moment	01 05 15 30 30 30
confidence	01 05 15 30 30 30

파생어, 숙어 복습

regular	01 05 15 30 30 30
regularly	01 05 15 30 30 30
the North Pole	01 05 15 30 30 30
the South Pole	01 05 15 30 30 30
satisfactory	01 05 15 30 30 30
satisfaction	01 05 15 30 30 30
satisfied	01 05 15 30 30 30
particularly	01 05 15 30 30 30
hiking	01 05 15 30 30 30
periodically	01 05 15 30 30 30
breath	01 05 15 30 30 30
suggest	01 05 15 30 30 30
a few	01 05 15 30 30 30
broadly	01 05 15 30 30 30
confident	01 05 15 30 30 30

경선식에듀 1:1 Online-Care 수강생 후기

청명중학교 3학년 이*원 수강생 - 하루 1.5시간 주 6일 학습 및 관리

6개월 만에 고1전국모의고사 30점 → 고2전국모의고사 97점

입반 테스트	고1모의고사 30점
▶ 6개월 만에	고2모의고사 97점 (67점 향상)

고등학교 전체 단어를 단지 30일 내에 완벽하게 암기할 수 있게 도와준 최고의 강의였습니다.

고등학교 1학년 입반고사에서 30점을 받고 6개월 후 고등학교 2학년 모의고사에서 97점을 받았습니다. 제가 6개월 만에 67점을 올린 요인은 첫째로 10배는 더 오래 기억되는 경선식영단어입니다. 둘째로 저만 알고 싶을 정도로 유용했던 유형별풀이비법이었어요. 셋째로는 그동안 다른 학원이나 학교에서 배웠던 어떠한 수업보다도 정말 특별했던 경선식 영문법과 독해였습니다. 넷째로는 주 6일 매일같이 1:1 관리를 철저히 해주신 경선식에듀 학원 선생님들입니다.

저는 일주일에 6일 하루 평균 1시간 30분씩 공부했습니다. 경선식영단어의 해마학습법으로 단어를 먼저 단기간에 암기해 놓으니까 문법, 독해 공부할 때 막힘이 없어서 문법과 독해를 쉽고 빠르게 공부할 수 있었어요. 독해하는 데 연상 때문에 지장을 준다는 말도 있지만 제가 경험해보니 절대 그렇지 않았어요. 단어가 헷갈리거나 독해에 지장을 받았다면 제가 97점을 받는 것은 불가능했을 거예요. 복습만 제대로 해주면 절대 헷갈리지 않고 독해도 오히려 더 빨라집니다.

경선식영단어 강의는 1년 이상 걸렸을 고등학교 전체 단어를 단지 30일 내에 완벽하게 암기할 수 있게 도와준 최고의 강의였습니다. 무엇보다도 정말 기억이 오래 갑니다.

경선식 문법, 독해 강의는 문법을 독해에 어떻게 적용하는가를 많은 예문을 통해 훈련하기에 독해 실력까지 정말 빠르게 향상될 수 있었으며 직독직해를 해내게 되고 독해 실력이 급상승할 수 있었습니다. 특히 유형별풀이비법 강의는 시험시간을 15분 가까이 줄여주고 정답을 정확히 찾는 방법을 가르쳐주어서 단기간에 1등급을 만들어주는 데 정말 많은 도움을 준 강의입니다.

warn
[wɔːrn]

v. 경고하다

warning
경고, 경보

셋 셀 동안에 그만해! 하며 "**원**(one), two..." 하며 경고하다

global
[glóubəl]

a. 지구의, 세계적인

굴러다니는 ball(공)과 같이 둥근 지구의, 세계적인

job
[dʒɑb]

n. 직업, 일

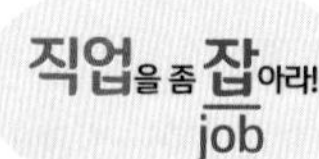

1. 대학 졸업했으면 직업 좀 **잡**아라!
2. **잡**일이라도 **잡**다

examination
[igzæminéiʃən]

n. 시험, 조사[검사]

exam
시험

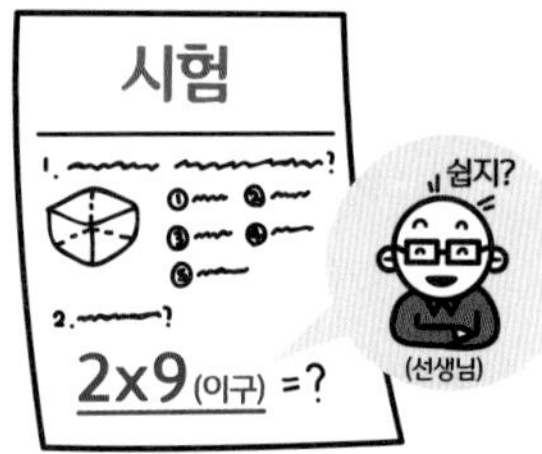

선생님이 "**이 구**는?(2 X 9?)"과 같은 문제를 **재미**로 **내이션**(내셔), 즉 수학 시험

example
[igzǽmpl]

n. 예, 보기

exam(시험)에 나온 것을 **풀**어놓은 예, 보기

examine
[igzǽmin]

v. 조사하다, 검사하다

홍수로 인한 **이재민**이 몇 명인지 정부가 조사하다, 검사하다

education
[èdʒukéiʃən]

n. 교육

educate
교육하다

educational
교육의

어린 **애두**(애도) 머리가 **깨이션**(깨이도록) 가르치는 교육

admire
[ædmáiər]

v. [1] 칭찬하다 [2] 존경하다 [3] 감탄하다

admiration
칭찬, 존경, 감탄

"**어두**운 곳에서 도둑질하지 **마요!**"라고 말하며 도둑을 잡은 용감한 시민을 칭찬하다, 존경하다, 감탄하다

race
[reis]

n. [1] 경주 [2] 인종, 종족

racism 인종차별
racist 인종차별주의자(-ist: ~사람)
racer 경주자
(-er: ~사람, ~것)

1. **레이스**(경주)를 펼치는 카레이서(car **racer**)에서 레이스는 경주
2. 올림픽에서 달리기 **레이스**(경주)를 하는 여러 인종

realize
[ríːəlàiz]

v. 깨닫다

할아버지가 운동하고 힘들어서 자신의 **real**(실제의) **나이**를 깨닫다

예문 Doctors **warn** about eating too much meat. 의사들은 지나친 육류 섭취에 대해 경고한다. / BTS has a **global** fandom. 방탄소년단은 세계적인 팬덤을 가지고 있다. / His **job** is a farmer. 그의 직업은 농부이다. / He failed in the **examination**. 그는 시험에 낙제했다. / Can you give me an **example**? 예를 하나 들어줄래요? / The doctor is **examining** the children. 의사가 아이들을 검진하고 있다. / **Education** is important. 교육은 중요하다. / [1] The company **admired** the staff. 회사는 그 직원을 칭찬했다. [2] I **admire** your passion. 당신의 열정을 존경합니다. [3] We **admire** the beauty of nature. 우리는 자연의 아름다움에 감탄한다. / [1] Who won the bicycle **race**? 누가 자전거 경주에서 이겼습니까? [2] All **races** are equal. 모든 인종은 평등하다. / The intern didn't **realize** his mistake. 그 인턴은 자신의 실수를 깨닫지 못했다.

복습문제

□□□ warn	□□□ examination	□□□ education	□□□ realize
□□□ global	□□□ example	□□□ admire	
□□□ job	□□□ examine	□□□ race	

industry [índəstri] n. [1] 산업 [2] 근면

industrious 근면한
industrial 산업의

인도's(인도네시아의) **tree**(나무) 산업에 열심인 근로자들의 근면

amount [əmáunt] n. 양, 총계 v. 총계가 ~에 이르다

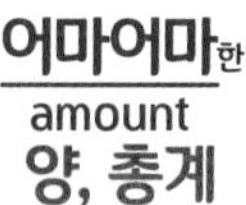

어마어마한 양, 총계

produce [prədjú:s] v. 생산하다

product 생산품, 결과
productive 생산적인
(-tive: 형용사형 어미)

1. 공장에서 레몬가루를 물에 **풀어 주스**를 생산하다
2. 프로듀서(**producer**, PD)는 드라마 등의 작품을 생산하는 사람

thieve [θi:v] v. 훔치다

thief 도둑

도둑이 **see**(보다) **부**유한 집을, 그리고 들어가서 훔치다

elbow [élbou] n. 팔꿈치

팔꿈치 위에 안고 **앨**(애를) **보우**(보다)

favor [féivər] n. [1] 호의, 친절 [2] 부탁

favorable 호의적인
(-able: 형용사형 어미)

유니폼을 잘 **빼입어** 깔끔한 호텔 안내원이 손님의 부탁을 호의와 친절로 들어준다.

wound

[wu:nd]

n. 상처
v. 상처를 입히다 (wound-wounded-wounded)

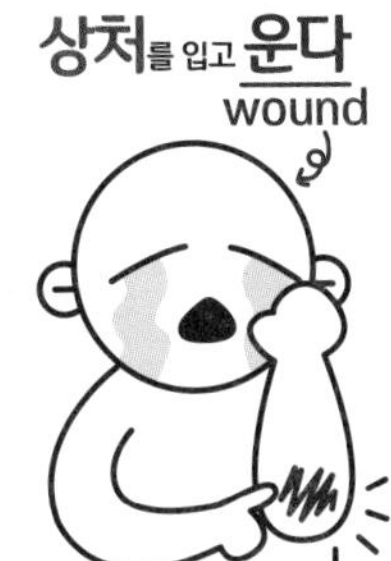

아이가 상처를 입고 **운다**

common

[㉺kámən]
[㉳kɔ́mən]

a. 공통의, 흔한

commonly
보통으로, 일반적으로

장례식장 양복은 **꺼먼**색이 공통의, 흔한

safe

[seif]

a. 안전한

safety
안전

safely
안전하게, 무사히

야구에서 "**세이프!**" 하고 외치는 것은 타자가 죽지 않고 안전한 상태

save

[seiv]

v. [1] 안전하게 지키다, (사람·생명 등을) 구하다
[2] 저축하다, 아끼다

savings
저축, 저금

safe(안전한)의 동사 형태로 사람, 돈을 **안전하게 하다**, 즉 생명을 구하다, 저축하다

예문 [1] The future of the **industry** is uncertain. 그 산업의 미래는 불확실하다. [2] I'm very impressed by her **industry**. 나는 그녀의 근면성에 깊은 인상을 받았다. / a large **amount** of money 막대한 금액 / The shop **produces** its own soap. 그 상점은 자체적으로 비누를 생산한다. / The **thief** ran away. 도둑은 달아났다. / I hit my **elbow** against the window. 창문에 팔꿈치를 부딪쳤다. / [1] This is just a **favor** for my friend. 이것은 그저 내 친구를 위한 호의이다. [2] Would you do me a **favor**? 부탁 하나 들어주시겠어요? / The **wound** hurt me badly. 그 상처는 나를 몹시 아프게 했다. / It's a **common** mistake. 그것은 흔한 실수이다. / It's **safe** here. 여긴 안전해. / [1] They **saved** the people from the fire. 그들은 화재로부터 사람들을 구했다. [2] He **saves** money for his family. 그는 자신의 가족을 위해 저축한다.

복습문제

□□□ industry	□□□ thieve	□□□ wound	□□□ save
□□□ amount	□□□ elbow	□□□ common	
□□□ produce	□□□ favor	□□□ safe	

equal
[íːkwəl]

a. 같은, 동등한

equally
똑같이, 동등하게

이 칼로 사과를 같은, 동등한 크기로 자르다

load
[loud]

n. 짐 v. (짐을) 싣다

1. **road**(길)에 차를 세우고 짐을 싣다
2. up**load**는 up(위로) 데이터와 같은 짐을 싣는 것

stick ❶
[stik]

v. 붙이다 (stick-stuck-stuck)

스티커(sticker)를 붙이다

stick ❷
[stik]

n. 막대기

치즈**스틱**, 드럼 **스틱**, 립**스틱**에서 스틱은 막대기

lip
[lip]

n. 입술

1. 립 → **입**(술): 입술
2. 립스틱은 **lip**(입술)에 바르는 stick(막대) 모양의 화장품

stuck
[stʌk]

a. 움직일 수 없는, 꽉 막힌

수**수떡**이 목에 꽉 막힌, 움직일 수 없는

journal
[dʒə́ːrnl]

n. 신문, 잡지, 학술지

사람들에게 소식을 전할 신문, 잡지
journal

사람들에게 소식을 **전할** 신문, 잡지

beneath
[biníːθ]

ad. 아래[밑]에
prep. ~ 아래[밑]에

습기 차단을 위해 텐트 밑에, 아래에 **비닐**을 **쓰**다

pardon ❶
[pɑ́ːrdn]

interj. 뭐라고요? (다시 말해달라는 뜻으로 쓰는 말)

수업시간에 학생이 "뭐라고요?" 라며 다시 말해 달라고 **팔**을 **든**

pardon ❷
[pɑ́ːrdn]

n. 용서 v. 용서하다

벌을 서느라 두 **팔**을 **든** 학생을 그만 용서, 용서하다

예문 All people are **equal**. 모든 사람은 평등하다. / The merchant **loaded** the truck. 상인은 트럭에 짐을 실었다. / She is **sticking** a stamp. 그녀가 우표를 붙이고 있다. / a **stick** of candy 막대 사탕 / Her **lips** are red. 그녀의 입술은 빨갛다. / The bus was **stuck** in a traffic jam. 버스는 교통 체증에 걸렸다. / The researcher published a **journal** on trees. 그 연구원은 나무에 관한 잡지를 발간했다. / The dog sat **beneath** the table. 그 개는 탁자 밑에 앉았다. / I beg your **pardon**? 다시 한 번 말씀해 주시겠어요? / Please **pardon** me for the lateness. 늦어서 죄송합니다.

복습문제

□□□ equal	□□□ stick❷	□□□ journal	□□□ pardon❷
□□□ load	□□□ lip	□□□ beneath	
□□□ stick❶	□□□ stuck	□□□ pardon❶	

01 1강 단위 복습 05 5강 단위 복습 15 15강 단위 복습 30 30강 단위 복습

다음 단어들의 뜻이 1초 내에 생각나지 않으면 각 강의 단위에 표시를 하고 표시한 단어들을 다시 복습하세요.
(학원이나 학교의 숙제용 주관식 문제는 별도로 p.254~p.268에 있습니다.)

warn	01 05 15 30 30 30	favor	01 05 15 30 30 30
global	01 05 15 30 30 30	wound	01 05 15 30 30 30
job	01 05 15 30 30 30	common	01 05 15 30 30 30
examination	01 05 15 30 30 30	safe	01 05 15 30 30 30
example	01 05 15 30 30 30	save	01 05 15 30 30 30
examine	01 05 15 30 30 30	equal	01 05 15 30 30 30
education	01 05 15 30 30 30	load	01 05 15 30 30 30
admire	01 05 15 30 30 30	stick ❶	01 05 15 30 30 30
race	01 05 15 30 30 30	stick ❷	01 05 15 30 30 30
realize	01 05 15 30 30 30	lip	01 05 15 30 30 30
industry	01 05 15 30 30 30	stuck	01 05 15 30 30 30
amount	01 05 15 30 30 30	journal	01 05 15 30 30 30
produce	01 05 15 30 30 30	beneath	01 05 15 30 30 30
thieve	01 05 15 30 30 30	pardon ❶	01 05 15 30 30 30
elbow	01 05 15 30 30 30	pardon ❷	01 05 15 30 30 30

파생어, 숙어 복습

warning	01 05 15 30 30 30	product	01 05 15 30 30 30
exam	01 05 15 30 30 30	productive	01 05 15 30 30 30
educate	01 05 15 30 30 30	thief	01 05 15 30 30 30
educational	01 05 15 30 30 30	favorable	01 05 15 30 30 30
admiration	01 05 15 30 30 30	commonly	01 05 15 30 30 30
racism	01 05 15 30 30 30	safety	01 05 15 30 30 30
racist	01 05 15 30 30 30	safely	01 05 15 30 30 30
racer	01 05 15 30 30 30	savings	01 05 15 30 30 30
industrious	01 05 15 30 30 30	equally	01 05 15 30 30 30
industrial	01 05 15 30 30 30		

동사의 과거, 과거분사형 복습

wound		–	01 05 15 30 30 30
stick		–	01 05 15 30 30 30

세계 여러 논문에 실린 연상법의 탁월한 효과(2)

발췌 논문 제목

The keyword method: An alternative vocabulary strategy for developmental college readers
(핵심어 방법[연상법]: 발전적인 대학 독서가들을 위한 대안적 어휘 전략)

저자명

Judy Roberts, Nancy Kelly (미국)

Forty college students attending a private university in the Southeast were randomly assigned unfamiliar words with either paired keywords and images or dictionary-based definitions. The results of the study suggest the superiority of the keyword method as measured by both immediate and delayed tests of recall.

(40명의 대학생을 통한 실험 연구 결과에 따르면 단기 기억과 장기 기억 실험 모두에서 연상법이 단순암기보다 월등함을 보인다.)

발췌 논문 제목

Exploring New Applications of the Keyword Method to Acquire English Vocabulary
(영어 어휘 습득을 위한 연상법의 새로운 적용을 탐구하기)

저자명

Enrique Avila, Mark Sadoski (스페인)

Results showed that the keyword method produced superior recall and comprehension both immediately and after 1 week. Results further demonstrated that the keyword method is readily adaptable to actual ESL classrooms. * ESL: English as a second language

(연구 결과 연상법은 즉각적으로 그리고 1주일 후에도 월등한 암기와 이해를 하게 했다. 또한 연상법은 영어수업에 순조롭게 적용될 수 있음이 증명되었다.)

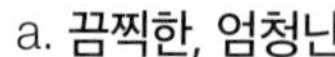

terrible
[térəbl]

a. 끔찍한, 엄청난

terribly
끔찍하게, 몹시

테러범이 불을 지르며 사람을 죽이는 끔직한, 엄청난

drug
[drʌg]

n. 약, 마약

감기에 잘 **들어 그** 약이?

draw ❶
[drɔː]

v. 끌어당기다
(draw-drew-drawn)

물건을 **들어** 끌어당기다

draw ❷
[drɔː]

v. 그리다
(draw-drew-drawn)

drawing
그림
(-ing: 명사형 어미 or 형용사형 어미)

모델에게 "고개를 **들어!**"라고 말하며 인물 그림을 그리다

fold
[fould]

v. 접다, 접어 포개다

폴더폰(folder phone)으로 전화기를 접다, 접어 포개다

slim
[slim]

a. 날씬한, 얇은

슬림핏, **슬림**다이어트, **슬림**한 허리 등에서 **슬림**은 날씬한, 얇은

quite
[kwait]

ad. 아주, 꽤

공룡 모형이 **크와!(이트)** 아주, 꽤 진짜 같구만

normal
[nɔ́ːrməl]

a. 보편적인, 평균적인

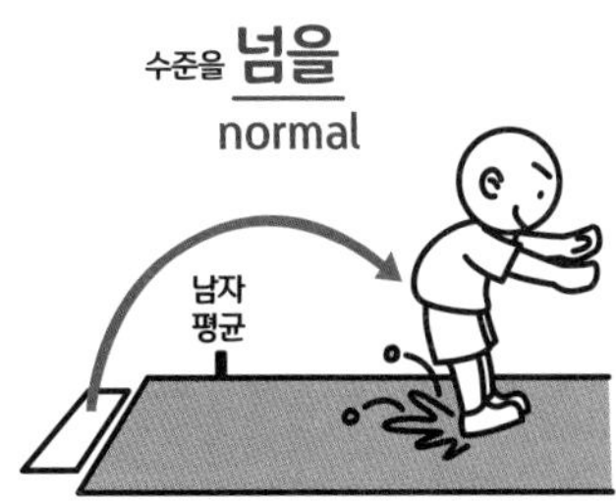

보편적인, 평균적인 수준을 **넘을**

port
[pɔːrt]

n. 항구

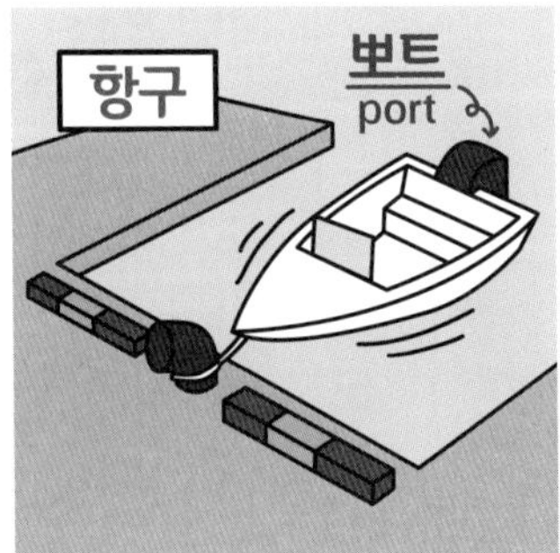

뽀트(boat)가 정박해 있는 항구

passport
[pǽspɔ̀ːrt]

n. 여권

port(항구)를 **pass**(통과하여) 외국으로 가기 위한 여권

예문 A **terrible** accident changed my life. 끔찍한 사고가 내 인생을 바꿔놓았다. / He went to the **drug** store. 그는 약국에 갔다. / We **drew** our chairs back from the table. 우리는 테이블 뒤로 의자를 끌어당겼다. / The painter is **drawing** a flower. 화가가 꽃을 그리고 있다. / Please **fold** the clothes. 옷 좀 접어 주세요. / She is **slim** for her age. 그녀는 나이에 비해 날씬하다. / The rock is **quite** big. 그 바위는 꽤 크다. / The **normal** temperature of the human body is 36.5°C. 인체의 보편적인 온도는 섭씨 36.5도이다. / Busan is a **port** city. 부산은 항구도시이다. / Can I see your **passport**, please? 여권을 보여주시겠습니까?

복습문제

□□□ terrible	□□□ draw❷	□□□ quite	□□□ passport
□□□ drug	□□□ fold	□□□ normal	
□□□ draw❶	□□□ slim	□□□ port	

14

fuel n. 연료 v. 연료를 공급하다
[fjúːəl]

연료에 불을 **피울**

join v. 참여하다, 가입하다
[dʒɔin]

A조 B조와 같은 **조 in**(안에) 들어가 참여하다, 가입하다

drop v. 떨어지다, 떨어뜨리다
[㉠drɑp]
[㉮drɔp]

자이로**드롭**에서 **드롭**이란 떨어지다, 떨어뜨리다

zone n. 지역, 구역
[zoun]

1. 살기 **좋은** 지역, 구역
2. 스트라이크 **존**이란 스트라이크로 인정되는 구역

construct v. 건설하다
[kənstrʌ́kt]

constructive
건설적인
(-tive: 형용사형 어미)

construction
건설
(-tion: 명사형 어미)

큰 수의 **트럭**을 이용하여 시멘트를 나르며 건물을 건설하다

treat v. [1] 대접하다 [2] 치료하다 [3] 취급하다, 다루다
[tríːt]

treatment
대접, 취급, 치료

오가피, 옻 **tree**(나무)를 넣어 만든 요리를 **eat**(먹으라고) 대접하다, 그렇게 병을 치료하다. 그렇게 친구를 소중히 취급하다, 다루다

injure [índʒər]
v. 상처를 입히다, 해를 주다

injurious
해로운
(-ous: 형용사형 어미)
injury
상해, 손상

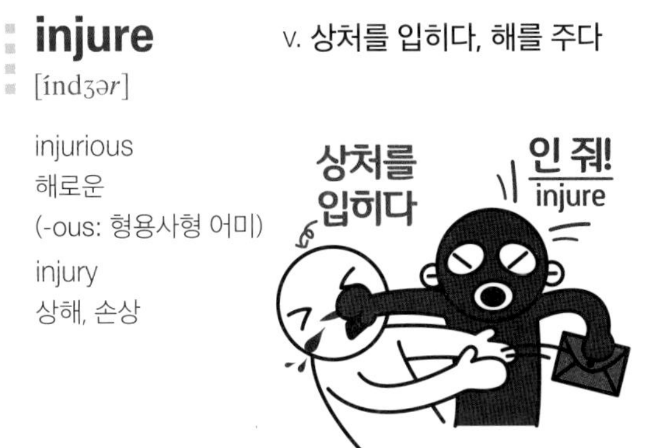

깡패가 "**인 줘!**(이리 줘!)" 하며 돈을 빼앗으려고 주먹으로 상처를 입히다

hire [háiər]
v. 고용하다

"우리 회사에서 당장 일을 **하여!**(해!)" 하며 고용하다

public [pʌ́blik]
n. 대중 a. 일반인의, 공공의

대통령은 일반인의, 대중이 **뽑을릭!**(뽑다)

appear [əpíər]
v. [1] 나타나다 [2] ~처럼 보이다

appearance
나타남, 겉모습
(-ance: 명사형 어미)

학교에 친구가 엄마 등에 **업혀** 나타나다, 아픈 것처럼 보이다

예문 The heater uses oil **fuel**. 그 히터는 석유 연료를 사용한다. / Can you **join** us for lunch? 우리와 점심을 먹을 수 있어요? / I **dropped** my key somewhere. 나는 어딘가에 내 열쇠를 떨어뜨렸다. / This **zone** is for elders. 이 구역은 어르신들을 위한 구역이다. / **construct** a factory 공장을 건설하다 / [1] I'd like to **treat** you to lunch. 제가 점심을 대접하고 싶습니다. [2] Disease should be **treated** at the very beginning. 병은 초기에 치료해야 한다. [3] Stop **treating** me like a child. 나를 아이처럼 취급하지 마세요. / Much smoking can **injure** the voice. 과도한 흡연은 목소리에 해를 줄 수도 있다. / He **hired** 10 new interns. 그는 10명의 새로운 인턴을 고용했다. / The teacher works at a **public** school. 그 선생님은 공립학교에서 일한다. / [1] The singer **appeared** on the stage. 그 가수가 무대에 등장했다. [2] She **appears** to be sick. 그녀는 아픈 것 같다.

복습문제

□□□ fuel	□□□ zone	□□□ injure	□□□ appear
□□□ join	□□□ construct	□□□ hire	
□□□ drop	□□□ treat	□□□ public	

approach v. 접근하다 n. 접근
[əpróutʃ]

뱀이 먹이 **앞으로 치이~** 하고 접근하다, 접근

smell n. 냄새 v. 냄새가 나다
[smel]

스멜스멜(스멀스멀) 냄새, 냄새가 나다

provide v. 주다, 제공하다
[prəváid]

provide A with B
A에게 B를 제공하다

"지금 **풀어봐(이)도** 돼." 하며 선물을 주다, 제공하다

practice n. 연습 v. 실행하다
[prǽktis]

죄수가 탈옥을 위해 **풀에 튔수**(풀밭으로 튀었수), 즉 탈옥을 연습, 실행하다

content❶ n. 내용물
[ⓜkάntent]
[ⓔkɔ́ntent]

산 속의 웬 **큰 텐트** 안에 내용물이 무엇인지 궁금해하다.

content❷ a. 만족한
[kəntént]

큰 텐트에서 자니 넓어서 만족한

effort
[éfərt]

n. 노력

물에 빠진 **애**가 **뽀트**(보트)에 올라타려고 노력

popular
[㊀pάpjulər]
[㊂pɔ́pjulər]

a. 인기 있는

popularity
인기

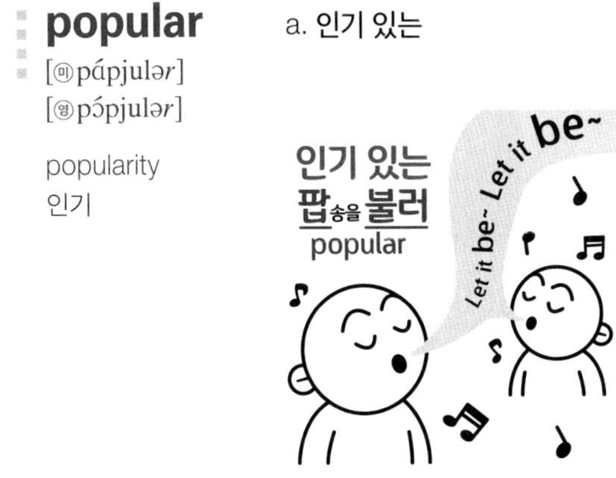

너도나도 그 **팝**(팝송)을 **불러**, 즉 그 팝송이 인기 있는

fit ❶
[fit]

v. (치수·모양 등이) 딱 들어맞다
a. 적합한

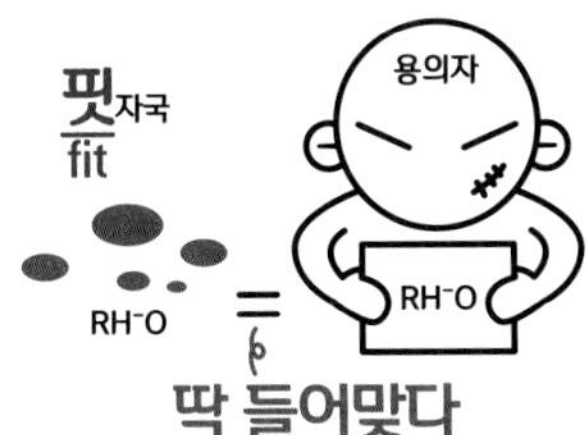

사건 장소의 **핏**자국과 용의자 피의 혈액형이 딱 들어맞다

fit ❷
[fit]

a. 건강한

fitness
건강
(-ness: 명사형 어미)

피트니스 클럽(**fit**ness club)에서 **fit**은 건강한

14일

예문 We need to find a new **approach** to the problem. 우리는 그 문제에 대한 새로운 접근법을 발견할 필요가 있다. / Mary **smelled** the perfume. 메리는 향수 냄새를 맡아 보았다. / Lunch is not **provided**. 점심은 제공되지 않습니다. / The dancer **practiced** hard. 그 댄서는 열심히 연습했다. / the **contents** of the book 그 책의 내용 / I am not **content** with the result. 나는 그 결과에 만족하지 않는다. / Thank you for your **efforts**. 당신의 노력에 감사합니다. / The song became so **popular** in Europe. 그 노래는 유럽에서 매우 인기를 얻게 되었다. / The clothes perfectly **fit** on you. 그 옷은 네게 완벽하게 맞다. / Top sportsmen have to be very **fit**. 최고의 스포츠 선수는 아주 건강해야 한다.

복습문제

□□□ approach	□□□ practice	□□□ effort	□□□ fit❷
□□□ smell	□□□ content❶	□□□ popular	
□□□ provide	□□□ content❷	□□□ fit❶	

01 1강 단위 복습 05 5강 단위 복습 15 15강 단위 복습 30 30강 단위 복습

다음 단어들의 뜻이 1초 내에 생각나지 않으면 각 강의 단위에 표시를 하고 표시한 단어들을 다시 복습하세요.
(학원이나 학교의 숙제용 주관식 문제는 별도로 p.254~p.268에 있습니다.)

단어	복습	단어	복습
terrible	01 05 15 30 30 30	treat	01 05 15 30 30 30
drug	01 05 15 30 30 30	injure	01 05 15 30 30 30
draw❶	01 05 15 30 30 30	hire	01 05 15 30 30 30
draw❷	01 05 15 30 30 30	public	01 05 15 30 30 30
fold	01 05 15 30 30 30	appear	01 05 15 30 30 30
slim	01 05 15 30 30 30	approach	01 05 15 30 30 30
quite	01 05 15 30 30 30	smell	01 05 15 30 30 30
normal	01 05 15 30 30 30	provide	01 05 15 30 30 30
port	01 05 15 30 30 30	practice	01 05 15 30 30 30
passport	01 05 15 30 30 30	content❶	01 05 15 30 30 30
fuel	01 05 15 30 30 30	content❷	01 05 15 30 30 30
join	01 05 15 30 30 30	effort	01 05 15 30 30 30
drop	01 05 15 30 30 30	popular	01 05 15 30 30 30
zone	01 05 15 30 30 30	fit❶	01 05 15 30 30 30
construct	01 05 15 30 30 30	fit❷	01 05 15 30 30 30

파생어, 숙어 복습

단어	복습	단어	복습
terribly	01 05 15 30 30 30	injury	01 05 15 30 30 30
drawing	01 05 15 30 30 30	appearance	01 05 15 30 30 30
constructive	01 05 15 30 30 30	provide A with B	01 05 15 30 30 30
construction	01 05 15 30 30 30	popularity	01 05 15 30 30 30
treatment	01 05 15 30 30 30	fitness	01 05 15 30 30 30
injurious	01 05 15 30 30 30		

동사의 과거, 과거분사형 복습

draw ________ — ________ 01 05 15 30 30 30

경쌤's TIP

공부를 하기 싫은 이유 중에 가장 큰 이유는 무엇일까요?

아마도 목표 없이 수동적인 공부를 하거나
여러분이 정한 목표를 간절하게 바라는 마음이 부족하기 때문일 것입니다.

그리고 머리로만 그 목표를 생각하다 보면 너무나 자주 그 목표를 잊어버리게 될 것입니다. 목표를 크게 적어서 항상 볼 수 있는 곳에 붙여놓도록 하세요.

그 목표를 이루었을 때의 희열과 여러분 못지않게 기뻐하실 부모님의 얼굴을 떠올려보세요.
그리고 **너무도 애절히, 너무도 간절히 그 목표를 갈구하세요!!!**

proper a. 적당한, 적절한
[㊊prápər]
[㊎prɔ́pər]

properly
적절하게

남기지 않도록 식판에 적당한 양만 **퍼라 퍼!**

rest n. ¹ 휴식 ² 나머지
[rest]

이 일이 **last**(마지막)이야, 나머지 시간은 휴식!

govern v. 통치하다, 다스리다
[gʌ́vərn]

government
정부

고분고분하게 말을 잘 듣도록 통치하다, 다스리다

ahead ad. ¹ 앞으로, 앞에 ² 미리
[əhéd]

뱀이 **어! head**(머리)가 꼬리보다 미리, 앞으로 간다

exist v. 존재하다, 생존하다
[igzíst]

existence
존재
(-ence: 명사형 어미)

existent
존재하는
(-ent: 형용사형 어미)

추위와 배고픔에 죽을 것만 같던 **이 그지**(거지)가 아직도 생존하다, 존재하다

bill n. ¹ 계산서 ² 지폐
[bil]

계산서에 나온 금액을 지불할 지폐가 부족하여 주인에게 싹싹 **빌**(빌다)

swear [swɛər] v. 맹세하다 (swear-swore-sworn)

"하나, 우리는 ~하겠다. 둘, 우리는 ~ 맹세합니다." 하며 하나, 둘 **수**(숫자)를 **외워**서 맹세하다

lazy [léizi] a. 게으른

1등을 하려고 노력도 안 할 정도로 게으른 **내**가 **2지**(2등이지)

apparent [əpǽrənt] a. 분명한, 명백한

apparently 분명히

저 어른은 옆에 있는 아이와 너무 닮아서 **어! parent**(부모)임이 분명한, 명백한

throughout [θru:áut] [1] prep. ~ 도처에 ad. 도처에, 온통 [2] prep. ~ 동안 쭉, ~ 내내

태양의 빛이 우주를 **through**(통과하여) **out**(밖으로) 도처에, 평생 동안 쭉 퍼지다

15일

예문 I can't find the **proper** words. 적당한 말이 떠오르지 않는군요. / [1] Take some **rest**. 좀 쉬세요. [2] I saved the **rest** of the money. 나는 그 돈의 나머지를 저축했다. / The King **governed** three countries. 그 왕은 3개국을 통치했다. / [1] There is a hospital **ahead**. 이 앞에 병원이 있다. [2] Please call **ahead** for your order. 주문하시려면 미리 연락을 주세요. / We cannot **exist** without air. 우리는 공기 없이 살 수 없다. / [1] The waiter brought a **bill** to the table. 웨이터가 계산서를 테이블로 가져왔다. [2] a 100-dollar **bill** 100달러짜리 지폐 / I **swear** I will always stay by your side. 항상 당신 곁에 있을 것을 맹세합니다. / My little brother is very **lazy**. 내 남동생은 매우 게으르다. / It's **apparent** he's lying. 그가 거짓말하는 게 분명해. / [1] **throughout** the world 세계 도처에 [2] **throughout** the year 1년 내내

복습문제

□□□ proper	□□□ ahead	□□□ swear	□□□ throughout
□□□ rest	□□□ exist	□□□ lazy	
□□□ govern	□□□ bill	□□□ apparent	

avoid v. 피하다, 회피하다
[əvɔ́id]

"어, 적에게 **보이드!**(보인다!) 피해!" 즉, 피하다, 회피하다

nuclear n. 핵무기 a. 핵무기의
[njú:kliər]

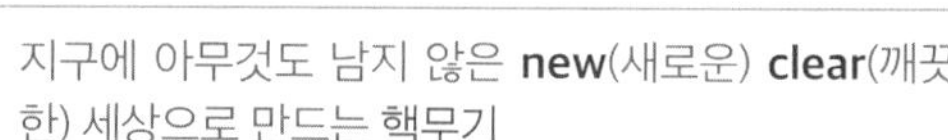
지구에 아무것도 남지 않은 **new**(새로운) **clear**(깨끗한) 세상으로 만드는 핵무기

---

curious a. 호기심 많은, 궁금한
[kjúəriəs]

curiosity
호기심
(-ity: 명사형 어미)
curiously
호기심에서

귤나무 주위에 모여들어 "이게 **귤이었수?**" 하며 호기심 많은, 궁금한 제주도 관광객들

area n. [1] 지역 [2] 범위
[ɛ́əriə]

실종된 **애**가 **어리어**(어려) 멀리 가지는 못하고 이 지역, 범위를 못 벗어났을 것이다.

---

concerned❶ a. 걱정스러운, 염려하는
[kənsə́:rnd]

concern
걱정, 염려
be concerned about
~에 대해 걱정하다

군에 간 **큰 son도**(아들도) 걱정스러운, 염려하는

concerned❷ a. 관계있는, 관심 있는
[kənsə́:rnd]

concerning
~에 관하여
be concerned with
~에 관계하다

부동산 큰 손도 관계있는 사건
concerned

이 사건에 경제계의 **큰 손도** 관계있는, 관심 있는

slight
[slait]

a. 약간의

slightly
약간, 가볍게

술 **light**하게(가볍게) 했어, 즉 약간의 양만큼만 마셨어.

row
[rou]

n. 열, 줄

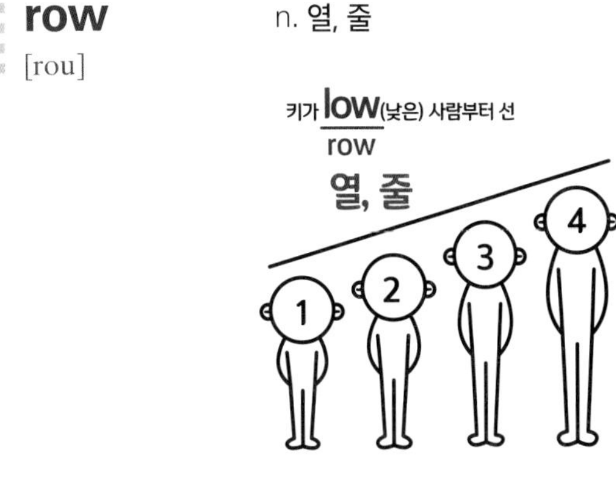

키가 **low**(낮은) 사람부터 차례로 선 열, 줄

actually
[ǽktʃuəli]

ad. 실제로, 사실은

actual
실제의, 사실상의

여자 친구에게 외투를 벗어주고는 안 춥다고 하더니 실제로는 **액! 추월리**(춥다)

square
[skwɛər]

[1] n. 정사각형 a. 정사각형의
[2] n. (네모진) 광장

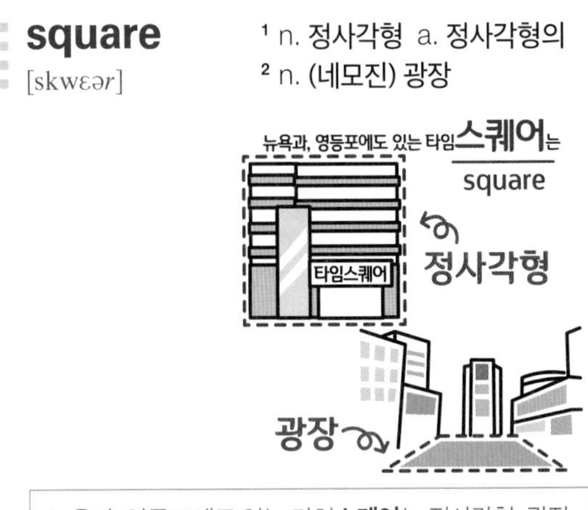

뉴욕과, 영등포에도 있는 타임**스퀘어**는 정사각형, 광장

15강

예문 I try to **avoid** bad friends. 나는 나쁜 친구는 피하려고 한다. / a **nuclear** weapon 핵무기 / The little girl was very **curious** about everything. 그 어린 소녀는 모든 것에 대해 호기심이 강했다. / [1] The police searched the **area**. 경찰이 그 지역을 수색했다. [2] That's in the science **area**. 그것은 과학적 범위 내에 있다. / What is the man **concerned** about? 그 남자가 염려하는 것은 무엇인가? / I'm not **concerned** with that matter. 나는 그 일과는 관계없다. / I have a **slight** fever. 나는 미열이 있다. / a **row** of desks 한 줄로 늘어선 책상 / **Actually**, I don't agree with you. 사실, 전 당신에게 동의하지 않습니다. / [1] He has a **square** jaw. 그는 네모진 턱을 갖고 있다. [2] This **square** is full of shops. 이 광장은 가게들로 꽉 차 있다.

복습문제

□□□ avoid	□□□ area	□□□ slight	□□□ square
□□□ nuclear	□□□ concerned❶	□□□ row	
□□□ curious	□□□ concerned❷	□□□ actually	

source
[sɔːrs]

n. 원천, 출처

"이 **소스**는 뭘 넣어서 맛있지?" 즉, **소스**의 원천, 출처

risk
[risk]

n. 위험 v. 위태롭게 하다

할머니가 무거운 것을 들어 허리 디스크가
risk
위험, 위태롭게 하다

할머니가 무거운 것을 들어 허리 **디스크**가 위험, 위태롭게 하다

achieve
[ətʃíːv]

v. 성취하다, 달성하다

achievement
성취, 달성

목적을 성취하다, 달성하다
부를 얻지
achieve

얻지(얻었지) **부**(副)를, 즉 목표를 성취하다, 달성하다

create
[kriéit]

v. 창조하다, 만들어내다

creature
창조물, 생물, 인간

끓이다. eight(8)개의 식재료를
create

새로운 요리를 창조하다

끓이고 있는 **eight**(8)가지의 재료로 새로운 요리를 창조하다, 만들어내다

depend
[dipénd]

v. 의존[의지]하다, 믿다

dependence
의존
(-ence: 명사형 어미)
dependent
의존하는
(-ent: 형용사형 어미)
depend on
~에 의존하다, ~을 믿다

가수가 **뒤**에서 지지하는 **팬들**에 의지하다

value
[vǽljuː]

n. 가치

valuable
가치 있는, 귀중한
(-able: ~할 만한, ~할 수 있는)

밸루 가치가 없군
value

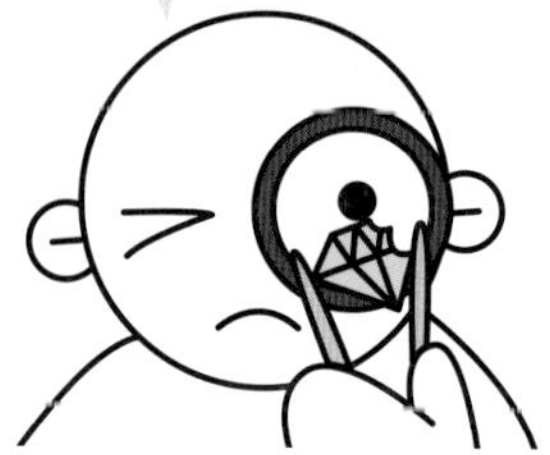

"**밸루**(별로) 가치가 없군."

connect v. 연결하다, 연결되다

[kənékt]

connection
연결, 관련

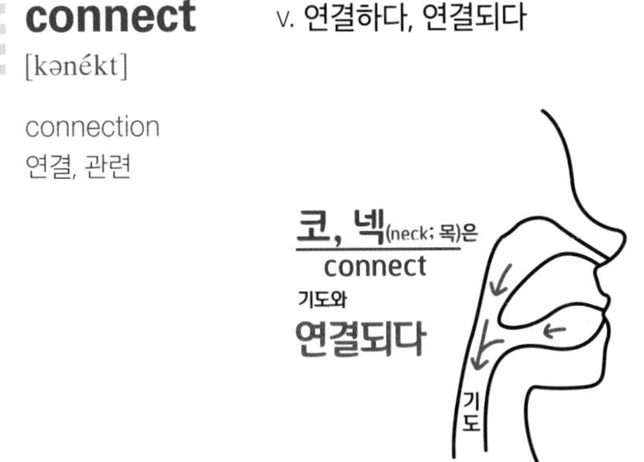

기도가 **코**와 **neck**(목)을 연결하다

worth a. ~의 가치가 있는

[wəːrθ]

worthy
가치 있는

be worthy of
~의 가치가 있다

매 **월**마다 **쓰**는 책값은 충분한 돈의 가치가 있는

company❶ n. 회사

[kʌ́mpəni]

껌
이 회사는
껌을 파니?
company

이 롯데 회사는 **껌**을 만들어 **파니?**

company❷ n. [1] 일행, 동료 [2] 함께 있음

[kʌ́mpəni]

company(회사)에서 함께 일하는 동료들과 매일 함께 있음

15강

예문 A book is a good **source** of information. 책은 좋은 정보 원천이다. / Don't **risk** your life. 생명의 위험을 무릅쓰지 마세요. / What did you **achieve** from the experience? 당신은 그 경험에서 무엇을 얻었습니까? / He **created** the dance. 그가 그 춤을 만들었다. / We **depend** on the Internet for news. 우리는 인터넷에 의존해서 뉴스를 듣는다. / The **value** of the dollar is increasing. 달러의 가치가 상승하고 있다. / How often do you **connect** to the Internet? 얼마나 자주 인터넷에 접속하나요? / This picture is **worth** fifty hundred dollars. 이 그림은 5천 달러의 값어치가 있다. / She works at a furniture **company**. 그녀는 가구 회사에서 일한다. / [1] Can I go to the party with my **company**? 내가 나의 일행과 그 파티에 가도 될까요? [2] I enjoy your **company**. 나는 너와 함께 있어 즐겁다.

복습문제

□□□ source	□□□ create	□□□ connect	□□□ company❷
□□□ risk	□□□ depend	□□□ worth	
□□□ achieve	□□□ value	□□□ company❶	

01 1강 단위 복습 05 5강 단위 복습 15 15강 단위 복습 30 30강 단위 복습

다음 단어들의 뜻이 1초 내에 생각나지 않으면 각 강의 단위에 표시를 하고 표시한 단어들을 다시 복습하세요.
(학원이나 학교의 숙제용 주관식 문제는 별도로 p.254~p.268에 있습니다.)

단어	복습	단어	복습
proper	01 05 15 30 30 30	concerned❷	01 05 15 30 30 30
rest	01 05 15 30 30 30	slight	01 05 15 30 30 30
govern	01 05 15 30 30 30	row	01 05 15 30 30 30
ahead	01 05 15 30 30 30	actually	01 05 15 30 30 30
exist	01 05 15 30 30 30	square	01 05 15 30 30 30
bill	01 05 15 30 30 30	source	01 05 15 30 30 30
swear	01 05 15 30 30 30	risk	01 05 15 30 30 30
lazy	01 05 15 30 30 30	achieve	01 05 15 30 30 30
apparent	01 05 15 30 30 30	create	01 05 15 30 30 30
throughout	01 05 15 30 30 30	depend	01 05 15 30 30 30
avoid	01 05 15 30 30 30	value	01 05 15 30 30 30
nuclear	01 05 15 30 30 30	connect	01 05 15 30 30 30
curious	01 05 15 30 30 30	worth	01 05 15 30 30 30
area	01 05 15 30 30 30	company❶	01 05 15 30 30 30
concerned❶	01 05 15 30 30 30	company❷	01 05 15 30 30 30

파생어, 숙어 복습

단어	복습	단어	복습
properly	01 05 15 30 30 30	slightly	01 05 15 30 30 30
government	01 05 15 30 30 30	actual	01 05 15 30 30 30
existence	01 05 15 30 30 30	achievement	01 05 15 30 30 30
existent	01 05 15 30 30 30	creature	01 05 15 30 30 30
apparently	01 05 15 30 30 30	dependence	01 05 15 30 30 30
curiosity	01 05 15 30 30 30	dependent	01 05 15 30 30 30
curiously	01 05 15 30 30 30	depend on	01 05 15 30 30 30
concern	01 05 15 30 30 30	valuable	01 05 15 30 30 30
be concerned about	01 05 15 30 30 30	connection	01 05 15 30 30 30
concerning	01 05 15 30 30 30	worthy	01 05 15 30 30 30
be concerned with	01 05 15 30 30 30	be worthy of	01 05 15 30 30 30

동사의 과거, 과거분사형 복습

단어	과거		과거분사	복습
swear		—		01 05 15 30 30 30

경쌤's TIP

축하합니다. 여러분은 15강까지 완성하였습니다.

먼저 5강 단위의 복습을 한 후 **15강 단위 복습을 반드시 해야 합니다.**

1 먼저 6강~10강의 5강 단위 복습에 표시했던 단어들을 복습하세요.

2 그런 다음 11강부터 15강까지 "전체 단어"를 복습하세요.

- 11강의 복습문제 단어 옆의 5강 단위 네모 표시 란에 1초 내에 바로 생각나지 않는 단어들을 표시하고 그것들 위주로 완벽하게 복습한 후 12강, 13강, 14강, 15강을 같은 방식으로 복습합니다.

3 그런 다음 마지막으로 11강~15강의 위 2번에서 5강 단위 네모 표시 란에 표시한 단어들을 다시 한 번 복습하도록 하세요.

4 그런 다음 1강~15강까지 "전체 단어"를 복습하세요.

- 먼저 1강~5강의 복습문제 단어 옆의 15강 단위 표시 란에 1초 내에 바로 생각나지 않는 단어들을 표시하고 그것을 완벽하게 복습하세요.
- 이어서 6강~10강도 같은 방식으로 복습하세요. 그런 다음 11강~15강도 같은 방식으로 복습하세요.

복습을 미루는 시간에 비례하여 복습시간이 늘어난다는 점 명심하세요!!!

contain
[kəntéin]

v. 포함하다, ~이 들어 있다

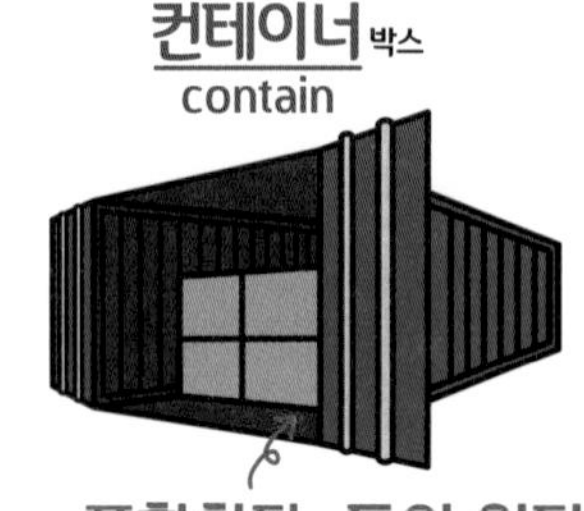

container(컨테이너) box(박스) 안에 물건을 포함하다, 들어 있다

demand
[dimǽnd]

v. 요구하다 n. 요구

교실 **뒤**에 **man**(남자) **두** 학생 주번에게 주전자에 물 좀 떠와달라고 요구, 요구하다

situation
[sìtʃuéiʃən]

n. ¹ 위치 ² 상황, 상태

1. 지도 위에 표시된 A 위치를 가리키며 "석유 **시추**를 할 **A셔**."
2. 그리고 내가 현재 있는 **situation**(위치), 즉 나의 상황, 상태

property
[㊊prápərti]
[㊎prɔ́pərti]

n. 재산

재산을 풀어 파티를 열다
property

자신의 재산을 **풀어 파티**를 열다

require
[rikwáiər]

v. 요구하다, 필요로 하다

requirement
요구, 필요, 필요조건

"내 차를 막고 있는 게 **니 car여?**(차여?) 좀 치워줄래?" 하고 요구하다

rather
[rǽðər]

ad. ¹ 오히려 ² 약간

너보다는 **내**가 **더** 오히려, 약간 잘생겼다

democracy
n. 민주주의, 민주정치

[㊀dimάkrəsi]
[㊂dimɔ́krəsi]

demo(데모)를 하며 끌어낸다,
democracy 대통령인 she(그녀를)
대통령탄핵
물러나라
책임촉구
대통령
민주주의

국민들이 **demo**(데모)를 하며 **끌어**낸다, 대통령인 **she**(그녀를). 민주주의이기 때문에 가능

lack
n. 부족함, 부족

[læk]

나는 neck(목)이 짧다
lack 목 길이가 부족함

나는 **neck**(목)이 짧다, 즉 목 길이가 부족함

destruction
n. 파괴

[distrʌ́kʃən]

destructive
파괴적인
(-tive: 형용사형 어미)

"**this**(이) **트럭**으로 **션**(시원)하게 밀어버려!" 하며 파괴

destroy
v. 파괴하다

[distrɔ́i]

this(이) **트로이** 목마를 이용해 성을 파괴하다

16강

예문 What does that box **contain**? 그 상자에는 무엇이 들어 있니? / He **demands** too much. 그는 너무 많은 것을 요구한다. / 1 This is a perfect **situation** to build a school. 이곳은 학교를 짓기에 완벽한 위치이다. 2 Chris explained the **situation** to us. 크리스가 우리에게 상황을 설명해 주었다. / Be careful not to damage other people's **property**. 다른 사람들의 재산에 손해를 입히지 않도록 조심해라. / Do you **require** any assistance? 당신은 도움이 필요한가요? / 1 I was sad **rather** than angry. 나는 화가 나기보다는 오히려 슬펐다. 2 He is clam and **rather** shy. 그는 차분하고 약간 수줍음이 있는 편이다. / Korea strongly supports **democracy**. 한국은 민주주의를 강력히 지지한다. / She has a **lack** of confidence. 그녀는 자신감이 부족하다. / **destruction** of forest 삼림 파괴 / They **destroyed** the peace of the world. 그들은 세계의 평화를 파괴했다.

복습문제

□□□ contain　□□□ property　□□□ democracy　□□□ destroy
□□□ demand　□□□ require　□□□ lack
□□□ situation　□□□ rather　□□□ destruction

offer [ɔ́:fər]

[1] v. 제공하다 n. 제공
[2] v. 제안하다 n. 제안

"**옷**을 싸게 거저 **퍼**줄 테니 사세요!" 하고 옷을 싼값에 제공하다, (싼값을) 제안하다

correctly [kəréktli]

ad. 올바르게, 정확하게

correct
올바른; 정정하다

장부에 써놓은 **거래**한 금액이 **틀리**니 올바르게, 정확하게 정정해 주세요.

limit [límit]

n. 한계 v. 제한하다

limitation
한정, 제한, 극한

"**니 밑**에 있는 절벽으로는 내려가면 안 돼!" 하고 한계를 지어 제한하다

huge [hju:dʒ]

a. 거대한

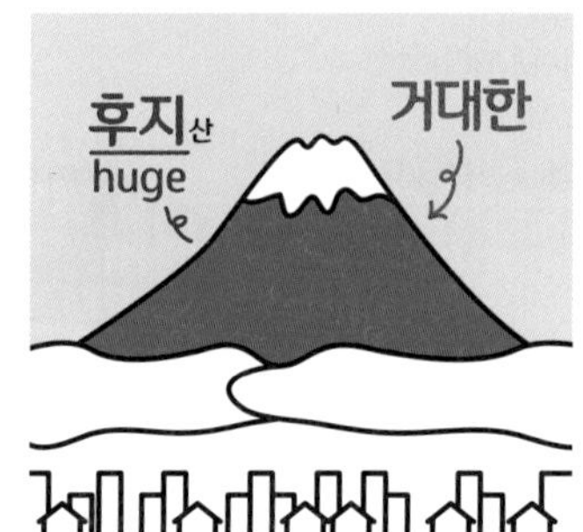

일본의 **후지**산이 거대한

relay [rí:lei]

[1] n. 계주 [2] n. 교대
[3] v. 전달하다

릴레이 계주 경기에서 바톤을 교대해서 전달하다

relate [riléit]

v. 관계시키다, 관계가 있다

relation 관계
relationship 관계
relative 관계있는; 친척(← 관계있는 사람)

계주 **릴레이** 경기에서 **two**(2)명의 선수가 바톤으로 서로 관계시키다

tight
[tait]

a. 꽉 조이는, 빈틈이 없는

1. (넥)**타이**를 틈이 **트**이지 않게 꽉 조이는, 빈틈이 없는
2. **타이트**한 옷, **타이트**한 스케줄에서 타이트는 꽉 조이는, 빈틈이 없는

major
[méidʒər]

[1] a. 주요한, 주된
[2] n. 전공 v. 전공하다

1. 미국 야구 **메이저**리그는 마이너리그보다 더 주요한 리그
2. 주요한 → 다른 과목보다 더 **주요한** 과목, 즉 전공, 전공하다

minor
[máinər]

a. 중요치 않은, 사소한

minority
소수
(-ity: 명사형 어미)

미국 야구 **마이너**리그는 메이저리그보다 중요치 않은, 사소한

majority
[mədʒɔ́:rəti]

n. 대다수, 대부분

월드컵 경기 응원을 위해 **모조리** 붉은 **티**(셔츠)를 입은 대다수, 대부분

16일

예문 [1] The hotel **offers** a free shuttle bus. 그 호텔은 무료 셔틀버스를 제공한다. [2] My uncle **offered** me a job. 우리 삼촌은 나에게 일자리를 제안하셨다. / Write your name **correctly**. 당신의 이름을 정확하게 써주세요. / There is a **limit** to our abilities to hear. 들을 수 있는 우리의 능력에는 한계가 있다. / A **huge** shark appeared in the sea. 거대한 상어가 바다에 나타났다. / [1] They won in the 400-meter **relay**. 그들은 400미터 계주에서 우승했다. [2] work in **relays** 교대로 작업하다 [3] We are going to **relay** this news soon. 저희는 조만간 이 뉴스를 전달할 예정입니다. / This letter **relates** to business. 이 편지는 업무와 관계있다. / The new dress is too **tight**. 새 드레스가 너무 꽉 낀다. / [1] It will have a **major** influence on us. 그것은 우리에게 주요한 영향을 미칠 것이다. [2] I **majored** in Computer Science. 나는 컴퓨터 공학을 전공했다. / It's only a **minor** problem. 그것은 단지 사소한 문제이다. / The **majority** of comments are in English. 댓글의 대부분이 영어로 되어 있다.

복습문제

□□□ offer
□□□ correctly
□□□ limit
□□□ huge
□□□ relay
□□□ relate
□□□ tight
□□□ major
□□□ minor
□□□ majority

amazing
[əméiziŋ]

a. 놀랄만한, 굉장한

amaze
깜짝 놀라게 하다

차에 깔린 쥐를 보고 "**어매~ 징**그러워!" 하며 놀랄만한, 굉장한

describe
[diskráib]

v. 묘사하다, 서술하다

팔을 한껏 벌려 "어제 공연은 **this**(이렇게) **크**(큰) **라이브** 공연이었어."라고 묘사하다, 서술하다

among
[əmʌ́ŋ]

prep. ~의 사이에, ~간에 서로

이유도 모른 채 사람들 사이에 둘러싸여 축하를 받자 "**어!**" 하고 **멍**한 표정으로 있는

supply
[səplái]

n. 공급 v. 공급하다

"다 **써쁠라이!**(써뿌려라!)" 하고 공급, 공급하다

charge
[tʃɑːrdʒ]

n. ¹ 책임 ² 요금

take charge of
~을 책임지다

사람을 발로 **차지**, 그래서 치료비 요금을 책임지우다

serious
[síəriəs]

a. 심각한, 진지한

seriously
진지하게, 진정으로

이가 **시리었수**(시렸수). 치과에 가야 할 정도로 통증이 심각한

crime
[kraim]

n. 죄, 범죄

criminal
범죄의; 범죄자

crying(울고 있는) 아이를 때린 깡패가 저지른 죄, 범죄

confuse
[kənfjúːz]

v. 혼동하다, 혼란시키다

confusion
혼란, 혼동

큰 퓨즈 중에 어떤 것을 차단할지
confuse
? ?
주방 쪽 내려!
혼동하다, 혼란시키다

두꺼비집의 **큰 퓨즈** 여러 개 중에 어떤 것을 차단해야 할지 혼동하다, 혼란시키다

advantage
[ədvǽntidʒ]

n. 유리한 점, 이점

어두운 곳에서 뱀은 튀지 않아
advantage

먹이를 잡기에 유리한 점, 이점

어두운 곳에서 **뱀**은 **튀지** 않아 먹이를 잡기에 유리한 점, 이점을 갖는다

advance
[ədvǽns]

n. 전진 v. 전진하다, 진보하다

in advance
미리, 사전에

어두운 곳에서 뱀이 스~윽 먹이를 향해
advance

어두운 곳에서 **뱀**이 **스~**윽 먹이를 향해 전진, 전진하다

예문 The art work was **amazing**. 그 예술 작품은 굉장했다. / Can you **describe** it to me? 그것을 내게 설명해주시겠어요? / I found you **among** the crowd. 사람들 틈에서 당신을 찾았어요. / We will **supply** water. 우리는 물을 공급할 것이다. / [1] He took **charge** of the office for a few days. 그는 며칠 동안 사무실을 책임졌다. [2] service **charge** 서비스 요금 / Why do you look so **serious**? 너 왜 그렇게 심각해 보이니? / Korea's **crime** rate is increasing. 한국의 범죄율이 증가하고 있다. / I'm **confused** about many things. 나는 여러 가지로 혼란스러워. / The machine has many **advantages**. 그 기계는 많은 이점이 있다. / an **advanced** country 선진국

복습문제

□□□ amazing	□□□ supply	□□□ crime	□□□ advance
□□□ describe	□□□ charge	□□□ confuse	
□□□ among	□□□ serious	□□□ advantage	

01 1강 단위 복습 05 5강 단위 복습 15 15강 단위 복습 30 30강 단위 복습

다음 단어들의 뜻이 1초 내에 생각나지 않으면 각 강의 단위에 표시를 하고 표시한 단어들을 다시 복습하세요.
(학원이나 학교의 숙제용 주관식 문제는 별도로 p.254~p.268에 있습니다.)

contain	01 05 15 30 30 30	relate	01 05 15 30 30 30
demand	01 05 15 30 30 30	tight	01 05 15 30 30 30
situation	01 05 15 30 30 30	major	01 05 15 30 30 30
property	01 05 15 30 30 30	minor	01 05 15 30 30 30
require	01 05 15 30 30 30	majority	01 05 15 30 30 30
rather	01 05 15 30 30 30	amazing	01 05 15 30 30 30
democracy	01 05 15 30 30 30	describe	01 05 15 30 30 30
lack	01 05 15 30 30 30	among	01 05 15 30 30 30
destruction	01 05 15 30 30 30	supply	01 05 15 30 30 30
destroy	01 05 15 30 30 30	charge	01 05 15 30 30 30
offer	01 05 15 30 30 30	serious	01 05 15 30 30 30
correctly	01 05 15 30 30 30	crime	01 05 15 30 30 30
limit	01 05 15 30 30 30	confuse	01 05 15 30 30 30
huge	01 05 15 30 30 30	advantage	01 05 15 30 30 30
relay	01 05 15 30 30 30	advance	01 05 15 30 30 30

파생어, 숙어 복습

requirement	01 05 15 30 30 30	minority	01 05 15 30 30 30
destructive	01 05 15 30 30 30	amaze	01 05 15 30 30 30
correct	01 05 15 30 30 30	take charge of	01 05 15 30 30 30
limitation	01 05 15 30 30 30	seriously	01 05 15 30 30 30
relation	01 05 15 30 30 30	criminal	01 05 15 30 30 30
relationship	01 05 15 30 30 30	confusion	01 05 15 30 30 30
relative	01 05 15 30 30 30	in advance	01 05 15 30 30 30

경쌤's TIP

다시 한 번 강조할게요!

15강 경쌤에서 얘기했던 1강~15강 전체 단어 복습을 하지 않은 학생들은
반드시! 1강~15강 전체 단어 복습을 하세요!!!

지금까지 공부해온 단어를 누적복습 없이 지나가면 나중에 복습시간이 2배 이상 걸릴 수도 있으니
경쌤에서 복습하라고 할 때 꼭 해야 합니다.

comfort n. 편안, 안락
[kʌ́mfərt]

comfortable
안락한
(-able: 형용사형 어미)

파도에 흔들리는 작은 보트보다 **큰 보트**가 더 편안, 안락

recently ad. 최근에, 요즘에
[ríːsntli]

recent
최근의, 근래의

예전엔 뽕짝을 들었지만 최근에, 요즘에는 아이돌 그룹의 댄스곡과 같이 listen(듣는) 것이 **틀리**다

physical a. 육체의, 물질적인, 물리적인
[fízikəl]

physics
물리학

기지개를 **피지**, **클**려고, 즉 육체의 크기가 크려고. **육체**는 정신과 달리 물질적인, 물리적인 것

vote n. 투표 v. 투표하다
[vout]

voter
투표자
(-er: ~사람, ~것)

배가 가라앉으려고 할 때 누가 먼저 구명**보트**를 타고 탈출할지를 투표, 투표하다

mention v. 언급하다, 말하다
[ménʃən]

답답하게 가만있지 말고 헤이! **맨, 시원**하게 말 좀 해봐. 즉, 언급하다, 말하다

population n. 인구, 주민
[㊉pàpjuléiʃən]
[㊕pɔ̀pjuléiʃən]

서울대 합격한 자식 때문에 마을 모든 인구, 주민에게 **밥을 내이션**.

individual
a. 개개의, 개인의 n. 개인

[ìndivídʒuəl]

individually
개인적으로

인디언이 얼굴에 칠한 페인팅 **비주얼**이 개개의, 개인의 취향에 따라 다르다

determine
v. 결심하다, 결정하다

[ditə́ːrmin]

determination
결심, 결정

반장 후보로 나가라고 친구들이 **뒤 떠민**(뒤 떠밀다), 그래서 나가기로 결심하다, 결정하다

pocket
n. 주머니

[㉤pάkit]
[㉧pɔ́kit]

포켓 몬스터란 주머니에 넣어 다닐 정도로 작은 괴물

monster
n. 괴물, 도깨비

[㉤mάnstər]
[㉧mɔ́nstər]

포켓 **몬스터**란 주머니에 넣어 다닐 정도로 작은 괴물

예문 He lived in **comfort** for the rest of his life. 그는 여생을 안락하게 보냈다. / I have been busy **recently**. 나 요즘 바빴어. / More people care about **physical** fitness. 더 많은 사람들이 육체적 건강에 신경을 쓴다. / I don't have the right to **vote**. 나는 투표할 권리가 없다. / Please **mention** my name to him. 그에게 제 이름을 언급해주세요. / The **population** of China is rapidly growing. 중국의 인구가 급속히 늘고 있다. / We took our **individual** photos. 우리는 개인 사진을 촬영했다. / They **determined** to go to Italy. 그들은 이탈리아에 가기로 결정했다. / The keys are in my jacket **pocket**. 열쇠는 내 재킷 주머니에 있다. / a **monster** with three heads 머리가 셋 달린 괴물

복습문제

□□□ comfort	□□□ vote	□□□ individual	□□□ monster
□□□ recently	□□□ mention	□□□ determine	
□□□ physical	□□□ population	□□□ pocket	

17

detail

[ditéil]

n. 세부사항
v. 상세히 설명하다

선생님이 공룡의 **뒤 tail**(꼬리) 부분의 세부사항까지 상세히 설명하다

effective

[iféktiv]

a. 효과적인, 효력 있는

effect
효과, 영향

effectively
효과적으로

have an effect on
~에 영향을 미치다

이 얼굴 **팩**이 **TV** 광고로 매출이 많이 늘었다, 즉 TV 광고가 효과적인, 효력 있는

responsibility

[㊀rispɑ̀nsəbíləti]
[㊁rispɔ̀nsəbíləti]

n. 책임, 의무

responsible
책임이 있는

be responsible for
~에 대한 책임이 있다

니 스폰서가 빌러티(빌었지)
responsibility
다 제 책임입니다
스폰서
스폰서의 책임

니 스폰서가 **빌러티**(빌었지), 즉 그 스폰서의 책임

local

[lóukəl]

a. 지역의, 지방의

서울보다 **low**(아래) 지방에 **call**(전화하다), 즉 지방의, 지역의 사무실에 전화하다

prove

[pru:v]

v. 입증하다, ~으로 판명되다

proof
증명, 증거

문제를 풀어봐서 입증하다
prove

문제를 **풀어봐**서 정답이 0임을 입증하다, 0으로 판명되다

improve

[imprú:v]

v. 향상시키다, 나아지다

improvement
향상, 개선

컴퓨터 im (안에) 나사를 푸르다
improve
메모리1
메모리2
메모리를 첨가하여
향상시키다, 나아지다

컴퓨터 **im**(안에) 나사를 **푸르**다. 메모리칩을 더 넣어 향상시키다, 나아지다

doubt
[daut]

n. 의심 v. 의심하다

doubtful
의심스러운,
미심쩍은

반 친구들이 나를 보고 킥킥대며 **다 웃다**. "왜 다 웃지?" 하며 무슨 꿍꿍이인지 의심, 의심하다

attack
[ətǽk]

n. 공격 v. 공격하다

"**어, 땍!** 이놈!" 하며 할아버지가 도둑을 몽둥이로 공격, 공격하다

consider
[kənsídər]

v. 숙고하다, 고려하다

이 시는 시험에 나올 비중이 **큰 시**니까 **더** 숙고하다, 고려하다

figure
[fígjər]

[1] n. 인물, 모습
[2] n. 숫자, 수치 v. 계산하다

figure out
~을 이해하다,
~을 생각해 내다

심판이 **피겨** 스케이팅의 점수를 매길 때 각 선수의 인물과 연기 모습을 숫자로 계산하다

예문 [1] We checked every **detail**. 우리는 모든 세부사항을 확인했다. [2] a **detailed** explanation 상세한 설명 / The medicine was **effective**. 그 약은 효과가 좋았다. / The leader felt great **responsibility**. 리더는 큰 책임감을 느꼈다. / They went to a **local** marketplace. 그들은 지역 시장에 갔다. / Can you **prove** it? 당신은 그것을 증명할 수 있나요? / I'm trying to **improve** my grammar. 나는 문법 실력을 향상시키기 위해 노력 중이다. / Don't **doubt** yourself. 너 자신을 의심하지 마. / He **attacked** the police officer. 그는 경찰을 공격했다. / I will **consider** your suggestion. 당신의 제안을 고려해 보겠습니다. / [1] a powerful **figure** in Korean politics 한국 정치계의 거물 [2] The **figures** show that youth crime is rising. 이 수치는 청소년 범죄가 증가하고 있다는 것을 보여준다.

복습문제

□□□ detail	□□□ local	□□□ doubt	□□□ figure
□□□ effective	□□□ prove	□□□ attack	
□□□ responsibility	□□□ improve	□□□ consider	

circumstance

n. 환경, 상황

[미sə́:rkəmstæns]
[영sə́:rkəmstəns]

쓸 건 stones(돌들) 밖에 없는 척박한 환경, 상황

refuse

v. 거절하다, 거부하다

[rifjú:z]

refusal
거절, 거부

"**니**(너) 담배 **피우지?**" 하고 담배를 건네자 싫다고 거절하다, 거부하다

politician

n. 정치가

[미pɑ̀litíʃən]
[영pɔ̀litíʃən]

political
정치의
(-cal: 형용사형 어미)

politics
정치, 정치학

정치가는 선거철에 열심히 시민들을 찾아다니며 **발로 뛰셔**

recommend

v. 추천하다, ~을 권하다

[rèkəménd]

recommendation
추천, 권장

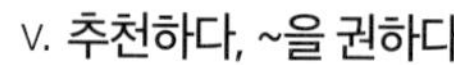

"**내 꺼 맨드**러준(만들어준) 곳이야." 하며 자신의 옷을 멋지게 만들어준 가게를 추천하다, 권하다

impact

n. (강력한) 영향, 충격
v. 영향을 주다

n. [ímpækt]
v. [impǽkt]

머리 **im**(안에) **팩!** 박힐 정도로 (강력한) 영향, 충격

affect

v. ~에 영향을 미치다

[əfékt]

끔직한 교통사고 장면이 **어! 팩!** 하고 머릿속에 박혀 정신적으로 영향을 미치다

ignore
[ignɔ́:r]

v. 무시하다

ignorant
무지한, 무식한

ignorance
무지, 무식

"**이그~ 너** 이것도 몰라?" 하며 무시하다

complex
a.[kəmpléks]
n.[kámpleks]

a. 복잡한 n. 복합체, 종합 빌딩

선생님이 **컴**으로(컴퓨터로) **풀랬수**, 복잡한 문제라서.

complicate
[㊐kámpləkèit]
[㊕kɔ́mpləkèit]

v. 복잡하게 만들다

complicated
복잡한

수학 문제를 엄청 복잡하게 만들다. 그래서 사람은 못 풀고 **컴**으로(컴퓨터로) **풀러**(풀어) **캐**야 한다.

completion
[kəmplí:ʃən]

n. 완성, 완료

complete
완전한; 완성하다

completely
완전히

수학 문제가 **컴**으로(컴퓨터로) **풀리션**(풀리셔). 숙제 완성, 완료

17강

예문 That is wrong under any **circumstances.** 그건 어떠한 상황에서도 옳지 않다. / She **refused** to listen to my advice. 그녀는 나의 충고에 귀기울이는 것을 거부했다. / The **politician** has gained public support. 그 정치가는 대중의 지지를 얻었다. / The clerk **recommended** a new product. 점원이 신상품을 추천했다. / It will have a huge **impact** on economy. 그것은 경제에 큰 영향을 미칠 것이다. / Your decision will **affect** the whole society. 당신의 결정은 사회 전체에 영향을 미칠 것이다. / Don't **ignore** my advice. 나의 충고를 무시하지 마라. / [1] a **complex** problem 복잡한 문제 [2] a leisure **complex** 종합 위락 시설 / Don't **complicate** things. 일을 복잡하게 만들지 마. / The project is near **completion.** 그 프로젝트는 거의 완성되었다.

복습문제

□□□ circumstance	□□□ recommend	□□□ ignore	□□□ completion
□□□ refuse	□□□ impact	□□□ complex	
□□□ politician	□□□ affect	□□□ complicate	

01 1강 단위 복습 05 5강 단위 복습 15 15강 단위 복습 30 30강 단위 복습

다음 단어들의 뜻이 1초 내에 생각나지 않으면 각 강의 단위에 표시를 하고 표시한 단어들을 다시 복습하세요.
(학원이나 학교의 숙제용 주관식 문제는 별도로 p.254~p.268에 있습니다.)

comfort 01 05 15 30 30 30
recently 01 05 15 30 30 30
physical 01 05 15 30 30 30
vote 01 05 15 30 30 30
mention 01 05 15 30 30 30
population 01 05 15 30 30 30
individual 01 05 15 30 30 30
determine 01 05 15 30 30 30
pocket 01 05 15 30 30 30
monster 01 05 15 30 30 30
detail 01 05 15 30 30 30
effective 01 05 15 30 30 30
responsibility 01 05 15 30 30 30
local 01 05 15 30 30 30
prove 01 05 15 30 30 30

improve 01 05 15 30 30 30
doubt 01 05 15 30 30 30
attack 01 05 15 30 30 30
consider 01 05 15 30 30 30
figure 01 05 15 30 30 30
circumstance 01 05 15 30 30 30
refuse 01 05 15 30 30 30
politician 01 05 15 30 30 30
recommend 01 05 15 30 30 30
impact 01 05 15 30 30 30
affect 01 05 15 30 30 30
ignore 01 05 15 30 30 30
complex 01 05 15 30 30 30
complicate 01 05 15 30 30 30
completion 01 05 15 30 30 30

파생어, 숙어 복습

comfortable 01 05 15 30 30 30
recent 01 05 15 30 30 30
physics 01 05 15 30 30 30
voter 01 05 15 30 30 30
individually 01 05 15 30 30 30
determination 01 05 15 30 30 30
effect 01 05 15 30 30 30
effectively 01 05 15 30 30 30
have an effect on 01 05 15 30 30 30
responsible 01 05 15 30 30 30
be responsible for 01 05 15 30 30 30
proof 01 05 15 30 30 30

improvement 01 05 15 30 30 30
doubtful 01 05 15 30 30 30
figure out 01 05 15 30 30 30
refusal 01 05 15 30 30 30
political 01 05 15 30 30 30
politics 01 05 15 30 30 30
recommendation 01 05 15 30 30 30
ignorant 01 05 15 30 30 30
ignorance 01 05 15 30 30 30
complicated 01 05 15 30 30 30
complete 01 05 15 30 30 30
completely 01 05 15 30 30 30

경선식 영단어 생생 학습 후기

1시간에 정말 100단어를 모조리 암기해서 해마학습법의 효과를 알았습니다. 중학 1, 2, 3 과정을 15일 만에 완성했습니다. (김*우)

안녕하세요. 저는 내년에 중학생이 되는 초6입니다. TV 보다가 경선식영단어가 나와서 '1시간 100단어 암기하기'를 체험해보고 1시간에 정말 100단어를 모조리 암기해서 해마학습법의 효과를 알았습니다. 그러고 나서 경선식영단어 중학 과정을 수강 신청해 '경선식영단어 중학 1, 2, 3' 과정을 15일 완성 계획으로 끝냈습니다. 초등학생인 제가 중학교 영단어를 단기간에 그렇게 많이 암기했다는 사실이 정말 믿겨지지 않았습니다. 제겐 생소하고 어려웠던 단어들인데 정말 잘 외워진다고 누구에게도 장담할 수 있습니다. 이것 덕분에 영어 단어에 자신감이 붙기도 했습니다. 요즘에는 들었던 강의를 다시 복습 중인데, 확실히 머릿속에 잘 박혀 있으니 복습 시간이 상당히 짧습니다. 이렇게 좋은 강의를 억지라고, 돈낭비라고 욕하는 이유를 전혀 모르겠습니다. 전혀 돈낭비 아니고, 연상도 억지가 아니라고 저는 생각합니다. 다음에는 경선식영단어 고등학교 과정도 도전해 봐야겠습니다.

cancel [kǽnsəl] v. 취소하다

맥주 한 **캔**의 **술**을 마시고 운전하여 면허를 취소하다

able [éibl] a. ~할 수 있는

ability
능력, 재능
be able to
~할 수 있다

엄마 도움 없이 옷을 혼자서 **애**가 **입을**, 즉 혼자 할 수 있는

several [sévərəl] a. 몇몇의, 몇 사람의

몇몇의 사람이 있는지 **세버럴**(세다)

forgive [fərgív] v. 용서하다 (forgive-forgave-forgiven)

four(4)개의 금덩어리를 **기부**한 죄인을 사또가 용서하다

trousers [tráuzərz] n. 바지

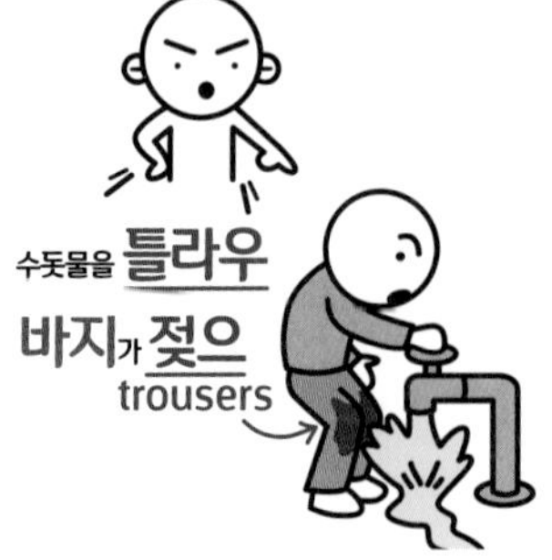

수돗물을 **틀라우!**(틀어라)! 해서 틀었더니 수돗물이 튀어 **젖으**(젖은) 바지

nickname [níknèim] n. 별명, 애칭

닉슨, 닉쿤 등과 같은 이름을 줄여서 "**닉**"이란 name(이름)으로 부르는 별명, 애칭

each
[iːtʃ]

a. 각자의, 각각의

야구 수비수들이 서있는 각자의, 각각의 **위치**

other
[ʌ́ðər]

a. 다른 n. 다른 것

"주인아저씨, **어... 더** 없어요? 이것 말고 다른 거요?"

each other
[iːtʃ ʌ́ðər]

서로

each(각자의) **other**(다른) 상대방끼리, 즉 서로

another
[ənʌ́ðər]

a. 다른 하나의 n. 다른 것

an(하나의) + **other**(다른): 다른 하나의, 다른 것

예문 My boss just **canceled** the meeting. 나의 상사는 방금 회의를 취소했다. / I will be **able** to attend the class. 나는 그 수업에 참석할 수 있을 것이다. / There are **several** food trucks. 푸드트럭이 몇 대 있다. / Please **forgive** me. 제발 나를 용서해줘. / Can you shorten these **trousers**? 이 바지 길이 좀 줄여주실래요? / My **nickname** is Pikachu. 내 별명은 피카츄이다. / **Each** person brought a book. 각자 책 한 권씩을 가져왔다. / We have to live with **other** people. 우리는 다른 사람들과 함께 살아가야만 한다. / They hated **each other**. 그들은 서로를 싫어했다. / Let me bring **another** one. 다른 것 하나를 가져올게요.

복습문제

□□□ cancel	□□□ forgive	□□□ each	□□□ another
□□□ able	□□□ trousers	□□□ other	
□□□ several	□□□ nickname	□□□ each other	

hut
[hʌt]

n. 오두막

피자**헛**(PIZZA HUT)은 피자를 파는 오두막집에서 유래했다.

charm
[tʃɑːrm]

n. 매력

charming
매력적인,
매우 재미있는

참한 것이 그녀의 **매력**
charm

참한 것이 그녀의 매력

pigeon
[pídʒən]

n. 비둘기

평화의 상징 **비둘기**를 날리다

"**피**하자 **전**쟁을!"이라고 외치며 날리는, 평화의 상징 비둘기

punish
[pʌ́niʃ]

v. 처벌하다, 벌하다

punishment
처벌, 형벌

밀수품을 **파니? she**(그녀)가?
punish

처벌하다, 벌하다

밀수품을 **파니? she**(그녀가)? 처벌하다, 벌하다

blame
[bleim]

n. 비난 v. 비난하다

수십 명을 죽인 방화범에게 "**불**(을) **내? 임**마!" 하며 비난, 비난하다

attempt
[ətémpt]

n. 시도 v. 시도하다

서울대를
어! ten(10)번 시도해서 **붙으**(붙어)

10번 **시도, 시도하다**

서울대를 **어! ten**(10)번 시도하여 **붙으**(붙어), 즉 10번 시도, 시도하다

add
[æd]

v. 더하다, 추가하다

addition
합, 추가, 덧셈

additional
추가의

in addition to
~에 더하여

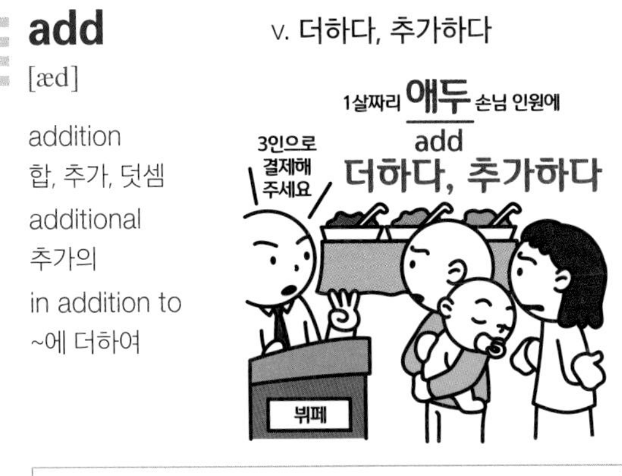

뷔페식당에서 1살짜리 **애두**(애도) 손님 인원에 더하다, 추가하다

purpose
[pə́:rpəs]

n. 목적, 의도

on purpose
고의로

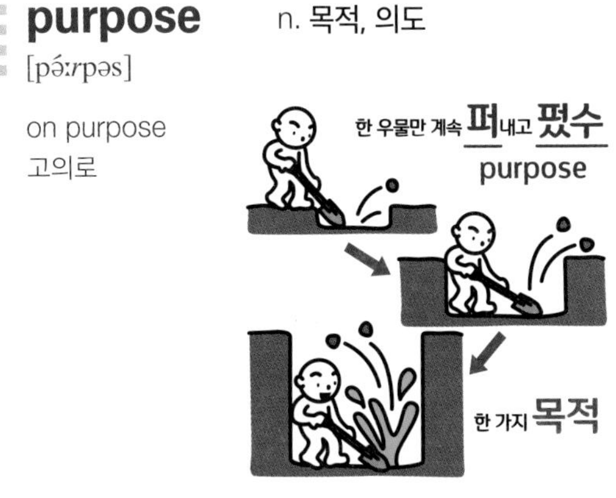

한 우물만 계속 **퍼**내고 **펐수**, 즉 한 가지 목적만을

stupid
[stjú:pid]

a. 어리석은

수학 2편인 **수Ⅱ** 책은 **피두**(펴지도) 못할 정도로 어리석은

election
[ilékʃən]

n. 선거, 선출

elect
선출하다, 선택하다

선거에서 **1**번 후보에 표를 써서 **냈션**(냈어).

예문 They built a **hut** in the woods. 그들은 숲에 오두막을 지었다. / The judges saw his **charm** at the audition. 심사위원들은 오디션에서 그의 매력을 보았다. / Don't feed the **pigeons**. 비둘기에게 먹이를 주지 마세요. / The teacher **punished** me for talking in class. 선생님은 내가 수업 시간에 떠들어서 나에게 벌을 주셨다. / He was **blamed** for his rude behavior. 그는 무례한 행동으로 비난받았다. / They made no **attempt** to escape. 그들은 어떠한 탈출도 시도하지 않았다. / **Add** it to my hotel bill, please. 그걸 숙박비에 포함시켜 놓으세요. / What is the **purpose** of the meeting? 그 회의의 목적이 무엇입니까? / You made a **stupid** mistake again! 네가 또 어리석은 실수를 저질렀구나! / Steve won the **election**. 스티브는 선거에서 승리했다.

복습문제

□□□ hut	□□□ punish	□□□ add	□□□ election
□□□ charm	□□□ blame	□□□ purpose	
□□□ pigeon	□□□ attempt	□□□ stupid	

solution n. 해결, 해답

[səlúːʃən]

solve
풀다, 해결하다

비린내를 없애기 위해 **솔**잎을 **누션**(넣으션), 그것이 해결, 해답

religion n. 종교

[rilídʒən]

religious
종교적인

선교활동을 하며 자신들의 종교를 널리 **늘리젼**(늘리죠).

bull n. 황소

[bul]

뿔 달린 황소

horror n. 공포

[hɔ́ːrər]

horrible
무서운, 끔찍한
(-ible: 형용사형 어미)

공동묘지에 **홀로** 있어서 느끼는 공포

conflict v. 싸우다 n. 싸움, 갈등

v. [kənflíkt]
n. [kɑ́nflikt]

두 마리의 투견을 묶어 놓은 **끈**이 **풀릭트**(풀렸다). 서로 싸우다, 싸움

site n. 위치, 장소

[sait]

인터넷 **사이트**란 온라인상에서 정보를 찾을 수 있는 위치, 장소

sparrow n. 참새
[spǽrou]

숲에로(숲으로) 날아가는 참새

method n. 방법, 수단
[méθəd]

"우리 아이는 **매**를 **써두**(써도) 말을 안 듣고, 어떤 방법, 수단을 써도 말을 안 들어."

ceremony n. 의식, 의례
[㉥sérəmòuni]
[㉧sérəməni]

1. "교회에서 하는 **세례**가 **뭐니?**" 교회의 의식, 의례
2. 축구에서 골 **세러머니**라는 말은 골을 넣고 취하는 의식, 의례

structure n. 구조, 구조물
[strʌ́ktʃər]

수많은 **트럭**들이 엉켜서 서로 **쳐**. 주차장의 복잡한 구조, 구조물 때문에

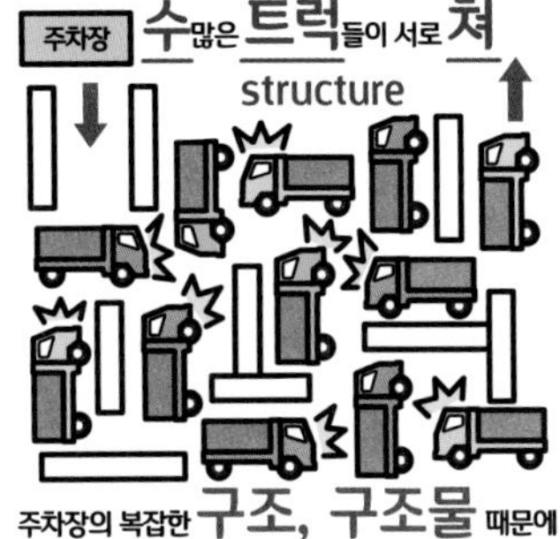

182

예 문 She accepted my **solution**. 그녀는 내 해결책을 받아들였다. / What's your **religion**? 당신의 종교는 무엇입니까? / There is a famous **bull** in New York. 뉴욕에는 유명한 황소가 있다. / I don't like **horror** movies. 나는 공포 영화를 좋아하지 않는다. / I had a **conflict** with my roommate. 나는 룸메이트와 싸웠다. / the **site** of the battle 전투 장소 / The **sparrow** flew upward. 참새가 위로 날아올랐다. / a scientific **method** 과학적 방법 / She was present at the opening **ceremony**. 그녀는 개회식에 참석했다. / the **structure** of a building 건물의 구조

복습문제

□□□ solution
□□□ religion
□□□ bull
□□□ horror
□□□ conflict
□□□ site
□□□ sparrow
□□□ method
□□□ ceremony
□□□ structure

01 1강 단위 복습 05 5강 단위 복습 15 15강 단위 복습 30 30강 단위 복습

다음 단어들의 뜻이 1초 내에 생각나지 않으면 각 강의 단위에 표시를 하고 표시한 단어들을 다시 복습하세요.
(학원이나 학교의 숙제용 주관식 문제는 별도로 p.254~p.268에 있습니다.)

cancel	01 05 15 30 30 30	attempt	01 05 15 30 30 30
able	01 05 15 30 30 30	add	01 05 15 30 30 30
several	01 05 15 30 30 30	purpose	01 05 15 30 30 30
forgive	01 05 15 30 30 30	stupid	01 05 15 30 30 30
trousers	01 05 15 30 30 30	election	01 05 15 30 30 30
nickname	01 05 15 30 30 30	solution	01 05 15 30 30 30
each	01 05 15 30 30 30	religion	01 05 15 30 30 30
other	01 05 15 30 30 30	bull	01 05 15 30 30 30
each other	01 05 15 30 30 30	horror	01 05 15 30 30 30
another	01 05 15 30 30 30	conflict	01 05 15 30 30 30
hut	01 05 15 30 30 30	site	01 05 15 30 30 30
charm	01 05 15 30 30 30	sparrow	01 05 15 30 30 30
pigeon	01 05 15 30 30 30	method	01 05 15 30 30 30
punish	01 05 15 30 30 30	ceremony	01 05 15 30 30 30
blame	01 05 15 30 30 30	structure	01 05 15 30 30 30

파생어, 숙어 복습

ability	01 05 15 30 30 30	in addition to	01 05 15 30 30 30
be able to	01 05 15 30 30 30	on purpose	01 05 15 30 30 30
charming	01 05 15 30 30 30	elect	01 05 15 30 30 30
punishment	01 05 15 30 30 30	solve	01 05 15 30 30 30
addition	01 05 15 30 30 30	religious	01 05 15 30 30 30
additional	01 05 15 30 30 30	horrible	01 05 15 30 30 30

동사의 과거, 과거분사형 복습

forgive ______ — ______ 01 05 15 30 30 30

처음에는 경선식수능영단어 강의의 비교할 수 없는 암기 속도에 놀랐을 겁니다.
하지만 속도보다 더 뛰어난 것이 암기 지속성입니다.

일반적인 암기에 있어서는

그 뜻을 떠올릴 연결고리가 없기 때문에
100단어 완벽 암기에 3~4시간 정도 걸리고
일주일 후 그 100단어를 다시 완벽하게 복습하는 데는 1.5시간 가까이 걸립니다.
다시 한 달 후 그 단어들을 완벽하게 복습하는 데는 1시간 정도는 걸립니다.
3달 후 그 단어들을 완벽하게 복습하는 데는 30분 이상 걸립니다.

경선식 영단어 강의는

발음과 뜻의 강력한 연결고리가 만화의 잔상과 단어 뜻의 느낌과 함께 저장되기 때문에
100단어 완벽 암기에 1시간 정도 걸리고
일주일 후 그 100단어를 다시 완벽하게 복습하는 데는 15분 정도 걸리고
다시 한 달 후 그 단어들을 완벽하게 복습하는 데는 10분 정도 걸립니다.
3달 후 그 단어들을 완벽하게 복습하는 데는 5분 정도 걸립니다.

한 예로 경선식에듀 수강생 이미* 학생은 공무원, 편입, 토플 시험용인 경선식영단어(공편토) 2714개의 표제어를 단 8일 만에 암기하여 무작위 100단어 시험에서 100점을 받았고 40일 후 단지 4시간의 복습만으로도 다시 무작위 100단어 시험에서 100점을 받았습니다.

그 이후 회사에 취직하여 영어 단어를 전혀 복습하지 않았지만

1년 7개월 후의 시험 하루 전날 단지 **8시간의 복습만으로** 다시 그 2714개의 단어 중 무작위 100단어 시험에서 100점을 받았습니다. (학습의욕 고취를 위해 각 시험 바로 전날 100점을 받으면 소정의 장학금 지급을 약속하였고 시험은 경선식에듀 회사로 직접 와서 치렀습니다.)

19강

passenger
[pǽsəndʒər]

n. 승객

비행기나 지하철의 개찰구를 **pass**(통과하는) **er**(사람), 즉 승객

---

railroad
[réilròud]

n. 철도

rail(레일, 철로)가 깔린 **road**(길), 즉 철도

---

below
[bilóu]

ad. 아래에 prep. ~보다 아래에

be(~이다) + **low**(낮은): 낮은 아래에

---

citizen
[sítəzən]

n. 시민, 주민

네티즌은 인터넷을 하는 사람, **씨티즌**은 **city**(도시)에 사는 시민, 주민

---

city hall
[síti hɔ́ːl]

시청

city(시) + **hall**(홀, 회관): 시청

---

international
[ìntərnǽʃənl]

a. 국제간의, 국제적인

inter(between) + **nation**(나라) + **al**(형용사형 어미): 나라들 사이의, 즉 국제간의, 국제적인

---

kingdom
[kíŋdəm]

n. 왕국, 왕토

king(왕) + **dom**(나라를 뜻하는 접미어): 왕이 다스리는 나라, 즉 왕국, 왕토

grade
[greid]

n. 1 등급, 성적 2 학년

upgrade(업그레이드, 향상)이란 up(위로) grade(등급, 성적)을 올린다는 의미

sight
[sait]

n. 1 봄, 보기 2 시야 3 광경

see(보다)의 명사형

sightseeing
[sáitsìːiŋ]

n. 관광

sight(광경) + see(보다) + ing(명사형 어미): 광경을 보는 것, 즉 관광

challenge
[tʃǽlindʒ]

1 v. 도전하다 n. 도전 2 n. 힘든 일, 어려운 일

힘든 일, 어려운 일에 challenge(도전하다)

예문 All **passengers** received masks. 모든 승객들이 마스크를 받았다. / The **railroad** is over 300 miles long. 그 철도는 길이가 300마일이 넘는다. / His height is **below** the average. 그의 키는 평균 이하이다. / The **citizens** collected the garbage. 시민들은 쓰레기를 모았다. / The mayor works at the **city hall**. 시장은 시청에서 일한다. / English is an **international** language. 영어는 국제적인 언어이다. / She is the new princess of the **kingdom**. 그녀가 왕국의 새로운 공주다. / 1 I got a good **grade** in math. 나는 수학 점수를 잘 받았어. 2 Jack and I first met in the 5th **grade**. 나와 잭은 5학년 때 처음 만났다. / 1 I fell in love with her at first **sight**. 난 그녀에게 첫눈에 반했다. 2 Out of **sight**, out of mind. 시야에서 멀어지면, 마음도 멀어진다. 3 They are enjoying the **sights** of Paris. 그들은 파리의 풍경을 즐기고 있다. / They went for **sightseeing** around Seoul. 그들은 서울 주변을 관광했다. / 1 He **challenged** the champion. 그는 챔피언에게 도전했다. 2 It was a big **challenge** for us. 그것은 우리에게 큰 도전(매우 어려운 일)이었다.

복습문제

□□□ passenger
□□□ railroad
□□□ below
□□□ citizen
□□□ city hall
□□□ international
□□□ kingdom
□□□ grade
□□□ sight
□□□ sightseeing
□□□ challenge

past
[pæst]

a. 지난, 과거의

pass(지나간) **two**(2)일 전의, 즉 지난, 과거의

path
[pæθ]

n. 길

pass(통과하여) 지나가는 길

cause
[kɔːz]

n. 원인, 이유 v. 초래하다

(be)**cause**(~ 때문에), 즉 원인, 이유, 초래하다

however
[hauévər]

ad. [1] 그러나 [2] 아무리 ~할지라도

동생인 애를 보라고 하셨어. 그러나 내가 **how**(어떻게) **애**를 **봐?** 아무리 애를 보라고 할지라도 난 애를 못 봐!

angle
[ǽŋgl]

n. 각, 각도

트라이**앵글**은 'tri(3을 뜻하는 접두어) + **angle**(각, 각도)'

beside
[bisáid]

prep. ~와 나란히, ~ 곁에

be(있다) + **side**(옆): 옆에 있다, 즉 나란히, 곁에 있다

besides
[bisáidz]

[1] prep. ~ 외에도 [2] ad. 게다가

be(있다) + **side**(옆) + **s**(복수형 어미): 양 옆, 즉 왼쪽 side(측면) 외에도, 게다가 오른쪽 side도 있다

especially
[ispéʃəli]

ad. 특별히

e(강조) + special(특별한) + ly(부사형 어미): 특별히

center
[séntər]

n. 중심, 핵심

농구에서 **센터**는 중심에서 플레이하는 선수

central
[séntrəl]

a. 중심의, 중앙의

centr(center: 중심) + **al**(형용사형 어미): 중심의, 중앙의

concentration
[㊀kɑ̀nsəntréiʃən]
[㊀kɔ̀nsəntréiʃən]

concentrate
집중하다, 집중시키다

n. 집중

con(함께) **centr**(센터, 중앙)에 모임, 즉 집중

예문 She hasn't eaten for the **past** two days. 그녀는 지난 이틀 동안 밥을 먹지 않았다. / Please follow the **path**. 길을 따라가세요. / [1] **cause** and effect 원인과 결과 [2] The cold weather **caused** the plants to die. 추운 날씨로 식물들이 죽었다. / [1] **However**, I don't agree. 하지만, 저는 동의하지 않아요. [2] **However** cold it is, he always goes jogging. 날씨가 아무리 추워도 그는 항상 조깅하러 간다. / Let's look at this from another **angle**. 이것을 다른 각도에서 보자. / He sat **beside** me at lunch. 그는 점심 먹을 때 내 옆에 앉았다. / [1] Four people went there **besides** me. 나 외에도 네 사람이 거기에 갔다. [2] I don't want to go there. **Besides**, it's too late. 나는 거기에 가고 싶지 않아. 게다가 시간도 너무 늦었어. / I love Vietnamese food, **especially** Pho. 나는 베트남 음식, 특히 쌀국수를 좋아한다. / the **center** of a circle 원의 중심 / We live in **central** London. 우리는 런던 중심부에 산다. / Can you please **concentrate** on the class? 제발 수업에 집중해 주겠니?

복습문제

□□□ past	□□□ however	□□□ besides	□□□ central
□□□ path	□□□ angle	□□□ especially	□□□ concentration
□□□ cause	□□□ beside	□□□ center	

textbook
[tékstbùk]

n. 교과서

테스트(시험) 문제가 출제되는 **book**(책)인 교과서

---

over
[óuvər]

[1] prep. ~ 위에, ~을 넘어, ~ 이상으로 [2] a. 끝이 난

1. '너무 **오버**한다'는 것은 평범한 행동 이상으로, 평범함을 넘어서 행동한다는 것
2. 무전기로 "알았다, **오버**."라고 말할 때 '오버'는 '내 말은 끝났다'란 뜻

---

yet
[jet]

ad. [1] (not과 함께 쓰여) 아직 (~않다) [2] 이미, 벌써

1. **옛**날에 시작했는데 아직도 ~않다
2. **옛**날에 이미 해놨어

---

sometime
[sʌ́mtàim]

ad. 언젠가

some(어떤) **time**(시간)에, 즉 언젠가

---

sometimes
[sʌ́mtàimz]

ad. 때때로

some(어떤) + **time**(시간) + **s**(복수형 어미): 어떤 시간들마다, 즉 때때로

---

somewhere
[sʌ́mhwὲər]

ad. 어딘가에

some(어떤) + **where**(어디에): 어딘가에

anytime
[énitàim]

ad. 언제든지

any(어떤) + **time**(시간): 어떠한 시간에도, 즉 언제든지

---

anyway
[éniwèi]

ad. 어쨌든

any(어떤) + **way**(방법): 어떤 방법을 쓰든, 즉 어쨌든

---

anywhere
[éni*h*wὲər]

ad. 어디에도

any(어떠한) + **where**(어느 곳에): 어떠한 곳에서도, 즉 어디에도

---

not ~ anymore
[nát ènimɔ́ːr]

더 이상 ~않다

not(~않다) + **any**(어떠한) + **more**(더 이상으로): 더 이상 ~않다

예문 Turn your **textbook** to page 11. 교과서 11페이지를 펴세요. / [1] We have to go **over** the mountain. 우리는 산을 넘어가야 해. [2] The game was **over** by 5 o'clock. 그 경기는 5시에 끝났다. / [1] We don't know anything **yet**. 우리는 아직 아무것도 모릅니다. [2] Have you finished your work **yet**? 당신은 일을 벌써 끝냈나요? / Do you want to have a cup of coffee **sometime**? 언제 커피 한 잔 할래요? / My friends and I order pizza **sometimes**. 나와 내 친구들은 때때로 피자를 시켜먹는다. / There is a treasure **somewhere**. 어딘가에 보물이 있다. / Call me **anytime**. 언제든지 전화해. / Let's try **anyway**. 어쨌든 시도는 해보자. / I can't find my wallet **anywhere**. 제 지갑을 어디에서도 찾을 수가 없어요. / I don't love you **anymore**. 더 이상 널 사랑하지 않아.

복습문제

□□□ textbook
□□□ over
□□□ yet
□□□ sometime
□□□ sometimes
□□□ somewhere
□□□ anytime
□□□ anyway
□□□ anywhere
□□□ not ~ anymore

01 1강 단위 복습 05 5강 단위 복습 15 15강 단위 복습 30 30강 단위 복습

다음 단어들의 뜻이 1초 내에 생각나지 않으면 각 강의 단위에 표시를 하고 표시한 단어들을 다시 복습하세요.
(학원이나 학교의 숙제용 주관식 문제는 별도로 p.254~p.268에 있습니다.)

passenger	01 05 15 30 30 30
railroad	01 05 15 30 30 30
below	01 05 15 30 30 30
citizen	01 05 15 30 30 30
city hall	01 05 15 30 30 30
international	01 05 15 30 30 30
kingdom	01 05 15 30 30 30
grade	01 05 15 30 30 30
sight	01 05 15 30 30 30
sightseeing	01 05 15 30 30 30
challenge	01 05 15 30 30 30
past	01 05 15 30 30 30
path	01 05 15 30 30 30
cause	01 05 15 30 30 30
however	01 05 15 30 30 30
angle	01 05 15 30 30 30
beside	01 05 15 30 30 30
besides	01 05 15 30 30 30
especially	01 05 15 30 30 30
center	01 05 15 30 30 30
central	01 05 15 30 30 30
concentration	01 05 15 30 30 30
textbook	01 05 15 30 30 30
over	01 05 15 30 30 30
yet	01 05 15 30 30 30
sometime	01 05 15 30 30 30
sometimes	01 05 15 30 30 30
somewhere	01 05 15 30 30 30
anytime	01 05 15 30 30 30
anyway	01 05 15 30 30 30
anywhere	01 05 15 30 30 30
not ~ anymore	01 05 15 30 30 30

파생어, 숙어 복습

concentrate	01 05 15 30 30 30

경선식에듀 1:1 Online-Care 수강생 후기

영덕중학교 2학년 김*영 수강생 — 하루 2시간 주 4일 학습 및 관리

4개월 만에 고2전국모의고사 45점 → 95점

입반 테스트	고2모의고사 45점
▶ 4개월 만에	고2모의고사 95점 (50점 향상)

고등학교 2학년 모의고사에서 45점을 받았었는데 4달 만에 95점을 받았습니다.

이전에 대형어학원을 다녀보기도 했지만 경선식에듀에서 학습한 것만큼 이렇게 단기간에 성적을 올려보지 못했습니다. 오히려 대형학원에서 훨씬 많은 영어공부를 했음에도 좋은 성적을 거두지 못해 영어라는 과목이 힘들었는데 단어 학습부터 차근차근 학습하면서 단기간에 놀라운 성적 향상을 이뤄낼 수 있었습니다.

경선식영단어는 빨리 암기되기도 하지만 놀라울 정도로 오래 기억되어 훨씬 영어가 재미있어졌습니다.

어학원에서는 패턴 위주의 문법문제를 풀다보니 개념을 이해하기 힘들었고 심지어 문제를 풀고 나면 그 단원을 잊어버리기 일수였는데, 경선식영문법은 개념부터 쉽게 이해할 수 있도록 설명해주시고 독해에 적용하는 방법까지 가르쳐주셔서 저도 모르게 독해 기초실력까지 향상되는 것을 느꼈습니다.

그리고 제가 가장 어려웠던 것이 독해였는데 문법강의를 통해 기본적인 문장 해석 연습이 되었고 독해강의를 들으면서 문장구조를 이해할 수 있게 되었습니다. 그리고 유형별풀이비법을 통해 시간을 단축시킬 수 있었을 뿐만 아니라 정확성도 높일 수 있었습니다.

20강 일상 생활용어로 자주 쓰이는 단어들 (1)

merry [méri] a. 즐거운

메리 크리스마스(**Merry** Christmas!)란 merry(즐거운) 크리스마스라는 의미

crab [kræb] n. 게

킹**크랩**(king **crab**)은 왕게

tie [tai] v. 묶다 n. 묶는 끈

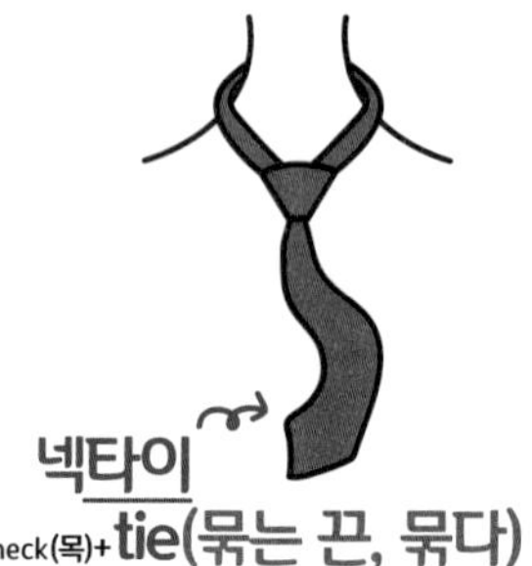

넥**타이**(necktie)는 neck(목)에 **tie**(묶는 끈, 묶다)

heat [hiːt] n. 열 v. 가열하다

히터(heater)는 '**heat**(열, 가열하다) + er(~것)'

castle [kǽsl] n. 성

롯데**캐슬** 아파트는 성 같은 아파트

contact [㉠kántækt] [㉢kɔ́ntækt] n. 접촉, 연락 v. 접촉하다, 연락하다

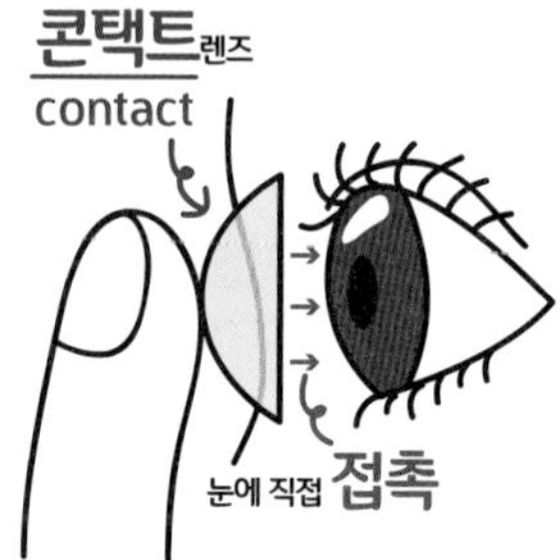

콘택트렌즈란 눈에 직접 접촉하는 렌즈

shuttle [ʃʌ́tl]
a. 왕복의 n. 왕복 운행

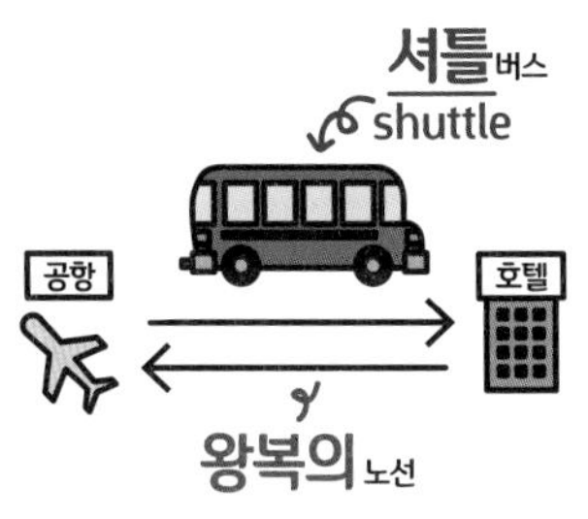

셔틀버스는 두 장소를 왕복 운행을 하는 왕복의 버스

heel [hiːl]
n. 뒤꿈치, 뒤축

하이**힐**은 high(높은) **heel**(뒤꿈치)를 가진 구두

cart [kɑːrt]
n. 손수레

대형마트에 있는 **카트**는 손수레

boil [bɔil]
v. 끓이다

보일러(boiler)는 물을 끓여서 방을 따뜻하게 하는 것으로 '**boil**(끓이다) + er(~것)'

예문 I wish you a **Merry** Christmas! 즐거운 크리스마스가 되길 소망합니다! / Singapore is famous for **crabs**. 싱가포르는 게로 유명하다. / **Tie** your shoe laces first. 신발끈을 먼저 묶으세요. / Tom **heated** the food in the microwave. 톰은 전자레인지에 음식을 데웠다. / The prince lives in a **castle**. 왕자는 성에 산다. / He lost **contact** with his friends. 그는 친구들과 연락이 끊겼다. / There are 3 **shuttle** buses a day. 하루에 3대의 셔틀버스가 운행된다. / She hurt her **heels** from her new shoes. 그녀는 새 신발에 발뒤꿈치를 다쳤다. / We need a **cart** to move these boxes. 우리는 이 상자들을 옮길 손수레가 필요하다. / Could you **boil** water for me? 물 좀 끓여 주시겠어요?

복습문제

□□□ merry	□□□ heat	□□□ shuttle	□□□ boil
□□□ crab	□□□ castle	□□□ heel	
□□□ tie	□□□ contact	□□□ cart	

cube [kju:b] n. 정육면체

색깔을 맞추는 **큐브**는 정육면체

roll [roul] v. 회전하다

롤러스케이트(**roll**er skate), 롤러코스터(**roll**er coaster)의 바퀴가 회전하다

meat [mi:t] n. 고기

미트볼은 **meat**(고기)를 갈아서 ball(공)처럼 둥글게 만든 것

career [kəríər] n. 직업, (직업상의) 경력

커리어 우먼이란 직업의 경력을 갖고 있는 여성

mirror [mírər] n. 거울

자동차 백**미러**(back **mirror**)란 뒤를 보기 위한 거울

similar [símələr] a. 같은, 유사한

similarly
유사하게, 비슷하게
similarity
유사성

"에이 **씨! mirror**(거울)에 나와 같은, 유사한 것이 있네!"

sand
[sænd]

n. 모래

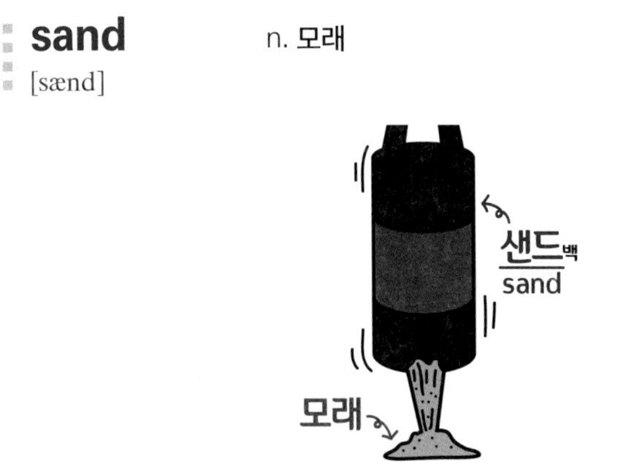

샌드백은 '**sand**(모래) + bag(가방)'

palace
[pǽlis]

n. 궁전

타워**팰리스** 아파트는 궁전같이 으리으리한 아파트

fair
[fɛər]

a. 공정한, 공평한

unfair
불공정한, 부당한,
불공평한
(un-: ~이 아닌)

페어플레이란 공정한, 공평한 플레이

wrap
[ræp]

v. 싸다, 포장하다 n. 싸개

배달음식을 투명 비닐**랩**으로 싸다, 포장하다

예문 A **cube** has six sides. 정육면체는 여섯 개의 면을 갖고 있다. / The dog **rolled** on the grass. 개가 풀밭 위에서 뒹굴었다. / Let's buy some **meat** for camping. 캠핑용 고기를 좀 사자. / 1 a **career** woman 직업여성 2 She has a great **career**. 그녀는 대단한 경력을 가지고 있다. / Snow White had a magic **mirror**. 백설공주는 마법의 거울을 가지고 있었다. / We have **similar** tastes in music. 우리는 음악에 대한 취향이 비슷하다. / We played volleyball on the **sand**. 우리는 모래 위에서 배구를 했다. / Elsa lives in an ice **palace**. 엘사는 얼음 궁전에 산다. / The judge was not **fair**. 그 판사는 공정하지 못했다. / The doctor **wrapped** his leg in a bandage. 의사가 그의 다리를 붕대로 감았다.

복습문제

□□□ cube
□□□ roll
□□□ meat
□□□ career
□□□ mirror
□□□ similar
□□□ sand
□□□ palace
□□□ fair
□□□ wrap

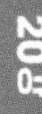

talent n. 재주, 재능 있는 사람
[tǽlənt]

탤런트는 연기, 노래 등 재주, 재능 있는 사람

march n. 행진
[mɑːrtʃ]

웨딩 **마치**(wedding **march**)란 신랑신부가 결혼식 끝에 하는 행진

cheer n. 격려, 응원, 환호
[tʃiər]

cheerful
발랄한, 쾌활한

치어리더는 '**cheer**(격려, 응원) + leader(리더, 지도자)'

propose v. 제안하다, 청혼하다
[prəpóuz]

proposal
제안, 청혼

프로포즈를 하면서 결혼을 제안하다, 청혼하다

receive v. 받다
[risíːv]

배구에서 써브 **리시브**로 공을 받다

extra a. 여분의 ad. 여분으로
[ékstrə]

엑스트라 배우는 주인공이 아니라 여분으로 출연시킨 사람

guard [gɑːrd] v. 지키다 n. 경비원

보디**가드**란 'body(몸) + **guard**(지키다)'

sail [seil] v. 항해하다

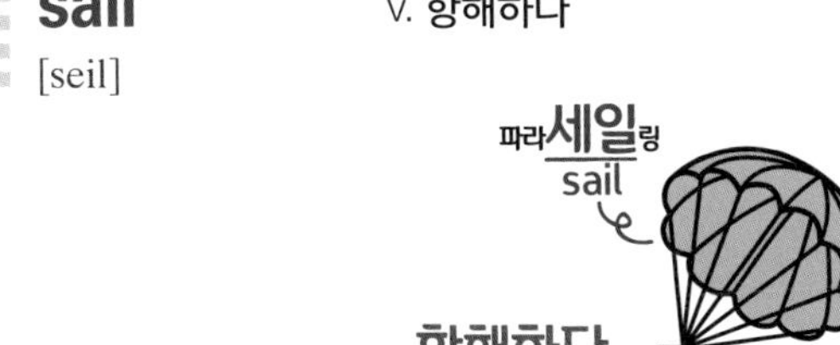

파라세일링, 요트 세일링에서 **세일**링(sailing)이란 항해하는 것

handle [hǽndl] [1] n. 손잡이 [2] v. 다루다, 처리하다

자동차 손잡이인 **핸들**을 돌리며 자동차를 다루다, 처리하다

adventure [ədvéntʃər] n. 모험

롯데월드 **어드벤처**란 무서운 놀이기구로 즐기는 모험

예문 The actress has many **talents**. 그 여배우는 재능이 많다. / We saw a **march** at a festival. 우리는 축제에서 행진을 보았다. / The fans sent **cheers** to the artist. 팬들은 그 아티스트에게 환호를 보냈다. / He **proposed** an interesting new idea. 그는 흥미로운 새 아이디어를 제안했다. / Did you **receive** your fax yesterday? 너 어제 팩스 받았니? / I brought an **extra** tent for the children. 나는 아이들을 위해 여분의 텐트를 가져왔다. / The **guard** protected the president. 경호원이 사장을 보호했다. / Captain Hook **sailed** through the ocean. 후크 선장은 바다를 항해했다. / [1] Hold the **handle**. 손잡이를 잡으세요. [2] I can't **handle** the situation. 나는 그 상황을 처리할 수 없다. / Let's go on an **adventure**. 모험을 떠나자.

복습문제

□□□ talent	□□□ propose	□□□ guard	□□□ adventure
□□□ march	□□□ receive	□□□ sail	
□□□ cheer	□□□ extra	□□□ handle	

01 1강 단위 복습 05 5강 단위 복습 15 15강 단위 복습 30 30강 단위 복습

다음 단어들의 뜻이 1초 내에 생각나지 않으면 각 강의 단위에 표시를 하고 표시한 단어들을 다시 복습하세요.
(학원이나 학교의 숙제용 주관식 문제는 별도로 p.254~p.268에 있습니다.)

merry 01 05 15 30 30 30
crab 01 05 15 30 30 30
tie 01 05 15 30 30 30
heat 01 05 15 30 30 30
castle 01 05 15 30 30 30
contact 01 05 15 30 30 30
shuttle 01 05 15 30 30 30
heel 01 05 15 30 30 30
cart 01 05 15 30 30 30
boil 01 05 15 30 30 30
cube 01 05 15 30 30 30
roll 01 05 15 30 30 30
meat 01 05 15 30 30 30
career 01 05 15 30 30 30
mirror 01 05 15 30 30 30
similar 01 05 15 30 30 30
sand 01 05 15 30 30 30
palace 01 05 15 30 30 30
fair 01 05 15 30 30 30
wrap 01 05 15 30 30 30
talent 01 05 15 30 30 30
march 01 05 15 30 30 30
cheer 01 05 15 30 30 30
propose 01 05 15 30 30 30
receive 01 05 15 30 30 30
extra 01 05 15 30 30 30
guard 01 05 15 30 30 30
sail 01 05 15 30 30 30
handle 01 05 15 30 30 30
adventure 01 05 15 30 30 30

파생어, 숙어 복습

similarly 01 05 15 30 30 30
similarity 01 05 15 30 30 30
unfair 01 05 15 30 30 30
cheerful 01 05 15 30 30 30
proposal 01 05 15 30 30 30

경쌤's TIP

축하합니다. 여러분은 20강까지 완성하였습니다.

1 먼저 6강~15강의 5강 단위 복습에 표시했었던 단어들을 복습하세요.

2 그런 다음 16강부터 20강까지 "전체 단어"를 복습하세요.

- 16강의 복습문제 단어 옆의 5강 단위 네모 표시 란에 1초 내에 바로 생각나지 않는 단어들을 표시하고 그것들 위주로 완벽하게 복습한 후 17강, 18강, 19강, 20강을 같은 방식으로 복습합니다.

3 그런 다음 마지막으로 16강~20강의 위 2번에서 5강 단위 네모 표시 란에 표시한 단어들을 다시 한 번 복습하도록 하세요.

복습을 미루는 시간에 비례하여 복습시간이 늘어난다는 점 명심하세요!!!

burn
[bəːrn]

v. 불태우다, 타다
(burn-burned[burnt]-burned[burnt])

가스**버너**는 'burn(불태우다, 타다) + er(~것)'

wheel
[*h*wiːl]

n. [1] 바퀴 [2] (자동차의) 핸들

1. 휠체어(**wheel**chair)란 바퀴 달린 의자
2. **바퀴**모양의 자동차 핸들

alarm
[əláːrm]

n. 경보, 불안 v. 불안하게 하다

alarming
걱정스러운, 두려운

알람시계가 일어나라고 경보를 울려 불안하게 하다

assist
[əsíst]

v. 돕다

assistant
조수; 보조의
(-ant: ~사람 or 형용사형 어미)

축구에서 **어시스트**로 슛을 넣는 것을 돕다

law
[lɔː]

n. 법, 법률

로스쿨이란 **law**(법, 법률)을 배우는 학교

lawyer
[lɔ́ːjər]

n. 변호사, 법률가

law(법, 법률) + **er**(~하는 사람): 변호사, 법률가

dump
[dʌmp]

v. (쓰레기 따위를) 내버리다

덤프트럭
dump truck

덤프트럭(dump truck)에 실은 쓰레기를 내버리다

fin
[fin]

n. 지느러미

샥스핀
shark's fin
상어 지느러미

샥스핀이란 shark(상어)의 fin(지느러미)로 만든 요리

raft
[㊀ræft]
[㊂rɑːft]

n. 뗏목, 고무보트

래프팅(rafting)
raft

래프팅(rafting)은 뗏목이나 고무보트로 강의 급류를 타는 레포츠

fusion
[fjúːʒən]

n. 융합, 결합

퓨전 요리, 퓨전 음악에서 퓨전이란 동양과 서양 등 여러 것들의 융합, 결합

예문 The soldiers **burned** the bridge. 군인들이 다리를 불태웠다. / A car has 4 **wheels**. 자동차는 4개의 바퀴를 갖고 있다. / I didn't mean to **alarm** you. 너를 불안하게 하려던 건 아니었어. / **assist** in a research 연구를 돕다 / We have to follow the **law**. 우리는 법을 따라야 한다. / My girlfriend is a **lawyer**. 내 여자친구는 변호사이다. / Please **dump** out the trash. 쓰레기를 내다버려 주세요. / The fish had only one **fin**. 그 물고기는 지느러미가 하나밖에 없었다. / The passengers escaped with a **raft**. 승객들은 뗏목을 타고 탈출했다. / The chef invented a **fusion** dish. 그 요리사는 퓨전 요리를 발명했다.

복습문제

□□□ burn	□□□ assist	□□□ dump	□□□ fusion
□□□ wheel	□□□ law	□□□ fin	
□□□ alarm	□□□ lawyer	□□□ raft	

mall
[mɔːl]

n. 쇼핑센터

쇼핑**몰**이란 shopping을 하는 **mall**(쇼핑센터)

main
[mein]

mainly 주로, 대개

a. 주요한, 주된

메인 요리, 올림픽 **메인** 스타디움 등에서 **메인**이란 '주된, 주요한'이라는 뜻

gift
[gift]

n. [1] 선물 [2] 타고난 재능

1. **기프트**숍, **기프트**콘 등에서 **기프트**는 선물
2. 태어날 때부터 하늘이 주신 **gift**(선물), 즉 타고난 재능

elegance
[éligəns]

elegant 우아한, 품위 있는

n. 우아함, 품위

1. **엘레강스**하다고 흔히 쓰는 말, 즉 우아함, 품위
2. **엘리**(자베스) 여왕이 검은 망사 두**건**을 **쓰**고 있는 우아함, 품위

genre
[ʒáːnrə]

n. 장르, 유형

흔히 우리가 말하는 **장르**는 유형

diet
[dáiət]

n. [1] 음식, 식사 [2] 다이어트

다이어트를 위해 음식, 식사를 줄이다

update
[ʌpdéit]

n. 갱신 v. 최신의 것으로 하다

컴퓨터 프로그램을 **업데이트**하여 갱신, 최신의 것으로 하다

random
[rǽndəm]

a. 무작위의, 닥치는 대로 하는

랜덤으로 한다는 것은 무작위의, 닥치는 대로 하는 방식을 말함

nail
[neil]

n. [1] 손톱 [2] 못

네일아트(nail art)란 손톱에 그리는 예술

steel
[stiːl]

n. 강철

1. 포항제철 축구팀인 포항스틸러스(steelers)에서 **스틸**은 강철
2. 칼을 만들기 위해 망치로 달군 강철을 쳐서 불꽃이 **슥 틸**(튀다)

post
[poust]

post office 우체국
postcard 우편엽서

[1] n. 기둥 [2] n. 우편, 우편물 v. (우편물을) 발송하다

축구에서 골포스트(goal **post**)는 골대의 기둥

delivery
[dilívəri]

deliver 배달하다, 넘겨주다

n. 배달

맥도날드 딜리버리에서 **딜리버리**는 배달

예 문 Let's go to the **mall**. 우리 쇼핑몰에 가자. / This is the **main** road into the city. 이것은 시내로 들어가는 주도로이다. / [1] Mom bought me a birthday **gift**. 엄마가 나에게 생일선물을 사주셨다. [2] He has a **gift** for painting. 그는 그림에 천부적인 재능이 있다. / The old lady dresses with **elegance**. 그 노부인은 옷을 우아하게 차려입는다. / My favorite movie **genre** is comedy. 내가 가장 좋아하는 영화 장르는 코미디이다. / A poor **diet** will lead to illness. 열악한 음식 섭취는 질병의 원인이 된다. [2] I'm on a **diet**. 나는 다이어트 중이다. / Maps need regular **updates**. 지도는 정기적인 갱신이 필요하다. / in a **random** order 무작위순으로 / [1] Don't bite your **nails**. 손톱을 물어뜯지 마세요. [2] He hammered the **nails** into the board. 그는 널빤지에 못을 박았다. / The house had a **steel** door. 그 집에는 강철 문이 있었다. / [1] Turn left at that grey **post**. 저 회색 기둥에서 좌회전하세요. [2] Maria **posted** Christmas gifts to an orphanage. 마리아는 고아원에 크리스마스 선물을 부쳤다. / We ordered a **delivery** food. 우리는 배달음식을 주문했다.

복습문제

□□□ mall	□□□ elegance	□□□ update	□□□ steel
□□□ main	□□□ genre	□□□ random	□□□ post
□□□ gift	□□□ diet	□□□ nail	□□□ delivery

tough
[tʌf]

a. [1] (행동·일 등이) 거친, 강인한 [2] 힘든

1. **터프**가이, 즉 **터프**한 사람은 행동이 거친, 강인한
2. 일이 **tough**(거친)하다면 그 일은 힘든

---

mobile
[미 móubəl]
[영 móubail]

mobility 이동성, 기동력

a. 가지고 이동할 수 있는

모바일게임이란 스마트폰 등으로 가지고 이동할 수 있는 게임

---

automobile
[ɔ́:təməbì:l]

n. 자동차

auto(self) + **mobile**(이동식의): 스스로 이동하는 자동차

---

selfish
[sélfiʃ]

a. 이기적인

self(자기 자신) + **ish**(형용사형 어미): 이기적인

---

mat
[mæt]

n. 매트, 돗자리

mattress(매트리스)와 관련지어 암기

---

clay
[klei]

n. 찰흙, 점토

클레이사격이란 찰흙으로 만든 표적을 맞춰서 깨는 사격

luxury
[lʌ́kʃəri]

n. 호화로움, 사치, 사치품

럭셔리한 집에서 산다는 것은 호화로운, 사치스러운 집에서 산다는 것

wellbeing
[welbíːiŋ]

n. 행복, 안녕, 복지

well(잘) + **being**(존재): 잘 존재하는 것, 즉 행복, 안녕, 복지

incentive
[inséntiv]

n. 장려금, 동기

회사에서 **인센티브**를 준다는 것은 장려금으로 일할 동기를 제공하는 것

media
[míːdiə]

n. (신문·TV 등의) 매체

뉴스 **미디어**란 뉴스를 전해주는 신문, TV 등의 매체

예문 [1] He wants to be a **tough** guy. 그는 강인한 사람이 되고 싶어 한다. [2] Climbing Mt. Halla is **tough**. 한라산을 오르는 것은 힘들다. / The music band lives in a **mobile** house. 그 음악 밴드는 이동식 주택에 산다. / Hyundai is a big **automobile** company. 현대는 큰 자동차 회사이다. / You are being **selfish** now. 너는 지금 이기적으로 굴고 있어. / Jake is spreading a **mat** on the grass. 제이크는 잔디 위에 돗자리를 깔고 있다. / They form the **clay** into figures of animals. 그들은 찰흙으로 동물들의 형상을 만든다. / a **luxury** item 사치품 / for everyone's **wellbeing** 모두의 행복을 위해서 / The promotion comes with an **incentive**. 그 승진에는 장려금이 따라온다. / The media plays an important role in society. 미디어는 사회에서 중요한 역할을 한다.

복습문제

□□□ tough
□□□ mobile
□□□ automobile
□□□ selfish
□□□ mat
□□□ clay
□□□ luxury
□□□ wellbeing
□□□ incentive
□□□ media

01 1강 단위 복습 05 5강 단위 복습 15 15강 단위 복습 30 30강 단위 복습

다음 단어들의 뜻이 1초 내에 생각나지 않으면 각 강의 단위에 표시를 하고 표시한 단어들을 다시 복습하세요.
(학원이나 학교의 숙제용 주관식 문제는 별도로 p.254~p.268에 있습니다.)

burn	01 05 15 30 30 30	update	01 05 15 30 30 30
wheel	01 05 15 30 30 30	random	01 05 15 30 30 30
alarm	01 05 15 30 30 30	nail	01 05 15 30 30 30
assist	01 05 15 30 30 30	steel	01 05 15 30 30 30
law	01 05 15 30 30 30	post	01 05 15 30 30 30
lawyer	01 05 15 30 30 30	delivery	01 05 15 30 30 30
dump	01 05 15 30 30 30	tough	01 05 15 30 30 30
fin	01 05 15 30 30 30	mobile	01 05 15 30 30 30
raft	01 05 15 30 30 30	automobile	01 05 15 30 30 30
fusion	01 05 15 30 30 30	selfish	01 05 15 30 30 30
mall	01 05 15 30 30 30	mat	01 05 15 30 30 30
main	01 05 15 30 30 30	clay	01 05 15 30 30 30
gift	01 05 15 30 30 30	luxury	01 05 15 30 30 30
elegance	01 05 15 30 30 30	wellbeing	01 05 15 30 30 30
genre	01 05 15 30 30 30	incentive	01 05 15 30 30 30
diet	01 05 15 30 30 30	media	01 05 15 30 30 30

파생어, 숙어 복습

alarming	01 05 15 30 30 30	post office	01 05 15 30 30 30
assistant	01 05 15 30 30 30	postcard	01 05 15 30 30 30
mainly	01 05 15 30 30 30	deliver	01 05 15 30 30 30
elegant	01 05 15 30 30 30	mobility	01 05 15 30 30 30

동사의 과거, 과거분사형 복습

burn ______ – ______ 01 05 15 30 30 30

경선식 영단어 생생 학습 후기

2,700개를 8일 만에 실제로 제가 해보니 진실로 믿겨지더군요. 시간이 정말 엄청나게 절약됩니다. (이*수)

외워도 외워도 계속 잊혀지는 어휘에 제 자신이 한심스럽고 자괴감이 들었습니다. 그러다 경선식 영단어를 보게 되었습니다. 책 전체 단어를 초단기 장학생들은 열흘이면 끝낸다고 하길래 저도 미친 척하고 하루에 10챕터를 수강해봤습니다. 정말 외워지는 게 맞더군요. 2,700개를 8일 만에 외운다는 게 말로만 들었을 때는 불가능하게 여겨졌지만, 실제로 제가 해보니 진실로 믿겨지더군요. 매일 다시 반복해서 보니 뜻을 떠올리는 시간이 점점 단축되어서 결국엔 단어를 보자마자 바로 뜻이 떠오르게 됩니다. 가장 좋은 점은 굳이 손에 연필을 쥐고 쓰면서 외우지 않아도 단어를 읽으면 자동으로 뜻이 떠오른다는 점이었습니다. 그냥 발음하면서 읽으면 자동으로 해당 뜻이 떠오르는 게 너무 신기합니다. 발음을 손상시키지 않고 외울 수 있어서인 것 같습니다. 시간 절약한 것을 생각하면 정말 돈이 아깝지 않고 이렇게 좋은 강의는 주변에 널리 알려졌으면 좋겠습니다.

22강 일상 생활용어로 자주 쓰이는 단어들 (3)

veteran
[vétərən]

n. 노련가, 참전 용사

베테랑이란 경험이 많은 노련가, 그리고 전투에 **베테랑**인 참전 용사

remodel
[rimádəl]

v. 개조하다

집을 **리모델**링하여 개조하다

dealer
[dí:lər]

deal 다루다, 거래하다
(deal-dealt-dealt)

n. 중개인, 상인

자동차 **딜러**, 중고차 **딜러**는 중개인, 상인

aquarium
[əkwɛ́əriəm]

n. 수족관

코엑스나 63빌딩에 있는 '**아쿠아리움**'은 수족관

boom
[bu:m]

n. 1 붐, 갑작스런 대유행 2 붐! 탕! 하는 소리

"시장에서 **붐**을 일으켰다."에서 붐은 갑작스런 대유행

gap
[gæp]

n. 틈, 간격

갭이 느껴진다는 것은 틈, 간격이 느껴진다는 말

fiction
[fíkʃən]

n. 소설, 꾸며낸 이야기

픽션은 소설, 논픽션(nonfiction)은 실화를 말한다.

simulation
[sìmjuléiʃən]

n. [1] 모의실험, 시뮬레이션 [2] 가장하기

컴퓨터로 **시뮬레이션**해본다는 것은 실제를 가장하여 컴퓨터로 모의실험을 하는 것

request
[rikwést]

n. 요청 v. 요청하다

1. 불우이웃 돕기 모금 방송 '사랑의 **리퀘스트**'는 사랑의 성금을 요청, 요청하다
2. **re**(다시) **quest**ion(질문)하며 설명해달라고 선생님께 요청, 요청하다

mental
[méntəl]

mentally 정신적으로

a. 정신의, 마음의

"**멘탈**이 약하다"라고 말할 때 멘탈이란 정신의, 마음의

trend
[trend]

n. 경향, 추세

요즘 **트랜드**란 요즘의 경향, 추세

예문 [1] a **veteran** golfer 노련한 골프 선수 [2] war **veterans** 참전 용사들 / Mom wants to **remodel** our house. 엄마는 우리 집을 개조하고 싶어하신다. / My car was sold to a car **dealer**. 내 차가 자동차 중개인에게 팔렸다. / The Downtown **Aquarium** is open daily from 9 a.m. to 9 p.m. / 다운타운 수족관은 매일 오전 9시부터 오후 9시까지 문을 엽니다. / [1] a **boom** in car sales 자동차 판매의 붐 [2] the **boom** of the guns 총이 탕탕거리는 소리 / Watch out the **gap** between the platforms. 플랫폼 사이의 간격에 주의하십시오. / I like to read science **fiction**. 나는 공상과학 소설을 읽는 것을 좋아한다. / [1] The researchers played a **simulation**. 연구원들은 모의실험을 했다. [2] the **simulation** of fearful 두려워하는 척 가장함 / You are **requested** not to smoke. 금연해 주시기를 요청드립니다. / Yoga is good for your **mental** health. 요가는 정신 건강에 좋다. / She is always following the latest **trends** in fashion. 그녀는 항상 유행의 최신 경향을 따르고 있다.

복습문제

□□□ veteran
□□□ remodel
□□□ dealer
□□□ aquarium
□□□ boom
□□□ gap
□□□ fiction
□□□ simulation
□□□ request
□□□ mental
□□□ trend

cereal
[síəriəl]

n. 곡물, 시리얼

우유를 넣어 먹는 **씨리얼**은 옥수수, 쌀과 같은 곡물로 만든 것

---

quality
[kwáləti]

n. 질, 품질

퀄러티가 좋다고 할 때 퀄러티는 질, 품질

---

healing
[híːliŋ]

heal 치료하다, 치유하다

n. 치료, 치유

힐링캠프, **힐링**하러 산에 간다고 할 때 힐링은 마음의 치료, 치유

---

view
[vjuː]

n. 봄, 경치 v. 바라보다

호텔룸이 마운틴**뷰**, 오션**뷰**라고 할 때, 또는 **뷰**가 예쁘다라고 할 때 뷰는 봄, 경치

---

handicap
[hǽndikæ̀p]

n. 핸디캡, 불리한 조건, 신체장애

핸디캡을 가졌다고 할 때 핸디캡은 불리한 조건, 신체장애

---

ride
[raid]

v. (말·탈 것 등을) 타다, 타고가다 (ride-rode-ridden)

1. 놀이공원에 있는 후룸**라이드**는 'flume(수로) + **ride**(타다)'
2. 게임 중에 카트**라이더**는 'cart(짐마차) + **rider**(타는 사람)'

---

midnight
[mídnàit]

n. 한밤중

mid(→ middle: 중간의) + **night**(밤): 한밤중

action❶
[ǽkʃən]

n. 행동, 활동

액션 영화란 싸움 등과 같은 행동이나 활동이 많은 영화

act 행동하다, 연기하다
active 활동적인
(-ive: 형용사형 어미)
activity 활동

action❷
[ǽkʃən]

n. 연기

영화감독이 "Ready(준비), **action!**"이라고 말할 때 action은 연기

actor 배우
actress 여배우
(-ess: 여성을 뜻하는 접미어)

manage
[mǽnidʒ]

v. 경영하다, 관리하다

매니저란 '**manage**(경영하다, 관리하다) + er(~사람)'

manager 경영자, 관리자

motto
[㉠mátou]
[㉥mɔ́tou]

n. 좌우명, 모토

'인생 **모토**'에서 모토는 좌우명

예문 **Cereal** is for breakfast. 시리얼은 아침 식사용이다. / You cannot make good **quality** wine from bad **quality** grapes. 당신은 나쁜 질의 포도로부터 양질의 와인을 만들 수는 없다. / There is the **healing** power in flowers. 꽃에는 치유 능력이 있다. / The hotel had an amazing **view**. 그 호텔은 경치가 정말 좋았다. / His biggest **handicap** is the lack of experience. 그의 가장 큰 핸디캡은 경험 부족이다. / The soccer players **ride** expensive cars. 그 축구 선수들은 비싼 차를 탄다. / I stayed up until **midnight**. 나는 자정까지 깨어 있었다. / We need to be responsible for our **actions**. 우리는 자신의 행동에 책임을 져야 한다. / The veteran actor's **action** was very impressive. 그 베테랑 배우의 연기는 매우 인상적이었다. / The CEO **manages** the whole company. 그 최고경영자는 회사 전체를 관리한다. / What is your **motto**? 당신의 좌우명은 무엇입니까?

복습문제

□□□ cereal	□□□ view	□□□ midnight	□□□ manage
□□□ quality	□□□ handicap	□□□ action❶	□□□ motto
□□□ healing	□□□ ride	□□□ action❷	

though
[ðóu]

conj. 비록 ~이지만

비록 가난하지만 남을 **도우**면서 살아야 해.

although
[ɔ:lðóu]

conj. 비록 ~이지만, ~임에도 불구하고

비록 가난하지만 **all**(모두) **도우**면서 살아야 해.

millennium
[miléniəm]

n. 천년, 새천년

밀레니엄 세대란 새천년을 가리키는 2000년 이후를 살아가는 사람들

documentary
[㉿dàkjuméntəri]
[㉻dɔ̀kjuméntəri]

document 문서, 서류

1 a. 문서로 이뤄진 2 n. 기록 영화

다큐멘터리란 문서로 이뤄진 자료에 기반한 기록 영화

quarter
[kwɔ́:rtər]

n. 4분의 1, 25센트(1달러의 4분의 1)

농구 경기에서 1**쿼터**란 전체 경기 시간의 4분의 1

bet
[bet]

betting 내기

1 v. 내기하다 n. 내기 2 v. 장담하다 (bet-bet-bet)

1. **betting**(베팅, 내기)의 파생어
2. "1억 **베팅(내기)** 할래?"라고 말할 정도로 장담하다

capture
[kǽptʃər]

captive 포로; 사로잡힌
captivate 마음을 사로잡다, 매혹하다

v. 사로잡다, 포획하다

화면을 **캡처**하여 한 장면을 사로잡다, 포획하다

credit
[krédit]

n. 신용

크레딧 카드란 신용 카드

whole
[houl]

n. 전부 a. 전부의

호울 → **all**(전부의): 전부, 전부의

league
[liːg]

n. 연맹, 동맹

메이저**리그**는 미국 프로야구 경기 연맹, 아이비**리그**는 명문대학 연맹

focus
[fóukəs]

n. 초점 v. 초점을 맞추다

사진의 **포커스**를 맞추다, 뉴스 **포커스** 등에서 포커스는 초점, 초점을 맞추다

예문 Though I was tired, I went to the gym. 나는 피곤했지만 체육관에 갔다. / **Although** they are old, they are still strong. 비록 그들은 나이가 들었지만, 여전히 힘이 세다. / a **millennium** ago 천 년 전에 / [1] **documentary** evidence 서류상의 증거 [2] He made a **documentary** about wild animals. 그는 야생동물에 관한 다큐멘터리를 제작했다. / A **quarter** of an hour is 15 minutes. 한 시간의 4분의 1은 15분이다. / I **bet** I can win this game. 나는 이 게임에서 이길 수 있다고 장담한다. / The police **captured** the criminal. 경찰은 그 범인을 잡았다. / His **credit** isn't good. 그의 신용은 좋지 않다. / The kid drank the **whole** milk. 그 아이가 우유를 다 마셨다. / [1] Arab **league** 아랍 연맹 [2] They left the British **league**. 그들은 영국 리그를 떠났다. / Let's **focus** on the game. 경기에 집중해요.

복습문제

□□□ though
□□□ although
□□□ millennium
□□□ documentary
□□□ quarter
□□□ bet
□□□ capture
□□□ credit
□□□ whole
□□□ league
□□□ focus

01 1강 단위 복습 05 5강 단위 복습 15 15강 단위 복습 30 30강 단위 복습

다음 단어들의 뜻이 1초 내에 생각나지 않으면 각 강의 단위에 표시를 하고 표시한 단어들을 다시 복습하세요.
(학원이나 학교의 숙제용 주관식 문제는 별도로 p.254~p.268에 있습니다.)

veteran	01 05 15 30 30 30
remodel	01 05 15 30 30 30
dealer	01 05 15 30 30 30
aquarium	01 05 15 30 30 30
boom	01 05 15 30 30 30
gap	01 05 15 30 30 30
fiction	01 05 15 30 30 30
simulation	01 05 15 30 30 30
request	01 05 15 30 30 30
mental	01 05 15 30 30 30
trend	01 05 15 30 30 30
cereal	01 05 15 30 30 30
quality	01 05 15 30 30 30
healing	01 05 15 30 30 30
view	01 05 15 30 30 30
handicap	01 05 15 30 30 30
ride	01 05 15 30 30 30
midnight	01 05 15 30 30 30
action ❶	01 05 15 30 30 30
action ❷	01 05 15 30 30 30
manage	01 05 15 30 30 30
motto	01 05 15 30 30 30
though	01 05 15 30 30 30
although	01 05 15 30 30 30
millennium	01 05 15 30 30 30
documentary	01 05 15 30 30 30
quarter	01 05 15 30 30 30
bet	01 05 15 30 30 30
capture	01 05 15 30 30 30
credit	01 05 15 30 30 30
whole	01 05 15 30 30 30
league	01 05 15 30 30 30
focus	01 05 15 30 30 30

파생어, 숙어 복습

deal	01 05 15 30 30 30
mentally	01 05 15 30 30 30
heal	01 05 15 30 30 30
act	01 05 15 30 30 30
active	01 05 15 30 30 30
activity	01 05 15 30 30 30
actor	01 05 15 30 30 30
actress	01 05 15 30 30 30
manager	01 05 15 30 30 30
document	01 05 15 30 30 30
betting	01 05 15 30 30 30
captive	01 05 15 30 30 30
captivate	01 05 15 30 30 30

동사의 과거, 과거분사형 복습

deal		—	01 05 15 30 30 30
ride		—	01 05 15 30 30 30
bet		—	01 05 15 30 30 30

경쌤's TIP

영어단어를 어근으로 암기하는 방법의 장단점

그냥 무식하게 암기하는 방법보다는 어느 정도 효과가 있는 것이 사실입니다. 하지만 어근으로 많은 효과를 볼 수 있는 단어들은 전체 단어의 10%~20% 정도 수준입니다. 하나의 어근에서 여러 단어가 파생되고 그 파생된 단어가 그 어근의 뜻에서 많이 벗어나지 않는 경우가 많은 효과를 볼 수 있는 경우입니다. 그래서 저는 경선식 영단어 수능과 토플 단어책에서 그러한 효과적인 어근들만 사용하여 전체 단어 암기의 10% 정도는 어근을 활용하고 있습니다. 심지어 그 단어들조차 헷갈림을 방지하고 더 잘 암기하기 위해 연상법을 혼합하여 가르치고 있습니다.

일단 어떠한 어근으로도 설명할 수 없는 단어들이 전체 영어단어의 40%가 넘습니다.
그리고 하나의 어근에서 겨우 1~2개의 단어만 파생된 경우가 대다수입니다.

이 어근을 알아두면 나중에 대학 가서 그 어근과 관련된 몇 단어는 거저 암기할 수 있겠지?라고 생각하고 암기해 두어도 그 어근을 다시는 보지 못하는 경우가 굉장히 많다는 것이죠. 1~2단어 암기하고자 어근을 암기하는 것은 오히려 시간을 더 낭비하는 경우가 됩니다. 또한 같은 어근에서 여러 단어가 파생되었다 해도 같은 어근에서 파생되었기 때문에 그 단어들끼리 혼동되는 경우도 많습니다.
그리고 어근의 뜻에서 많이 벗어나는 단어들도 굉장히 많습니다. 그러한 경우도 어근을 암기하는 것은 오히려 시간을 더 낭비하는 경우가 될 것입니다.

나중에 대학 가서도 어휘를 확장하기 위해서는 어근으로 암기해야 한다고 주장하는 사람들이 있습니다. 하지만 수능단어에서 배운 어근을 이용해서 더 암기할 수 있는 대학수준 이상의 단어는 10%도 되지 않습니다.

23강 파생어를 이용한 단어 암기

freedom
[fríːdəm]

n. 자유

free(자유로운) + dom(명사형 어미): 자유

---

sunny
[sʌ́nɪ]

a. 햇볕이 내리쬐는, 화창한

sun(태양) + y(형용사형 어미): 햇볕이 내리쬐는, 화창한

---

windy
[wíndi]

a. 바람이 많이 부는

wind(바람) + y(형용사형 어미): 바람이 많이 부는

---

musician
[mjuːzíʃən]

n. 음악가

music(음악) + ian(~사람): 음악가

---

speech
[spiːtʃ]

n. 연설, 말

speak(말하다)의 명사형: 연설, 말

---

lovely
[lʌ́vli]

a. 사랑스러운, 귀여운

love(사랑; 사랑하다) + ly(형용사형 어미): 사랑스러운, 귀여운

childhood
[tʃáildhùd]

n. 어린 시절

child(어린이) + **hood**(명사형 어미): 어린 시절

flight
[flait]

n. 비행, 항공편

fly(날다)의 명사형: 비행, 항공편

national
[nǽʃənl]

a. 국민의, 국가의

nation(국가) + **al**(형용사형 어미): 국민의, 국가의

saying
[séiiŋ]

n. 말, 속담

say(말하다) + **ing**(명사형 어미): 말, 속담

예문 They are fighting for **freedom** of speech. 그들은 표현의 자유를 위해 싸우고 있다. / Today is a **sunny** day. 오늘은 화창한 날이다. / It's too cold and **windy** for a picnic. 소풍 가기에는 너무 춥고 바람이 많이 분다. / The **musician** made a campaign song. 그 음악가가 캠페인 송을 만들었습니다. / Professor Kim's **speech** was fantastic. 김 교수의 연설은 환상적이었다. / I think she has **lovely** eyes. / 나는 그녀가 사랑스러운 눈을 가지고 있다고 생각한다. / We spent our **childhood** together. 우리는 어린 시절을 함께 보냈다. / The next **flight** is at 11:00. 다음 비행기는 11시에 있다. / **National** parks are protected under the law. 국립공원은 법으로 보호되고 있다. / There is an old **saying**, "Don't judge a book by its cover." '겉만 보고 판단하지 말라'는 속담이 있다.

복습문제

□□□ freedom	□□□ musician	□□□ childhood	□□□ saying
□□□ sunny	□□□ speech	□□□ flight	
□□□ windy	□□□ lovely	□□□ national	

strength
[streŋθ]

n. 힘, 세기

strong(강한, 튼튼한)의 명사형: 힘, 세기

length
[leŋθ]

n. 길이

long(긴, 기다란)의 명사형: 길이

height
[hait]

n. 높이, 고도

high(높은)의 명사형: 높이, 고도

daily
[déili]

a. 매일의, 날마다의 ad. 매일

day(하루) + **ly**(형용사형 어미): 매일의, 날마다의

serve
[səːrv]

v. ~에 봉사하다, 도움을 주다

service(서비스, 봉사)의 동사형: ~에 봉사하다, 도움을 주다

servant
[sə́ːrvənt]

n. 하인

serv(serve: 봉사하다) + **ant**(~사람): 하인

friendship
[fréndʃip]

n. 우정, 교우관계

friend(친구) + **ship**(명사형 어미): 우정, 교우관계

---

dive
[daiv]

diver 잠수부

v. 잠수하다

diving(잠수)의 동사형: 잠수하다

---

stretch
[stretʃ]

v. 뻗치다, 늘이다

stretching(스트레칭)의 동사형: 뻗치다, 늘이다

---

rank
[ræŋk]

n. 계급, 등급 v. 등급을 매기다

ranking(순위, 서열)의 파생어: 계급, 등급, 등급을 매기다

예문 Lifting weight requires **strength**. 무게를 들어올리는 데는 힘이 필요하다. / What's the **length** of the whale? 그 고래의 길이는 얼마나 됩니까? / I was surprised by the **height**. 나는 그 높이에 놀랐다. / I keep a **daily** diary. 나는 매일 일기를 쓴다. / I want to **serve** the community. 나는 지역사회에 봉사하고 싶다. / He has 100 **servants**. 그는 하인을 100명 데리고 있다. / The **friendship** soon grew into love. 우정은 곧 사랑으로 변했다. / She **dived** into the sea. 그녀는 바다로 잠수했다. / **Stretch** your arms wide. 팔을 넓게 뻗으세요. / The judges **ranked** the teams. 심판들이 그 팀들의 순위를 매겼다.

복습문제

□□□ strength
□□□ length
□□□ height
□□□ daily
□□□ serve
□□□ servant
□□□ friendship
□□□ dive
□□□ stretch
□□□ rank

inform
[infɔ́ːrm]

information 정보

v. 알리다

information(정보)의 동사형: 알리다

memorial
[məmɔ́ːriəl]

a. 기념의 n. 기념비

memory(기억)의 파생어: 기념의, 기념비

golden
[góuldən]

a. 금빛의, 황금 같은

gold(금)의 형용사형: 금빛의, 황금 같은

feed
[fiːd]

n. 먹이, 사료 v. 먹이를 주다, 먹이를 먹다 (feed-fed-fed)

food(음식)을 주다, 즉 먹이, 먹이를 주다

alive
[əláiv]

asleep 잠든
awake 깨어있는

a. 살아 있는

a(서술 형용사를 만드는 접두어) + **live**(살다): 살아 있는

build
[bild]

v. 세우다, 건축하다 (build-built-built)

building(빌딩, 건물)의 동사형: 세우다, 건축하다

fantasy
[fǽntəsi]

fantastic 환상적인
(-tic: 형용사형 어미)

n. 환상, 공상

fantastic(환상적인)의 명사형: 환상, 공상

thought
[θɔːt]

[1] n. 생각하기, 사고 [2] v. think의 과거/과거분사 형태

think(생각하다)의 명사형: 생각하기, 사고

예 문 Please **inform** me what I have to do now. 지금 제가 무엇을 해야 할지 알려 주세요. / People donated to build a **memorial** hall. 사람들은 기념관을 짓기 위해 기부했다. / The company found a **golden** opportunity. 그 회사는 황금 같은 기회를 찾았다. / The trainers **fed** the elephants. 조련사들은 코끼리들에게 먹이를 주었다. / The octopus is still **alive**. 그 문어는 아직 살아 있다. / The new governor **built** a library. 새 주지사는 도서관을 지었다. / My **fantasy** is to become invisible. 나의 환상은 투명인간이 되는 것이다. / [1] He spoke his **thoughts** freely. 그는 자신의 생각을 자유롭게 말했다. [2] This is different from what I **thought**. 이것은 내가 생각했던 것과 다르다.

복습문제

□□□ inform	□□□ golden	□□□ alive	□□□ fantasy
□□□ memorial	□□□ feed	□□□ build	□□□ thought

01 1강 단위 복습 05 5강 단위 복습 15 15강 단위 복습 30 30강 단위 복습

다음 단어들의 뜻이 1초 내에 생각나지 않으면 각 강의 단위에 표시를 하고 표시한 단어들을 다시 복습하세요.
(학원이나 학교의 숙제용 주관식 문제는 별도로 p.254~p.268에 있습니다.)

freedom	01 05 15 30 30 30	serve	01 05 15 30 30 30
sunny	01 05 15 30 30 30	servant	01 05 15 30 30 30
windy	01 05 15 30 30 30	friendship	01 05 15 30 30 30
musician	01 05 15 30 30 30	dive	01 05 15 30 30 30
speech	01 05 15 30 30 30	stretch	01 05 15 30 30 30
lovely	01 05 15 30 30 30	rank	01 05 15 30 30 30
childhood	01 05 15 30 30 30	inform	01 05 15 30 30 30
flight	01 05 15 30 30 30	memorial	01 05 15 30 30 30
national	01 05 15 30 30 30	golden	01 05 15 30 30 30
saying	01 05 15 30 30 30	feed	01 05 15 30 30 30
strength	01 05 15 30 30 30	alive	01 05 15 30 30 30
length	01 05 15 30 30 30	build	01 05 15 30 30 30
height	01 05 15 30 30 30	fantasy	01 05 15 30 30 30
daily	01 05 15 30 30 30	thought	01 05 15 30 30 30

파생어, 숙어 복습

diver	01 05 15 30 30 30	awake	01 05 15 30 30 30
information	01 05 15 30 30 30	fantastic	01 05 15 30 30 30
asleep	01 05 15 30 30 30		

동사의 과거, 과거분사형 복습

feed		–		01 05 15 30 30 30
build		–		01 05 15 30 30 30

경선식 영단어 생생 학습 후기

혼자 외울 때와는 비교가 안 될 정도로 빠르고 정확하게 외워지더군요. 5일 만에 다 외웠어요! (박*인)

제가 계속 '아... 이대로는 안 되겠다. 영어를 포기해가지고는 아무것도 안 된다.'라고 생각해서 몇 달 동안 틈틈이 공부해왔습니다. 근데 주변 지인이 단어 외우기는 경선식 영단어가 좋다고 추천해주더라고요. 그래서 속는 셈치고 일단 경선식 영단어 중학 책을 사서 하루에 120개씩 외우기 시작했습니다. 근데 장난 아니라 정말 잘 외워지더군요. 혼자 외울 때와는 비교가 안 될 정도로 빠르고 정확하게 외워지더군요. 저는 책으로만 일단 중1, 2 과정을 5일 만에 다 외우고 중3 과정은 강의로 들었습니다. 또 신기한 게 책으로만 외울 때보다 강의로 들으니 더욱! 잘 외워지더군요. ㅋㅋ 거기다가 경선식선생님이 단어와 관련된 파생어까지 집어주시니까 더 좋더군요. 강의도 하루에 6강씩 5일 만에 다 끝내버렸네요. ㅎㅎ

24강

전치사 (1)

1. 시간을 나타내는 전치사

at 비교적 짧은 시간 (몇 시, 몇 분, 새벽, 정오, 밤…)

at six o'clock(6시에), **at** noon(정오에), **at** night(밤에), **at** dawn(새벽에), **at** midnight(한밤중에)

in

❶ 비교적 긴 시간 (년, 월, 계절, 세기, 오전, 오후…)

in March(3월에), **in** 1998(1998년에), **in** summer(여름에), **in** the 21st century(21세기에)
in the morning(아침에), **in** the evening(저녁에)

❷ 현재를 기준으로 해서 시간의 경과를 나타낸다. (~ 안에, ~ 후에)

I will finish the work **in** half an hour.
나는 그 일을 30분 내에 끝낼 것이다.

We will meet again **in** a week.
우리는 일주일 후에 다시 만날 것이다.

❸ ~ 기간 중에, ~ 동안에

I learned French **in** three weeks.
나는 3주 동안에 프랑스어를 배웠다.

on 요일, 정해진 날, 특정한 날

on Sunday(일요일에), **on** the fourth of July(7월 4일에), **on** Christmas(크리스마스 날에)

※ by와 until(till)의 구별

by 어느 때까지의 동작의 완료 (~까지)

I leave the office at 6 o'clock and come home **by** 8 o'clock.
나는 6시에 퇴근하여 8시까지 집에 들어간다.

until(=till) 어느 때까지의 동작의 계속 (~까지)

I couldn't do anything else **until** this morning.
나는 오늘 아침까지 아무 일도 할 수 없었다.

※ for와 during의 구별

for 일반적인 기간으로 숫자나 기간 앞에서 쓰인다. (~ 동안)

I'll be here **for** one and a half years more.
나는 일 년 반 정도 더 여기에 있을 거야.

during 일반적 기간이 아닌 한정되거나 특정의 사건, 기간 앞에 쓰인다. (~ 동안)

I bought the pretty dress at a good price **during** a sale.
그 예쁜 드레스를 세일 기간 동안에 싸게 샀다.

I will study English hard **during** this vacation.
이번 방학 동안엔 영어 공부를 열심히 할 것이다.

2. 장소를 나타내는 전치사/부사

in ~ 안에(내부), ~에서(넓은 지역)

He is studying **in** his room.
그는 그의 방에서 공부하고 있다.

She has a cousin **in** London.
그녀는 런던에 사촌이 있다.

at ~에서(좁은 지점)

I will meet her **at** the station.
나는 그녀를 역에서 만날 것이다.

Turn left **at** the next corner.
다음 모퉁이에서 좌회전하세요.

on ~ 위에(표면에 달라붙어)

I'll put this picture **on** the wall.
나는 이 그림을 벽에 걸 것이다.

up 위로, 위에

The cable car goes **up** to the top of the hill.
케이블카는 산꼭대기로 올라간다.

out ~ 밖에, 밖으로

I will go **out** for lunch.
나는 점심 먹으러 나갈 것이다.

---

out of ~의 안에서 밖으로

I jumped **out of** bed.
나는 침대에서 뛰쳐나왔다.

---

into ~의 밖에서 안으로

She walked **into** the room.
그녀는 방으로 들어갔다.

---

over ~ 위에(수직적 위치에서 떨어진 바로 위에)

Watch out **over** head.
머리 위 조심해.

---

under ~ 아래에(수직적 위치에서 떨어진 바로 아래에)

Please put your bag **under** your seat.
가방을 좌석 밑에 놓아 주세요.

---

above ~ 위쪽에(바로 위에를 포함하여 널리 위쪽에)

Gorillas live in African forests high **above** sea level.
고릴라는 해발 고도가 높은 아프리카 숲에서 산다.

---

below ~ 아래에(바로 아래를 포함하여 널리 아래쪽에)

We could see a church **below** us.
우리는 우리 아래로 교회를 볼 수 있었다.

---

along ~을 따라서

They walked **along** the street.
그들은 길을 따라서 걸었다.

across ~을 가로질러

I can swim **across** this river.
나는 이 강을 헤엄쳐서 건널 수 있다.

---

through ~을 통과해서

Sound travels faster **through** water than through air.
소리는 공기를 통과해서 이동하는 것보다 물을 통과해서 더 빨리 이동한다.

---

beyond ~의 저쪽에, ~을 넘어, ~을 초과하여

The road continues **beyond** the village up into the hills.
그 도로는 마을을 지나 언덕 위까지 계속 이어진다.

[1~5] 다음 빈칸에 알맞은 전치사를 넣으세요.

1. 2002년에 ____ 2002
2. 3시에 ____ 3 o'clock
3. 내 생일에 ____ my birthday
4. 봄에 ____ spring
5. 1월 2일에 ____ January 2nd

[6~9] 다음 괄호 안에서 알맞은 것을 고르세요.

6. 오후 6시까지 이 일을 끝내세요.
   Finish this work (until / by) 6 p.m.

7. 나는 6시까지 사무실에 있을 것이다.
   I'll be in the office (until / by) 6 p.m.

8. 나는 여기서 3년 동안 살았다.
   I have lived here (for / during) three years.

9. 그는 전쟁 중에 사망했다.
   He was killed (for / during) the war.

[10~15] 다음 빈칸에 알맞은 전치사를 넣으세요.

10. 그는 서울에 산다. He lives ____ Seoul.
11. 그녀는 교실 안으로 들어갔다. She went ____ the classroom.
12. 그녀는 길을 따라 걷고 있었다. She was walking ____ the street.
13. 물은 이 파이프를 통과해 지나간다. Water goes ____ this pipe.
14. 이 건물에서 나가세요! Get ____ this building!
15. 천장에 파리가 한 마리 있다. There is a fly ____ the ceiling.

정답

1. in 2. at 3. on 4. in 5. on 6. by 7. until 8. for 9. during 10. in 11. into 12. along 13. through 14. out of 15. on

세계 여러 논문에 실린 연상법의 탁월한 효과(3)

발췌 논문 제목

핵심어 기법(keyword method = 연상법)의 활용이 한국 고등학생의 영어 어휘 학습에 미치는 영향

저자명

정주안 (이화여대 석사논문)

핵심어 기법(연상법)을 활용한 실험 집단이 단순 암기 방법을 활용한 통제 집단보다 높은 점수를 나타내었고 이러한 결과는 핵심어 기법의 활용이 단순 암기 방식보다 어휘 학습에 더 큰 긍정적 영향을 미치는 것을 알려준다.

어휘 기억 측면에서 핵심어 기법의 활용은 단순 암기 방식에 비해 더 높은 효율성을 보이므로 학습자들에게 핵심어 기법의 이와 같은 효율성을 잘 인식시켜 **개인별 어휘 학습에 적극 활용할 수 있도록 장려하는 것이 좋을 것**이다.

25강

전치사 (2)

중요 전치사들의 의미와 쓰임

on

❶ 도중에

on one's way home 귀가 중에
I met him while I was **on** my way to the library.
나는 도서관에 가는 중에 그를 만났다.

❷ 계속 (~한 상태로, ~ 중인)

go **on** ~ing = keep on ~ing 계속해서 ~하다
It went **on** raining. 비가 계속 내렸다.
I keep **on** gaining weight. 나는 계속 살찌고 있다.
a policeman **on** guard 경비 중인 경찰관

❸ ~에 근거하여, ~에 따라

He acted **on** her advice. 그는 그녀의 충고에 따라 행동했다.
a story based **on** fact 사실에 근거한 이야기

❹ <목적의 대상> ~에, ~에 대하여, ~을

I spend much money **on** books. 나는 책에 많은 돈을 쓴다.
Let's play a joke **on** him. 그를 놀려주자.

---

out

❶ <전치사로 쓰일 경우> ~의 밖으로, ~ 밖에

I looked **out** the window at the river. 나는 창밖으로 강을 바라보았다.

❷ <부사로 쓰일 경우> 끝까지, 모조리; 완전히, 철저히(completely)

Hear me **out**, please. 제발 제 말을 끝까지 들어 주세요.
I cleaned the basement **out**. 나는 지하실을 말끔히 청소했다.

---

out of

'~에서부터 밖으로'라는 뜻으로 직역하면 아래의 뜻들이 연결된다.

❶ <원천·출처> ~에서, ~부터, < 원인·동기> ~에서

a boy **out of** the fishing village 어촌 출신의 소년

out of fear[pity] 공포심[동정심]에서 (← 공포 안에서 밖으로)

❷ (능력·제약 등의) 범위 밖에

out of control 제어할 수 없는 (← 제어 밖으로 나간)
Out of sight, **out of** mind. 보지 않으면 잊혀지는 법이다.

❸ (직업·성질·상태 등을) 잃고

out of a job 실직하여 (← 직업 밖으로 나가)

❹ (필요한 것이) 떨어져서, 동나서

out of cigarettes 담배가 떨어져서 (← 밖으로 나가 없어진)
run **out of** gasoline 휘발류가 떨어지다

❺ (어떤 수·그룹 등의) 중에

one **out of** many 다수 중에서 하나 (← 많은 것들에서 밖으로 나간 하나)
in nine cases **out of** ten 십중팔구

---

from

~로부터, ~에서

from the beginning 처음부터
We stayed there **from** May until July. 우리는 5월부터 7월까지 그곳에 머물렀다.
How far is it **from** here to the station? 여기서 정거장까지 얼마나 됩니까?

---

to

~에게, ~쪽으로, <방향> ~까지

Turn **to** the right. 오른쪽으로 돌아라.
I'd like to talk **to** you. 당신과 이야기를 하고 싶습니다.
She is a great comfort **to** her parents. 그녀는 부모님에게 큰 위안이 된다.

---

off

❶ (고정, 부착된 상태에서) 떨어져, 떼어져, 분리되어

I fell **off** the tree. 나는 나무에서 떨어졌다.
He cut **off** the branches. 그는 나뭇가지를 잘라냈다.
Please take your coat **off**. 외투를 벗으십시오.

❷ (시간·공간적으로) 떨어져서, 격리되어

take **off** (비행기·로켓 등이) 이륙하다
I sent him **off**. 나는 그를 배웅했다.
Stand **off**! 떨어져 있어라!

❸ (작용·움직임이) 멈추어서

Turn the heat **off**. 전열기를 꺼라.
Turn **off** the radio. 라디오를 꺼라.

❹ 완전히

kill **off** the rats 쥐를 전멸시키다
Clear **off** the table. 탁자를 치워라.

of

~의, ~에 대한, ~에 관하여, ~에 대하여

the rise **of** the sun 해돋이
the love **of** nature 자연에 대한 사랑
a dress **of** silk 비단옷
What do you think **of** this matter? 이 일에 관하여 어떻게 생각하십니까?
Tom speaks **of** you all the time. 톰은 당신에 대해 항상 얘기합니다.

into

<어떤 상태·관계·형상 등에의 추이·변화·결과> ~으로[에](to)

translate an English poem **into** Korean 영시(英詩)를 한국어로 번역하다
turn water **into** steam 물을 수증기로 변화시키다

for

❶ ~을 위해, ~을 위하여

I can give my life **for** her. 나는 그녀를 위해 목숨을 바칠 수 있다.

❷ ~을 향하여, ~행의

It is the train **for** Busan. 그것은 부산행 열차이다.

❸ <이유·원인> ~ 때문에

I can't see anything **for** the fog. 나는 안개로 인해 아무것도 볼 수 없다.

❹ ~에 대하여, ~에 대해

He is the right man **for** the job. 그는 그 일에 적임이다.
Thank you **for** your kindness. 친절히 해 주셔서 감사드립니다.

❺ ~에게는

That hat is too small **for** me. 그 모자가 내게는 너무 작다.

through

❶ ~을 두루(all over), 샅샅이

travel **through** France 프랑스를 두루 여행하다
search **through** the house 집 안을 샅샅이 뒤지다

❷ ~ 동안 내내

all **through** the year 1년 동안 죽
work **through** the afternoon 오후 내내 일하다

❸ ~을 거쳐서, ~을 통해서

Meat must pass **through** many hands before reaching the consumer.
고기는 소비자에게 전달되기 전에 여러 사람의 손을 거쳐야 한다.

❹ ~을 끝내고, ~을 마치고, ~을 거치고

He went **through** college. 그는 대학을 마쳤다.
He is going **through** an operation. 그는 수술을 받고 있다.

---

over

❶ ~ 위에, ~ 위로

The moon is **over** the roof of our house. 달은 우리 집 지붕 바로 위에 있다.

❷ ~의 여기저기에, ~의 전면에 걸쳐서

I want to travel all **over** the world. 나는 세계 도처를 여행하고 싶다.

❸ ~ (동안) 내내, <시기 등이> ~에 걸쳐서

over a five year period 5년에 걸쳐서

❹ ~을 먹으면서, ~을 마시면서

They did business **over** lunch. 그들은 점심을 먹으면서 일을 했다.

❺ ~을 넘어서, ~ 이상

over a kilometer 1킬로미터 초과
not **over** eight dollars 8달러 이하
My expenditure is not **over** my income. 나의 지출은 수입을 넘지 않는다.

❻ ~에 걸려서

I fell **over** a rock. 나는 바위에 걸려 넘어졌다.

A. 다음 빈칸에 알맞은 전치사를 <보기>에서 골라 넣으세요.

보기

on out out of from to off of into for through over

1. 나는 나무에서 떨어졌다. I fell ______ the tree.
2. 그 소년은 통제 불능이다. The boy is ______ control.
3. 내가 학교에 가는 도중에 ______ my way to school
4. 내 가족을 위하여 ______ my family
5. 이러한 이유로 ______ this reason

B. 이 강에 나온 전치사의 예문들을 모두 읽으면서 전치사의 쓰임을 숙지하세요.

C. 다시 한 번 이 강에 나온 전치사의 예문들을 모두 읽으면서 전치사의 쓰임을 숙지하세요.

정답

1. off 2. out of 3. on 4. for 5. for

경쌤's TIP

축하합니다. 여러분은 25강까지 완성하였습니다.

1 먼저 11강~20강의 5강 단위 복습에 표시했던 단어들을 복습하세요.

2 그런 다음 21강부터 25강까지 "전체 단어"를 복습하세요.

- 21강의 복습문제 단어 옆의 5강 단위 네모 표시 란에 1초 내에 바로 생각나지 않는 단어들을 표시하고 그것들 위주로 완벽하게 복습한 후 22강, 23강, 24강, 25강을 같은 방식으로 복습합니다.

3 그런 다음 마지막으로 21강~25강의 위 2번에서 5강 단위 네모 표시 란에 표시한 단어들을 다시 한 번 복습하도록 하세요.

복습을 미루는 시간에 비례하여 복습시간이 늘어난다는 점 명심하세요!!!

26강

중요 기초 다의어

take (take-took-taken)

take의 대표적인 뜻은 <~을 취하다>란 뜻이다. 문장 내에서 take를 <~을 취하다>라고 해석을 하면 문장 내에서의 정확한 뜻을 유추할 수 있다.

❶ 취하다, 갖다

Take a seat.
앉으세요.

❷ (~을 취하다 →) ~을 쥐다, 잡다

He is **taking** a book in his hand.
그는 손에 책을 쥐고 있다.

❸ (…에게서 ~을 취하다 →) ~을 뺏다, 탈취하다

They **took** a bag from her hand.
그들은 그녀의 손에서 가방을 뺏었다.

❹ (…을 ~로 취하다 →) …을 ~로 데려가다, 가지고 가다

Take an umbrella with you.
우산을 가지고 가세요.
He **took** me home in his car.
그는 나를 차로 집까지 데려다 주었다.

❺ (충고·상황 등을 취하다 →) (충고·상황 등을) 받아들이다

I decided to **take** his advice.
나는 그의 충고를 받아들이기로 결심했다.

❻ (시간·금액·노력 등을 취하다 →) (시간·금액·노력 등이) 들다

It **takes** three hours to do the work.
그 일을 하는 데 3시간이 걸린다.

❼ (선물·상 등을 취하다 →) ~을 받다

Who **took** the first prize?
누가 1등 상을 받았습니까?

❽ (기차·버스·택시 등을 취하다 →) (기차·버스·택시 등을) 타다

I **took** a taxi to go there.
나는 거기에 가기 위해 택시를 탔다.

9 ~행동을 취하다

take a walk 산보하다
take action 행동을 취하다
take a picture 사진을 찍다
take care of ~을 돌보다
take a trip 여행하다
take a lesson 수업을 받다
take a rest 휴식하다

get (get-got-gotten)

get의 대표적인 뜻은 <~을 얻다, 얻게 하다, 획득하다>란 뜻이다.

1 얻다, 획득하다

Where can I **get** information about it?
그것에 대한 정보를 어디에서 얻을 수 있을까요?

I **got** a letter from Tom.
나는 톰으로부터 편지를 받았다.

2 (타격·해·병 등을 얻다 →) (타격·해·병 등을) 입다, ~을 당하다

He **got** a bad fall.
그는 심하게 넘어졌다.

3 (얻게 하다 →) …에게 ~을 주다

Get me that book.
저 책 좀 갖다 줘.

4 ~이 되다

He is **getting** old.
그는 늙어가고 있다.

5 get + 목적어 + 형용사: (목적어)로 하여금 ~한 상태가 되게 하다

The dog **got** his hands dirty.
그 개가 그의 손을 더럽게 했다.

6 get + 목적어 + to부정사: (목적어)로 하여금 ~하게 하다

I **got** him to clean my room.
나는 그로 하여금 내 방을 청소하도록 했다.

7 get + 목적어 + 과거분사: (목적어)로 하여금 ~당하게 하다

I **got** my watch mended.
나는 내 시계가 고쳐지도록 했다. (→ 시계를 고쳤다.)

26

do (do-did-done)

do의 대표적인 뜻은 <~을 하다>란 뜻이다. 그 이외 조동사로 쓰여 일반동사의 부정문과 의문문을 만드는 것을 도와주는 역할을 한다. 3인칭 단수 현재형은 does이고 과거형은 did, 과거완료형은 done이다.

❶ **~을 하다**

I **did** a lot of work today.
나는 오늘 많은 일을 했다.

❷ **조동사**

I **don't** want to meet her.
나는 그녀를 만나길 원하지 않는다.

Does she know it?
그녀가 그것을 알고 있습니까?

❸ **대동사 (앞에 나온 일반동사의 되풀이를 피하기 위해 do를 대신 쓴다.)**

She studies French harder than he **does** English.
그가 영어를 공부하는 것보다 그녀는 더 열심히 프랑스어를 공부한다.

make (make-made-made)

make의 대표적인 뜻은 <~을 만들다, ~을 만들어주다, ~을 하도록 만들다>란 뜻이다.

❶ **만들다, 제작하다**

God **made** man.
신이 인간을 만드셨다.

❷ **…에게 ~을 만들어 주다**

My mom **made** me a cake.
우리 어머니가 나에게 케이크를 만들어 주셨다.

❸ **make + 목적어 + 형용사: (목적어)를 ~하게 만들다**

She always **makes** me happy.
그녀는 항상 나를 행복하게 한다.

❹ **make + 목적어 + 동사원형: (목적어)로 하여금 ~하게 하다**

His jokes **made** us all laugh.
그의 농담이 우리를 모두 웃게 했다.

❺ make + 목적어 + 과거분사: (목적어)로 하여금 ~당하게 하다

I must **make** my shoes mended.
나는 내 신발이 수선되도록 해야 한다. (→ 신발을 수선해야 한다.)

❻ ~이 되다

He will **make** an excellent scholar.
그는 훌륭한 학자가 될 것이다.

have (have-had-had)

have의 대표적인 뜻은 <~을 갖다, ~을 먹다, ~하게 하다>란 뜻이다.
3인칭 단수 현재형은 has이고 과거형은 had, 과거분사형은 had이다.

❶ ~을 갖다, 소유하다

He **has** two brothers.
나는 두 명의 형제가 있다.

❷ (식사를) 하다, (음식을) 먹다

He is **having** breakfast now.
그는 지금 아침을 먹고 있다.

❸ have + 목적어 + 동사원형: (목적어)로 하여금 ~하게 하다

I won't **have** her talk to me like that.
나는 그녀로 하여금 나에게 그와 같이 말하도록 하지 않을 것이다. (→ 그와 같이 말하는 것을 용납하지 않을 것이다.)

❹ have + 목적어 + 과거분사: (목적어)로 하여금 ~당하게 하다

I **had** a new suit made last month.
나는 지난달에 새 양복을 맞췄다.

❺ have to: ~해야 한다

When do I **have to** return this book?
이 책은 언제까지 반납해야 되나요?

A. 다음 빈칸에 들어갈 말을 <보기>에서 골라 알맞은 형태로 넣으세요.

보기
take get make do have

1. 어머니가 오늘 아침 나에게 샌드위치를 만들어 주셨다.

My mother ________ me a sandwich this morning.

2. 우산을 가지고 가세요.

________ an umbrella with you.

3. 숙제를 끝내는 데 2시간이 걸린다.

It ________ two hours to finish the homework.

4. 어두워지고 있다.

It's ________ dark.

5. 아버지는 나에게 내 방을 청소하게 하셨다.

My father ________ me clean my room.

6. 그는 파티에 갔지만 나는 가지 않았다.

He went to the party, but I ________.

B. 이 강에 나온 동사의 예문들을 모두 읽으면서 그 쓰임을 숙지하세요.

C. 다시 한 번 이 강에 나온 동사의 예문들을 모두 읽으면서 그 쓰임을 숙지하세요.

정답

1. made 2. Take 3. takes 4. getting 5. made[had] 6. didn't

경쌤's TIP

연상법은 연상을 거치기 때문에 암기하는 데 오래 걸린다?

그렇다면 어근으로 암기하면 어근까지 암기하고 그 어근을 거치기 때문에 더 오래 걸리지 않을까요?

그럼 단순히 그냥 암기하는 것은 중간에 거치는 것이 없어서 암기하는 데 더 빨리 암기될까요?

이 책을 보기 전 여러분이 다른 방식으로 암기했던 때를 생각해 보세요. 그 뜻이 바로 떠오를 정도로 암기하려면 몇 번을 복습해야 했었나요? 한두 번 봐서는 그 뜻조차도 생각나지 않았을 것이고 5~6번 복습을 했다 해도 1달 후에 다시 보면 생각이 안 나거나 "그 뜻이 뭐였지???? 아, 맞아 그거였지." 하고 뜻을 생각해 내는 데 시간이 오래 걸릴 것입니다. 과학적 실험에 따르면 아무런 힌트 없이 완전하게 암기하려면 잊어버리고 다시 암기하고 잊어버리고 다시 암기하는 과정을 17번 반복해야 한다고 합니다.

경선식 영단어는 어떤가요? 3번만 복습해도 대다수의 단어들의 뜻이 바로바로 떠올랐을 것이란 말에 여러분은 동의하실 겁니다. 그리고 복습을 거치면서 연상의 도움 없이도 그 뜻이 바로 떠오르는 경험을 했을 것입니다. 설사 오랜 시간 후에 잊어버려도 복습하는 데 1~2초면 충분할 정도로 복습시간에 있어서도 다른 암기법과 비교가 되지 않습니다.

연상법은 연상을 거치기 때문에 암기하는 데 오래 걸린다?

제 연상법 강의를 직접 경험해보지도 않은 경쟁 강사 및 경쟁 어휘 저자들의 입에서 시작되거나 그 말에 현혹되어 그것이 사실인양 믿고 있는 딱한 학생들의 근거 없는 말입니다.

어떠한 목적을 갖고 경선식 영단어를 비방한 말들을 철석같이 믿고 있는 친구들이 있다면, 인터넷 상에서 그러한 비방의 글이 있다면 여러분의 경험을 솔직하게 말해주세요.

접두어 in-

접두어 in-은 in(~ 안에)의 의미와 not(~이 아닌)의 의미가 있다.

invite

[inváit]

v. 초대하다

invitation
초대, 유혹

in(안에) **바위**동굴로 **two**(2)명의 친구를 초대하다

instead

[instéd]

ad. 대신에

instead of
~ 대신에

둥지 **in**(안에) 새끼를 **수태**한 암컷을 **두**고 대신에 수컷이 먹이를 구해오는

invent

[invént]

v. 발명하다, 고안하다

invention
발명

연구소 **in**(안에서) **벤츠**자동차를 발명하다, 고안하다

intention

[inténʃən]

n. 의도, 목적

intentional
의도적인

intentionally
의도적으로

번지점프 위에서 마음 **in**(속에서) 하나, 둘… **ten**(10)까지 **셔**(세다), 왜냐하면 뛰어내리려는 의도, 목적으로

intend

[inténd]

v. ~할 작정이다

1. 주말에는 집에서 **닌텐도** 게임을 할 작정이다
2. **intention**(의도, 목적)의 동사형

involve [㉯invάlv] [㉰invɔ́lv]

v. 포함시키다, (사건 등에) 연루시키다

involvement 말려들게 함, 연루

“우리와 함께 범죄 in(안으로) 발을 밟으!(밟어!)” 하고 그 범죄에 포함시키다, 연루시키다

increase v. [inkríːs] n. [ínkriːs]

v. 증가하다, 증가시키다
n. 증가

increasingly 점점, 더욱 더

냄비 in(안에) 국을 끓이스. 그랬더니 거품이 증가, 증가하다

decrease v. [dikríːs] n. [díkriːs]

v. 감소하다, 감소시키다 n. 감소

de(not) + **crease**(→ increase): 증가하지 않고 반대로 감소하다, 감소시키다, 감소

independent [ìndipéndənt]

a. 의존하지 않는, 독립된

independence 독립, 자립 (-ence: 명사형 어미)

in(not) + **dependent**(의존하는): 의존하지 않는, 독립된

27강

예문 The couple **invited** many guests to their wedding. 그 부부는 결혼식에 많은 하객들을 초대했다. / Give me a cup of tea **instead**. 대신 차 한 잔 주세요. / King Sejong **invented** Hangeul. 세종대왕은 한글을 창제했다. / I don't know his **intention**. 나는 그의 의도를 모르겠다. / I didn't **intend** to hurt you. 당신을 해칠 생각은 없었어요. / He was **involved** in a crime. 그는 범죄에 연루되었다. / Please **increase** the volume. 볼륨을 높여주세요. / The population **decreased** over the years. 인구는 해를 거듭할수록 감소했다. / His daughter is an **independent** young woman. 그의 딸은 독립적인 젊은 여성이다.

복습문제

□□□ invite □□□ intention □□□ increase
□□□ instead □□□ intend □□□ decrease
□□□ invent □□□ involve □□□ independent

27

접두어 re-

접두어 re-는 again(다시), back(뒤로, 뒤에)의 의미로 쓰인다.

reduce
[ridjúːs]

v. 줄이다, 감소시키다

re(다시) 쥬스를 마시고 또 마셔서
reduce
쥬스를 줄이다, 감소시키다

re(다시) **쥬스**를 마시고 또 마셔서 병에 있는 쥬스를 줄이다, 감소시키다

reject
[ridʒékt]

v. 거절하다, 거부하다

rejection
거절, 거부

일본 수상이 방문하려 하자 역사 왜곡 문제로 **re**(뒤로) 되돌려 **제트**기 입국을 거절하다, 거부하다

reply
[ripláí]

v. 대답하다, 답장하다
n. 대답, 답장

비둘기에 답장을 묶어 **re**(뒤로) 되돌려 **fly**(날려 보내다), 즉 대답하다, 답장하다

remove
[rimúːv]

v. 치우다, 제거하다

쓰레기를 수거함이 있는 아파트 **re**(뒤로) **move**(옮겨서) 치우다, 제거하다

reach
[riːtʃ]

v. 도착하다

지하철 **re**(뒤의) 문이 **취~** 소리와 함께 열리며 이번 역에 도착하다

remain
v. 남다, ~인 채로 남아있다

폭풍우에 집은 날아갔지만 강아지는 집 re(뒤에) 줄로 **매인** 채로 남아있다

regret
v. 후회하다 n. 후회

[rigrét]

regretful
뉘우치는, 후회하는

게임 안 하기로 결심해놓고 "어이쿠, **re**(다시) **그랬**어." 하며 후회하다

repeat
v. 되풀이하다

repetition
되풀이, 반복

공부했던 부분을 **re**(다시) **피트**(피다 → 펴다), 그렇게 복습을 되풀이하다

recover
v. 회복하다

recovery
회복

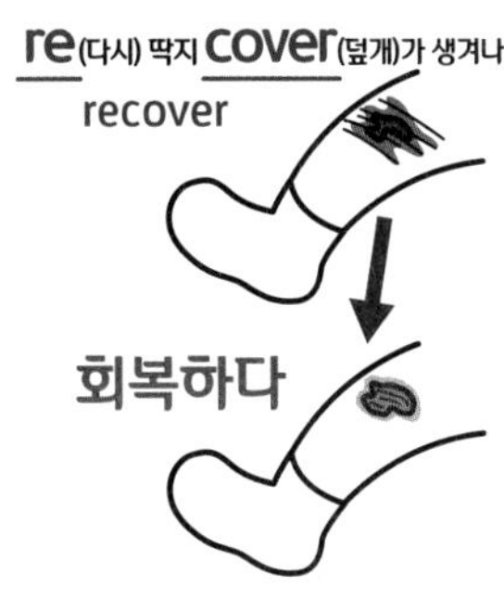

상처 난 부위에 **re**(다시) 딱지 **cover**(덮개)가 생겨나 회복하다

27일

예문 We should **reduce** trash. 우리는 쓰레기를 줄여야 한다. / The suggestion was **rejected**. 그 제안은 거절되었다. / Did you **reply** to my email? 제 이메일에 답신하셨나요? / The police **removed** the barricade. 경찰이 바리케이드를 철거했다. / The train **reached** the final station. 기차가 종착역에 도착했다. / The house **remained** empty until they moved in. 그들이 이사 올 때까지 그 집은 비어 있었다. / What's your greatest **regret**? 가장 후회되는 게 뭐죠? / Could you **repeat** that one more time? 다시 한 번 말씀해 주시겠어요? / It will take some time to **recover**. 회복하는 데 시간이 좀 걸릴 것이다.

복습문제

□□□ reduce	□□□ remove	□□□ regret
□□□ reject	□□□ reach	□□□ repeat
□□□ reply	□□□ remain	□□□ recover

reaction
[riǽkʃən]

react 반응하다, 반응을 보이다

n. 반응, 반작용

re(뒤로) 되돌려주는 **action**(활동, 행동), 즉 반응, 반작용

research
[risə́:rtʃ]

n. (학술) 연구, 조사 v. 연구하다, 조사하다

자료 등을 **re**(다시) **search**(찾아서) 조사, 연구하다

remind
[rimáind]

v. 생각나게 하다

re(다시) **mind**(마음)에 떠올리게 하다, 즉 생각나게 하다

return
[ritə́:rn]

v. ¹ 돌아오다 ² 돌려주다

1. **re**(뒤로) **turn**(돌아서) 오다, 즉 돌아오다
2. **re**(다시) **turn**(돌려서) 주다, 즉 돌려주다

refresh
[rifréʃ]

v. 상쾌하게 하다, 새롭게 하다

re(다시) **fresh**(신선한, 새로운) 마음을 갖게 하다, 즉 상쾌하게 하다, 새롭게 하다

review
[rivjú:]

n. 재검토 v. 재검토하다

re(다시) + **veiw**(봄): 재검토, 재검토하다

접두어 uni-

접두어 uni-는 one(하나)의 의미로 쓰인다
대표적인 예로 United States(미국 ← 하나로 통합된 주들)가 있다.

unique
[juːníːk]

a. 유일한, 독특한

1. 이 반에서 **윤이**만 키가 **크**다, 즉 윤이만 유일한, 독특한
2. **uni**(하나의) 것만 다른, 즉 유일한, 독특한

union
[júːnjən]

n. 연합, 노동조합

1. 우리 모임 안으로 **윤이**가 **온**, 즉 우리랑 연합
2. 사람들을 **uni**(하나로) 모아 연합한 노동조합

unite
[juːnáit]

v. 연합하다, 통합하다

united
연합한

1. 칠성파가 **You**(너의) **나이트**클럽을 자기네 클럽으로 연합하다, 통합하다
2. 여러 개를 **uni**(하나로) 만들다, 즉 연합하다, 통합하다

27강

예문 What was his **reaction** to the news? 그 뉴스에 대한 그의 반응은 어땠어요? / His **research** won a Nobel Prize. 그의 연구는 노벨상을 받았다. / This movie **reminds** me of my childhood. 이 영화는 나의 어린 시절을 생각나게 한다. / [1] The soldier **returned** home after 2 years. 그 군인은 2년 후에 집으로 돌아왔다. [2] Please **return** it after the class. 수업 끝나고 돌려주세요. / Caroline needs time to **refresh**. 캐롤라인은 기분전환을 할 시간이 필요하다. / We need to **review** this plan. 우리는 이 계획안을 재검토할 필요가 있다. / You have **unique** beauty. 당신은 독특한 아름다움을 가졌어요. / [1] European **Union** 유럽 연합(EU) [2] join the labor **union** 노동조합에 가입하다 / If we **unite**, we can overcome this problem. 우리가 단결하면, 이 문제를 해결할 수 있다.

복습문제

□□□ reaction	□□□ return	□□□ unique
□□□ research	□□□ refresh	□□□ union
□□□ remind	□□□ review	□□□ unite

01 1강 단위 복습 05 5강 단위 복습 15 15강 단위 복습 30 30강 단위 복습

다음 단어들의 뜻이 1초 내에 생각나지 않으면 각 강의 단위에 표시를 하고 표시한 단어들을 다시 복습하세요.
(학원이나 학교의 숙제용 주관식 문제는 별도로 p.254~p.268에 있습니다.)

invite	01 05 15 30 30 30	remain	01 05 15 30 30 30
instead	01 05 15 30 30 30	regret	01 05 15 30 30 30
invent	01 05 15 30 30 30	repeat	01 05 15 30 30 30
intention	01 05 15 30 30 30	recover	01 05 15 30 30 30
intend	01 05 15 30 30 30	reaction	01 05 15 30 30 30
involve	01 05 15 30 30 30	research	01 05 15 30 30 30
increase	01 05 15 30 30 30	remind	01 05 15 30 30 30
decrease	01 05 15 30 30 30	return	01 05 15 30 30 30
independent	01 05 15 30 30 30	refresh	01 05 15 30 30 30
reduce	01 05 15 30 30 30	review	01 05 15 30 30 30
reject	01 05 15 30 30 30	unique	01 05 15 30 30 30
reply	01 05 15 30 30 30	union	01 05 15 30 30 30
remove	01 05 15 30 30 30	unite	01 05 15 30 30 30
reach	01 05 15 30 30 30		

파생어, 숙어 복습

invitation	01 05 15 30 30 30	independence	01 05 15 30 30 30
instead of	01 05 15 30 30 30	rejection	01 05 15 30 30 30
invention	01 05 15 30 30 30	regretful	01 05 15 30 30 30
intentional	01 05 15 30 30 30	repetition	01 05 15 30 30 30
intentionally	01 05 15 30 30 30	recovery	01 05 15 30 30 30
involvement	01 05 15 30 30 30	react	01 05 15 30 30 30
increasingly	01 05 15 30 30 30	united	01 05 15 30 30 30

경선식 영단어 생생 학습 후기

10점짜리 영포자에서 수능 1등급의 기적을 이뤄낸 건 당연히 경선식 영단어 덕분! (변*진)

때는 바야흐로 중3 시절. 공부와는 담을 쌓고 있었던 나는 중간고사 영어 시험에서 10점이라는 최악의 점수를 받게 된다. 친척의 강력한 권유로 경선식 영단어 인강을 신청해서 듣기 시작했다. 효과는 정말 놀라웠다. 예전 같았으면 금세 질려서 그만하던가 외운 내용이 생각이 안 나던가 할 텐데 경선식 인강으로 공부하니 공부도 재밌고 머릿속에도 기억이 확실히 나기 시작했다. 그렇게 중3 겨울방학을 보내고 고등학교에 입학한다. 단어가 보이니 영어 공부가 재밌고 쉬워진 걸 확실히 느낄 수 있었다. 꾸준히 경선식 인강을 들으며 영어 실력을 늘려갔고 그 결과로 고등학교 첫 시험에서 96점이란 높은 점수를 받게 된다. 대망의 수능시험에선 1등급을 맞는 쾌거를 이루기까지 하였다. 10점짜리 영포자에서 수능 1등급의 기적을 이뤄낸 건 당연히 경선식 영단어 덕분이였고 앞으로도 기억에 많이 남을 것 같다.

접두어 co-, col-, com-, con-

접두어 co-, col-, com-, con-은 together(~와 함께)나 with(~을 가지고)의 의미로 쓰인다.

conversation n. 대화

[㊀kὰnvərséiʃən]
[㊂kɔ̀nvərséiʃən]

커피를 **con**(함께) **붜**(부어) 마시며 **say션**(말하셔), 즉 대화를 하셔

community n. 공동체, (공동체) 주민

[kəmjú:nəti]

com(함께) 같은 **무늬** 단체 **티**셔츠를 입고 있는 공동체, 공동체 주민

consult v. 상담하다

[kənsʌ́lt]

consultant
의논상대
(-ant: ~사람)
consultation
상담

con(함께) **설**(서있는) **two**(2) 사람이 서로 상담하다

confirm v. 확실하게 하다, 확인해 주다

[kənfə́:rm]

1. 미용사에게 반드시 **큰 펌**으로 할 것을 몇 번이고 말하며 확실하게 하다, 확인해 주다
2. **con**(강조) + **firm**(확실한): 확실하게 하다, 확인해 주다

compare v. 비교하다, 비유하다

[kəmpέər]

comparable
비교할 만한, 비슷한
compare A with B
A를 B와 비교하다

"어떤 것이 이것과 **com**(함께) 같은 **패여?**(쌍이여?)" 신발 한쪽을 찾으려고 서로 비교하다

접두어 cent-

접두어 cent-는 100을 의미한다.

cent
[sent]

n. 1센트

1달러의 **cent**(100)분의 1인 1센트

century
[séntʃuri]

n. 1세기

cent(100)년을 의미하는 1세기

centimeter
[séntəmìːtər]

n. 센티미터(1미터의 100분의 1)

cent(100) + **meter**(미터): 100분의 1미터, 즉 센티미터

centigrade
[sèntəgréid]

n. 섭씨

cent(100) + **grade**(등급, 정도): 100도를 100등분한 단위, 즉 섭씨

예문 We had an interesting **conversation**. 우리는 흥미로운 대화를 나눴다. / Many people in my **community** attend church. 우리 지역사회의 많은 사람들이 교회에 다닌다. / Please **consult** about these problems with your parents. 이 문제들에 대해서는 부모님과 상의해 보세요. / Let me **confirm** your order. 주문 확인하겠습니다. / Don't **compare** yourself with other people. 너 자신을 다른 사람과 비교하지 마라. / The stamp is 57 **cents**. 그 우표는 57센트이다. / The temple was built in the 13th **century**. 그 사원은 13세기에 지어졌다. / The height of the desk is 100 **centimeters**. 책상의 높이는 100센티미터이다. / Koreans use **centigrade**. 한국인들은 섭씨를 사용한다.

복습문제

□□□ conversation □□□ confirm □□□ century
□□□ community □□□ compare □□□ centimeter
□□□ consult □□□ cent □□□ centigrade

접두어 e-, ex-

접두어 e-와 ex-는
out(밖으로)의 의미로 쓰인다.

experiment n. 실험 v. 실험하다

n. [ikspérimənt]
v. [ikspérimènt]

ex(밖으로) **페리**(파리) 내장을 해부할 게 **많다**, 즉 파리 해부 실험, 실험하다

explore v. 탐험하다

[ikspló:r]

exploration
탐험
explorer
탐험가

우주 탐사로봇들을 지구 **ex**(밖으로) **풀러** 보내서 우주를 탐험하다

experience n. 경험 v. 경험하다

[ikspíəriəns]

집 **ex**(밖에서) 불을 **피워리**. 그리고 주위에 **앉수**(앉다), 즉 집 마당에서 캠핑 경험, 경험하다

expensive a. 비싼

[ikspénsiv]

어머니가 **ex**(밖에) 진열된 **pen**(펜) 사달라는 아이의 말을 **씹으**시는 이유는 비싼 가격 때문

except prep. ~을 제외하고

[iksépt]

exception
예외

A, B, C를 포함한 **세트**에서 **ex**(밖으로) A를 빼서 제외하고

접두어 dis-

접두어 dis-는 not(~이 아닌), away(멀리 떨어진)의 의미로 쓰인다.

disagree
[dìsəgríː]

v. 반대하다

dis(not) + **agree**(동의하다): 반대하다

disappear
[dìsəpíə*r*]

v. 사라지다

dis(not) + **appear**(나타나다): 나타나지 않고 그 반대로 사라지다

dislike
[disláik]

v. 싫어하다

dis(not) + **like**(좋아하다): 싫어하다

discourage
[diskə́ːridʒ]

v. 용기를 잃게 하다, 낙담시키다

dis(not) + **courage**(용기): 용기를 잃게 하다, 낙담시키다

예문 NASA **experimented** with a human robot. 나사는 인간 로봇으로 실험을 했다. / I want to **explore** the Amazon. 나는 아마존을 탐험하고 싶다. / The intern got a lot of **experience**. 그 인턴은 많은 경험을 얻었다. / The man dressed up in **expensive** clothes. 그 남자는 값비싼 옷을 차려입고 있었다. / I like all fruits **except** apples. 나는 사과를 제외한 모든 과일을 좋아한다. / I strongly **disagree** with your plan. 나는 당신의 계획에 강력히 반대한다. / The magician **disappeared.** 마술사가 사라졌다. / I especially **dislike** beans. 나는 특히 콩을 싫어한다. / Don't be **discouraged** by one failure. 한 번의 실패로 낙담하지 마라.

복습문제

□□□ experiment
□□□ explore
□□□ experience
□□□ expensive
□□□ except
□□□ disagree
□□□ disappear
□□□ dislike
□□□ discourage

disorder
[disɔ́:rdər]

n. 무질서, 혼란

dis(not) + **order**(질서): 무질서, 혼란

discount
[dískaunt]

n. 할인 v. 할인하다

dis(not) + **count**(세나): 산 물건 중에 하나는 **세지 않고** 덤으로 주이 할인, 할인하다

disadvantage
[㊊dìsədvǽntidʒ]
[㊇dìsədvá:ntidʒ]

n. 불리한 점

dis(not) + **advantage**(유리한 점): 불리한 점

dishonest
[㊊disánist]
[㊇disɔ́nist]

a. 부정직한

dis(not) + **honest**(정직한): 부정직한

접두어 un-

접두어 un-은 not(~이 아닌)의 의미로 쓰인다.

unavoidable
[ʌ̀nəvɔ́idəbl]

a. 피할 수 없는

un(not) + **avoid**(피하다) + **able**(~할 수 있는): 피할 수 없는

unbelievable
[ʌ̀nbilíːvəbl]

a. 믿을 수 없는, 믿겨지지 않는

un(not) + **believe**(믿다) + **able**(~할 수 있는): 믿을 수 없는

unhappy
[ʌ̀nhǽpi]

a. 불행한

un(not) + **happy**(행복한): 불행한

unkind
[ʌ̀nkáind]

a. 불친절한

un(not) + **kind**(친절한): 불친절한

unknown
[ʌ̀nnóun]

a. 알려지지 않은

un(not) + **known**(알려진): 알려지지 않은

unable
[ʌ̀néibl]

be unable to ~할 수 없다

a. ~할 수 없는

un(not) + **able**(~할 수 있는): ~할 수 없는

예문 The emergency room is in **disorder**. 응급실이 혼란스럽다. / get a 10% of **discount** 10퍼센트의 할인을 받다 / The judge gave **disadvantage** to the player for fouling. 심판은 반칙을 한 선수에게 불이익을 주었다. / He has been **dishonest** with his wife. 그는 아내에게 정직하지 못했다. / He said the war is **unavoidable** now. 그는 이제 전쟁을 피할 수 없다고 말했다. / The condition of the house was **unbelievable**. 그 집의 상태는 믿을 수 없을 정도였다. / The dolphin seemed **unhappy**. 돌고래는 불행해 보였다. / The clerk is **unkind**. 그 점원은 불친절하다. / The place is **unknown** to tourists. 그곳은 관광객들에게 알려지지 않은 장소이다. / I am **unable** to help you. 나는 당신을 도울 수 없어요.

복습문제

□□□ disorder
□□□ discount
□□□ disadvantage
□□□ dishonest
□□□ unavoidable
□□□ unbelievable
□□□ unhappy
□□□ unkind
□□□ unknown
□□□ unable

01 1강 단위 복습 05 5강 단위 복습 15 15강 단위 복습 30 30강 단위 복습

다음 단어들의 뜻이 1초 내에 생각나지 않으면 각 강의 단위에 표시를 하고 표시한 단어들을 다시 복습하세요.
(학원이나 학교의 숙제용 주관식 문제는 별도로 p.254~p.268에 있습니다.)

conversation	01 05 15 30 30 30	disagree	01 05 15 30 30 30
community	01 05 15 30 30 30	disappear	01 05 15 30 30 30
consult	01 05 15 30 30 30	dislike	01 05 15 30 30 30
confirm	01 05 15 30 30 30	discourage	01 05 15 30 30 30
compare	01 05 15 30 30 30	disorder	01 05 15 30 30 30
cent	01 05 15 30 30 30	discount	01 05 15 30 30 30
century	01 05 15 30 30 30	disadvantage	01 05 15 30 30 30
centimeter	01 05 15 30 30 30	dishonest	01 05 15 30 30 30
centigrade	01 05 15 30 30 30	unavoidable	01 05 15 30 30 30
experiment	01 05 15 30 30 30	unbelievable	01 05 15 30 30 30
explore	01 05 15 30 30 30	unhappy	01 05 15 30 30 30
experience	01 05 15 30 30 30	unkind	01 05 15 30 30 30
expensive	01 05 15 30 30 30	unknown	01 05 15 30 30 30
except	01 05 15 30 30 30	unable	01 05 15 30 30 30

파생어, 숙어 복습

consultant	01 05 15 30 30 30	exploration	01 05 15 30 30 30
consultation	01 05 15 30 30 30	explorer	01 05 15 30 30 30
comparable	01 05 15 30 30 30	exception	01 05 15 30 30 30
compare A with B	01 05 15 30 30 30	be unable to	01 05 15 30 30 30

경쌤's TIP

예전에 유명한 공무원 어휘 저자가 몰래 학생인양 경선식영단어를 비방하는 글을 네이버 카페에 올렸다가 저희 회사에 발각이 되어 서초경찰서에 고소되어 다시는 그러지 않겠다는 각서를 쓰고 무마해준 사건이 있었습니다.

그리고 연상법으로 하면 영어를 망친다는 해외 논문이 엄청 많다고 말했던 유명 수능 강사도 있었습니다. 저는 그러한 논문이 있다면 당장 보여주고 만약 그러한 논문을 보여주지 못하면 당신은 사기를 친 것이라는 내용의 항의 영상을 올렸습니다. 결국 그 강사는 단 하나의 그러한 논문을 보여주지 못했고 그 강사가 사과한 사건도 있었습니다.

그리고 또 다른 유명 공부관련 컨설턴트는 원본인 아프리카TV 영상에서의 학생과의 인터뷰를 교묘히 편집하여 유튜브에 올려서 경선식영단어를 비방한 경우도 있었습니다. 그 영상 속 학생은 경선식영단어로 공부하여 영어 3등급까지 올리고 나서 2년 동안 비영어권 국가에서 영어의 영자도 공부하지 않았는데 유학을 끝내고 돌아와 보니 경선식영단어가 뒤죽박죽되고 뜻이 생각나지 않는다는 내용이었습니다. 2년간 전혀 복습하지 않았는데 그 단어 뜻이 생각나지 않는 것은 당연한 것입니다.

그런데 그 원본에서 그 유명 컨설턴트는 영어가 3등급까지 올랐다는 내용과 비영어권 국가로 유학을 가 있던 2년 동안 복습을 전혀 하지 않았다는 내용은 쏙 빼고 경선식영단어를 비방하는 내용만 올린 것입니다. 그 이후 그 유명 컨설턴트는 자신의 어휘서를 한 출판사를 통해 출간했습니다.

경선식영단어를 비난하는 사람치고 경선식영단어 강의를 수강하여 열심히 공부해 본 사람은 거의 없습니다. 적어도 편견 없이 1시간이라도 제대로 강의를 들어보고 판단하여 얘기하는 것이 아니라 처음부터 비난을 목적으로 경쟁 강사나 저자들이 아주 그럴듯하게 비난하는 것입니다. 설사 책이나 강의를 듣고서 비난하는 사람이 있다 해도 그것은 반복 복습을 하지 않은 경우가 대부분입니다. 그 반복 복습이라는 것이 다른 암기방법 복습의 10분의 1만 해도 되는데 말입니다.

그동안 쌓인 수만 개의 경선식영단어에 대한 수강후기들을 볼 때 직접 강의를 듣고 제대로 반복 복습을 한 사람들은 경선식영단어의 효과를 확실하게 알고 있습니다.

강의를 들어본 학생들의 수많은 수강후기들을 믿으시겠습니까? 아니면 경쟁 강사나 경쟁 저자의 비난만을 목적으로 한 말을 믿으시겠습니까?

28강까지 들은 제자님들은 잘 알고 있을 것입니다.

비열한 방법으로 남을 밟고 일어서려는 사람들이 적지 않습니다.

무엇이 사실인지를 알면서도 침묵하는 것은 대한민국을 그러한 비열한 사람들이 득세하도록 도와주는 꼴이 될 것입니다.

어근 fin

어근 fin은 end(끝)의 의미로 쓰인다.

define [difáin] v. 정의하다, 분명히 하다

definition 정의
definite 분명한, 확실한

1. **뒤**에 **파인** 배수로까지가 우리 땅이라고 정의하다, 분명히 하다
2. **de**(강조) + **fin**(end) + **e**(동사형 어미)

finish [fíniʃ] v. 끝나다, 끝내다

fin(end) + **ish**(동사형 어미): 끝나다, 끝내다

final [fáinl] a. 마지막의

finally 마침내

fin(end) + **al**(형용사형 어미): 마지막의

finalize [fáinəlàiz] v. 마무리짓다, 완성하다

final(마지막의) + **ize**(동사형 어미): 마무리짓다, 완성하다

infinite [ínfənət] a. 무한한, 끝없는

infinitely 무한히, 대단히

in(not) + **fin**(end) + **ite**: 끝이 없는

어근 clud

어근 clud는 close(닫다)의 의미로 쓰인다.

include

[inklúːd]

v. 포함하다, 포함시키다

in(안에) 넣고 문을 **clude**(닫아서) 그 안에 포함하다, 포함시키다

conclude

[kənklúːd]

v. 끝내다, 결론을 내리다

conclusion
결정, 결론

con(함께) 회의록이나 입을 **clude**(닫고) 회의를 끝내다, 결론을 내리다

exclude

[iksklúːd]

v. 제외시키다, 배제하다

ex(밖으로) 내쫓고 **clude**(닫아서) 제외시키다, 배제하다

예문 It is difficult to **define** our thoughts. 우리의 생각을 정의하는 것은 어렵다. / She almost **finished** painting. 그녀는 그림을 거의 다 그렸다. / This is the **final** step to join the club. 이것은 그 클럽에 가입하기 위한 마지막 단계이다. / It takes a long time to **finalize** the contract. 그 계약을 마무리하는 데는 오랜 시간이 걸린다. / Natural resources are not **infinite**. 천연자원은 무한하지 않다. / The class **includes** many activities. 그 수업은 많은 활동을 포함한다. / They **concluded** the discussion. 그들은 토론을 끝냈다. / Women were **excluded** from the discussion. 여자들은 그 토론에서 배제되었다.

복습문제

□□□ define　□□□ final　□□□ infinite　□□□ conclude
□□□ finish　□□□ finalize　□□□ include　□□□ exclude

어근 press

어근 press는 push(누르다)의 의미로 쓰인다.

depress
[diprés]

v. 우울하게 만들다

depressed 우울한

1. 아버지가 집 **뒤 풀에**(풀밭에) **쓰**러지셨다는 소식이 나를 우울하게 만들다
2. 기분을 **de**(아래로) **press**(눌러) 우울하게 만들다

pressure
[préʃər]

n. 압력, 압박

press(push) + **ure**(명사형 어미): 찍어 누름, 즉 압력, 압박

express
[iksprés]

expression 표현, 표정

[1] v. 표현하다, 나타내다 [2] a. 급행의, 속달의

1. 감정을 **ex**(밖으로) **press**(눌러서) 짜내다, 즉 표현하다, 나타내다
2. 지구 **ex**(밖으로) 출발 버튼을 **press**(눌러서) 빠르게 출발하는 급행의 우주로켓

impression
[impréʃən]

impress
인상을 주다, 감명을 주다
impressive 감동적인, 인상적인

n. 인상, 감명

마음 **im**(안에서) **press**(누르고 있는) 감정, 즉 인상, 감명

compress
[kəmprés]

v. 압축하다

com(강조) + **press**(push): 완전히 눌러 압축하다

어근 port

어근 port는 carry(나르다, 운반하다)의 의미로 쓰인다.

import
v. [impɔ́:rt]
n. [ímpɔ:rt]

v. 수입하다 n. 수입(품)

1. 나라 **im**(안으로) 상품을 **port**(나르다), 즉 수입, 수입하다
2. 외국 물품을 나라 **im**(안으로) **뽀트**(보트)에 싣고 들여와 수입, 수입하다

export
v. [ikspɔ́:rt]
n. [ékspɔ:rt]

v. 수출하다 n. 수출(품)

1. 나라 **ex**(밖으로) 상품을 **port**(나르다), 즉 수출, 추출하다
2. 국내 물품을 나라 **ex**(밖으로) **뽀트**(보트)에 싣고 수출, 추출하다

transport
n. [trǽnspɔ:rt]
v. [trænspɔ́:rt]

n. 운송 v. 운송하다

국경선을 **trans**(가로질러) 수출품을 **port**(운반하여) 운송, 운송하다

portable
[pɔ́:rtəbl]

a. 휴대할 수 있는, 휴대용의

port(carry) + **able**(~할 수 있는): 운반할 수 있는, 즉 휴대할 수 있는, 휴대용의

예문 The news **depressed** many workers. 그 소식은 많은 근로자들을 우울하게 했다. / high blood **pressure** 고혈압 / [1] She **expressed** her feelings through music. 그녀는 음악을 통해 자신의 감정을 표현했다. [2] We have two **express** trains to Busan this afternoon. 부산행 급행열차가 오늘 오후에 두 편 있습니다. / His first **impression** was mild. 그의 첫인상은 부드러웠다. / I tried to wrap and **compress** it. 나는 그것을 포장하고 압축하려 했다. / We **import** gasoline from other countries. / 우리는 다른 나라들로부터 휘발유를 수입한다. / We **export** our products to the global market. 우리는 전 세계 시장에 우리의 제품을 수출한다. / The truck **transports** kimchi. 그 트럭은 김치를 운반한다. / a little **portable** fan 작은 휴대용 선풍기

복습문제

□□□ depress
□□□ pressure
□□□ express
□□□ impression
□□□ compress
□□□ import
□□□ export
□□□ transport
□□□ portable

어근 flu

어근 flu는 flow(흐르다)의 의미로 쓰인다.
대표적인 예로 flute(플루트, 피리)는 공기가 흐르듯이 소리가 난다는 의미에서 나온 말이다.

influenza
[ìnfluénzə]

n. 독감 (= flu)

코 **in**(안에) 콧물이 **flu**(흐르고) **앉아**서 쉬어야 하는 독감

fluent
[flú:ənt]

a. 유창한

fluently
유창하게

물 **flu**(흐르는) 듯한 **言투**(말투)로 유창한

influence
[ínfluəns]

n. 영향 v. 영향을 미치다

외국 문명이 우리나라 **in**(안으로) **flu**(흘러) 들어와 영향, 영향을 미치다

fluid
[flú:id]

n. 액체

flu(flow) + **id**: 흐르는 것, 즉 액체

어근 sta

어근 sta는 stand(서다, 세우다)의 의미로 쓰인다.

statue n. 동상, 조각상

[stǽtʃuː]

sta(서서) **추**위에 아랑곳 않는 동상, 조각상

stable a. 안정적인

[stéibl]

unstable 불안정한

1. 아이를 **수태**해서 **이불** 속에 누워 안정을 취하는, 즉 안정적인
2. 쓰러지지 않고 **sta**(서 있을) **ble**(수 있는), 즉 안정적인

establish v. 설립하다, 확립하다

[istǽbliʃ]

마당 **e**(밖에) 건물 등을 **sta**(세우다), 즉 설립하다, 확립하다

예문 I take vaccine against **influenza** every winter. 나는 겨울마다 독감 예방백신을 맞는다. / The lady speaks French **fluently**. 그 아가씨는 프랑스어를 유창하게 말한다. / Some TV programs **influence** young viewers. 어떤 TV 프로그램은 어린 시청자들에게 영향을 미칠 수 있다. / The doctor advised me to increase **fluid** intake. 의사는 나에게 수분 섭취량을 늘리라고 조언했다. / The **Statue** of Liberty is a landmark of New York City. 자유의 여신상은 뉴욕의 랜드마크이다. / The patient's condition is **stable**. 환자의 상태는 안정적입니다. / Would you please **establish** a new fire station in our area? 우리 지역에 새 소방서를 하나 세워주지 않겠습니까?

복습문제

□□□ influenza □□□ influence □□□ statue □□□ establish
□□□ fluent □□□ fluid □□□ stable

01 1강 단위 복습 05 5강 단위 복습 15 15강 단위 복습 30 30강 단위 복습

다음 단어들의 뜻이 1초 내에 생각나지 않으면 각 강의 단위에 표시를 하고 표시한 단어들을 다시 복습하세요.
(학원이나 학교의 숙제용 주관식 문제는 별도로 p.254~p.268에 있습니다.)

define	01	05	15	30	30	30
finish	01	05	15	30	30	30
final	01	05	15	30	30	30
finalize	01	05	15	30	30	30
infinite	01	05	15	30	30	30
include	01	05	15	30	30	30
conclude	01	05	15	30	30	30
exclude	01	05	15	30	30	30
depress	01	05	15	30	30	30
pressure	01	05	15	30	30	30
express	01	05	15	30	30	30
impression	01	05	15	30	30	30
compress	01	05	15	30	30	30
import	01	05	15	30	30	30
export	01	05	15	30	30	30
transport	01	05	15	30	30	30
portable	01	05	15	30	30	30
influenza	01	05	15	30	30	30
fluent	01	05	15	30	30	30
influence	01	05	15	30	30	30
fluid	01	05	15	30	30	30
statue	01	05	15	30	30	30
stable	01	05	15	30	30	30
establish	01	05	15	30	30	30

파생어, 숙어 복습

definition	01	05	15	30	30	30
definite	01	05	15	30	30	30
finally	01	05	15	30	30	30
infinitely	01	05	15	30	30	30
conclusion	01	05	15	30	30	30
depressed	01	05	15	30	30	30
expression	01	05	15	30	30	30
impress	01	05	15	30	30	30
impressive	01	05	15	30	30	30
fluently	01	05	15	30	30	30
unstable	01	05	15	30	30	30

경선식에듀 1:1 Online-Care 수강생 후기

영덕중학교 1학년 오*후 수강생 — 하루 2.5시간 주3일 학습 및 관리

6개월 만에 고1전국모의고사 68점 → 고3전국모의고사 100점

입반 테스트	고1모의고사	68점
+ 3개월 만에	고1모의고사	92점
+ 2개월 만에	고2모의고사	1차: 95점 2차: 98점
+ 1개월 만에	고3모의고사	1차: 95점 2차: 98점 3차: 98점 4차: 100점

중1임에도 불구하고 고1 모의고사 68점에서 총 6개월 만에 고3 모의고사 100점!

저는 중1임에도 불구하고, 고등 모의고사에서 좋은 점수를 받을 수 있었습니다.

그 이유는 경선식 선생님의 강의를 듣고 Online-Care에서 계획해주신 스케줄에 맞게 공부를 하니 단기간에 성적 향상을 할 수 있었습니다. 경선식 해마학습법을 통해 재미있고 쉽게 영단어를 외울 수 있었고, 문법은 외워야 할 것이 많아서 힘들고 막막하였는데 경선식영문법을 하고서는 핵심적인 부분만을 딱딱 집어주셔서 강의가 귀에 쏙쏙 들어왔고 문법을 적용해서 해석을 쉽게 할 수 있었고 어려운 문장해석에도 도움이 되었습니다. 지금까지 어려웠던 문법이 이제는 제일 쉬워졌습니다. 혼자서 학습했다면 정말 막막하고 힘들었을 영어공부였지만 체계적인 관리와 고효율 학습을 통해 고1, 2학년 수준 독해 지문들을 쉽게 해석할 수 있게 되었고, 문제를 풀 수 있었습니다.

cucumber
[kjú:kʌmbər]
n. 오이

rate
[reit]
n. [1] 비율, 등급 [2] 요금

wrist
[rist]
n. 손목, 손목관절

trust
[trʌst]
n. 신뢰 v. 신뢰하다

clerk
[klə:rk]
n. 사무원, 점원

Pacific
[pəsífik]
n. 태평양 a. 태평양의

Atlantic
[ætlǽntik]
n. 대서양 a. 대서양의

temple
[témpl]
n. 사찰, 절

lake [leik] n. 호수, 연못

violet [váiəlit] n. 보라색 a. 보라색의

custom [kʌ́stəm] n. 관습, 풍습

customer [kʌ́stəmər] n. 손님, 단골

예문 **Cucumbers** are often used for facial skin care. 오이는 종종 얼굴 피부 관리에 사용된다. / [1] The birth **rate** has decreased by 10 percent. 출생률이 10% 감소했다. [2] Night telephone **rates** are cheaper. 야간 통화요금이 더 저렴하다. / She broke her **wrist** yesterday. 그녀는 어제 손목이 부러졌다. / **Trust** is not easy to gain. 신뢰는 쉽게 얻을 수 없다. / The **clerk** found a candy for a customer. 점원은 손님에게 줄 사탕을 찾았다. / Seattle is on the **Pacific** coast. 시애틀은 태평양 연안에 있다. / Rachel crossed the **Atlantic** in a balloon. 레이첼은 열기구를 타고 대서양을 횡단했다. / My parents like to visit **temples**. 우리 부모님은 절을 방문하는 것을 좋아하신다. / Michigan is surrounded by **lakes**. 미시간 주는 호수로 둘러싸여 있다. / She wore a **violet** blouse. 그녀는 보라색 블라우스를 입었다. / The old **customs** are passing. 낡은 관습은 사라져 가고 있다. / The **customers** are sitting at the table. 손님들이 탁자에 앉아있다.

복습문제

□□□ cucumber	□□□ trust	□□□ Atlantic	□□□ violet
□□□ rate	□□□ clerk	□□□ temple	□□□ custom
□□□ wrist	□□□ Pacific	□□□ lake	□□□ customer

blood
[blʌd]
n. 피, 혈액

bowl
[boul]
n. 사발, 그릇

client
[kláiənt]
n. 고객

vase
[veis]
n. 꽃병

absent
[ǽbsənt]
a. 결석한

rise
[raiz]
1 n. 증가 v. 오르다
2 v. (해·달이) 떠오르다 (rise-rose-risen)

raise
[reiz]
v. 올리다, 일으켜 세우다

debate
[dibéit]
v. 논쟁하다, 토론하다 n. 논쟁, 토론

survey
[sərvéi]
n. (설문) 조사 v. 조사하다

oxygen [㊊ɑ́ksidʒen] [㊎ɔ́ksidʒen] n. 산소

hydrogen [háidrədʒən] n. 수소

factor [fǽktər] n. 요소, 요인

clown [klaun] n. 어릿광대

soy [sɔi] n. 콩, 간장

예문 Hospitals needed more **blood** for patients. 병원은 환자들을 위해 더 많은 피가 필요했다. / The **bowl** is full of peanuts. 그릇에 땅콩이 가득해요. / We offer only the best to our **clients**. 저희는 고객들께 최고만을 제공합니다. / The man is holding the **vase**. 남자가 꽃병을 들고 있다. / He has been **absent** for weeks. 그는 몇 주째 결석 중이다. / 1 the **rise** of crime 범죄의 증가 2 The sun will **rise** in the morning at 5:24. 해가 오전 5시 24분에 뜨겠습니다. / The King **raised** her from a chair. 왕은 그녀를 의자에서 일으켜 세웠다. / They **debated** on North Korea. 그들은 북한에 관한 토론을 했다. / **survey** on people's political view 사람들의 정치적 견해에 대한 조사 / Humans need **oxygen** to live. 인간은 살기 위해 산소가 필요하다. / There are many **hydrogen** cars nowadays. 요즘에는 수소차가 많이 있다. / Wealth may be a **factor** of happiness. 부는 행복의 한 요소일 수도 있다. / Some people are afraid of **clowns**. 어떤 사람들은 광대들을 무서워한다. / **Soy** sauce is made from **soy** beans and salt. 간장은 메주콩과 소금으로 만든다.

복습문제

□□□ blood
□□□ bowl
□□□ client
□□□ vase
□□□ absent
□□□ rise
□□□ raise
□□□ debate
□□□ survey
□□□ oxygen
□□□ hydrogen
□□□ factor
□□□ clown
□□□ soy

01 1강 단위 복습 05 5강 단위 복습 15 15강 단위 복습 30 30강 단위 복습

다음 단어들의 뜻이 1초 내에 생각나지 않으면 각 강의 단위에 표시를 하고 표시한 단어들을 다시 복습하세요.
(학원이나 학교의 숙제용 주관식 문제는 별도로 p.254~p.268에 있습니다.)

cucumber	01 05 15 30 30 30	bowl	01 05 15 30 30 30
rate	01 05 15 30 30 30	client	01 05 15 30 30 30
wrist	01 05 15 30 30 30	vase	01 05 15 30 30 30
trust	01 05 15 30 30 30	absent	01 05 15 30 30 30
clerk	01 05 15 30 30 30	rise	01 05 15 30 30 30
Pacific	01 05 15 30 30 30	raise	01 05 15 30 30 30
Atlantic	01 05 15 30 30 30	debate	01 05 15 30 30 30
temple	01 05 15 30 30 30	survey	01 05 15 30 30 30
lake	01 05 15 30 30 30	oxygen	01 05 15 30 30 30
violet	01 05 15 30 30 30	hydrogen	01 05 15 30 30 30
custom	01 05 15 30 30 30	factor	01 05 15 30 30 30
customer	01 05 15 30 30 30	clown	01 05 15 30 30 30
blood		soy	

동사의 과거, 과거분사형 복습

rise ____________ — ____________ 01 05 15 30 30 30

경쌤's TIP

축하합니다. 여러분은 1강부터 30강까지 완성하였습니다.

이 책에서 배운 어휘를 독해에 바로 적용하기 위해서는 모든 단어가 1초 내에 바로 생각나야 한다는 점을 명심하고 아래에 있는 복습을 반드시 실천하도록 하세요.

A 5강 단위 복습

1 먼저 16강~25강의 5강 단위 복습에 표시했던 단어들을 복습하세요.

2 그런 다음 26강부터 30강까지 "전체 단어"를 복습하세요.

- 26강의 복습문제 단어 옆의 5강 단위 네모 표시 란에 1초 내에 바로 생각나지 않는 단어들을 표시하고 그것들 위주로 완벽하게 복습한 후 27강, 28강, 29강, 30강을 같은 방식으로 복습합니다.

3 그런 다음 26강~30강의 5강 단위 네모 표시 란에 표시한 단어들을 다시 한 번 복습하도록 하세요.

B 그런 다음 16강~30강까지 "전체 단어"를 복습하세요.

- 먼저 16강~20강의 복습문제 단어 옆의 15강 단위 표시 란에 1초 내에 바로 생각나지 않는 단어들을 표시하고 그 표시한 단어들을 완벽하게 복습하세요.
- 이어서 21강~25강도 같은 방식으로 복습하세요.
- 이어서 26강~30강도 같은 방식으로 복습하세요.

C 그런 다음 1강~30강 전체 단어를 복습하세요.

- 먼저 1강~5강의 복습문제 단어 옆의 30강 단위 표시 란에 1초 내에 바로 생각나지 않는 단어들을 표시하고 그것을 완벽하게 복습하세요.
- 이어서 6강~10강도 같은 방식으로 복습하세요. 이어서 11강~15강, 16강~20강, 21강~25강, 26강~30강도 같은 방식으로 복습하세요.
- 그런 다음 1강~30강의 위에서 30강 단위 표시 란에 표시한 단어들을 다시 한 번 복습하세요.

위의 과정을 끝마친 후 1개월~3개월에 한 번씩 1~2시간 정도 복습 란에 표시해 놨던 것을 잘 활용하여 책 한 권을 쭉 훑어보기만 하면 100% 암기가 계속 유지될 것입니다.

궁극적으로 1년간 전혀 복습하지 않다가도 다시 한 권 전체를 모든 단어가 1초 내에 생각나도록 복습하는 데 1시간도 걸리지 않게 될 것입니다.

제자님들! 너무나 수고 많았습니다. ^^

초등학교 기초단어

Monday	월요일
Tuesday	화요일
Wednesday	수요일
Thursday	목요일
Friday	금요일
Saturday	토요일
Sunday	일요일

spring	봄
summer	여름
winter	겨울

January	1월
February	2월
March	3월
April	4월
May	5월
June	6월
July	7월
August	8월
September	9월
October	10월
November	11월
December	12월

about	~에 관하여, 대략
accent	악센트, 강세, 강조
after	뒤에, 다음에, ~ 후에
afternoon	오후, 오후의
again	다시, 또
against	~에 반대하여, ~에 기대어서
age	나이, 시대
ago	(지금부터) ~ 전에
air	공기, 하늘
airplane	비행기
album	앨범, 사진첩, 음반첩
all	모든, 전부의
alphabet	알파벳
and	그리고, ~와
angel	천사
anger	노여움, 화
angry	화가 난, 성난
animal	동물, 짐승
answer	대답하다, 대답
ant	개미
apple	사과
arm	팔
army	군대, 육군
around	주위에, 근처에
art	예술, 기술
artist	예술가
as	~로서, ~만큼, ~대로, ~함에 따라, ~ 때문에
Asian	아시아의, 아시아 사람
ask	묻다, ~에게 질문하다, 요구하다
aunt	아주머니
away	떨어져서, 멀리

baby	갓난아이
back	등, 뒷면, 뒤의, 뒤에, 뒤로
bad	나쁜, 틀린
badminton	배드민턴
bag	자루, 부대, 가방
balance	균형
ball	공, 볼
band	악단, 그룹
baseball	야구
basket	바구니, 광주리
bear	곰
beautiful	아름다운
beauty	아름다움, 미, 미인
because	~이므로, ~ 때문에

become	~이 되다 (become-became-become)
bed	침대, 침상
bedroom	침실
before	앞에, 이전에, ~ 전에
begin	시작하다, 착수하다 (begin-began-begun)
believe	믿다
belief	믿음
bell	종, 방울, 초인종
belt	띠, 벨트
bench	벤치, 긴 의자
bicycle	자전거
big	큰
bird	새
black	검은, 어두운, 검은색
blanket	담요
blouse	블라우스
blue	푸른, 파란색
boat	보트, 작은 배
body	몸, 신체
book	책, 서적
bookstore	서점
boot	장화, 부츠
box	상자
boy	소년, 남자아이
bread	빵
break	깨뜨리다, 부서지다 (break-broke-broken)
breakfast	아침식사
bridge	다리
brother	형제, 친구
brown	갈색의, 갈색
bus	버스
business	사업, 일
businessman	실업가, 경영자
busy	바쁜, 분주한
but	그러나
butter	버터
butterfly	나비
button	단추
buy	사다, 구매하다 (buy-bought-bought)
by	~ 곁에, ~까지는, ~에 의하여
cafeteria	카페테리아, 구내식당
cake	케이크
calendar	달력
call	부르다, 불러오다, 전화를 걸다
camera	카메라, 사진기
camp	야영, 야영지
campaign	캠페인, 사회운동
can	<조동사> ~할 수 있다, ~해도 좋다 (can-could)
candy	캔디, 사탕
cap	모자, 뚜껑
captain	선장, 두목
car	자동차
card	카드, 엽서
case	경우, 입장, 사건
cat	고양이
certain	확실한, 어떤
certainly	확실히
chain	사슬, 체인점
chalk	분필
chance	기회, 운, 가능성
change	변화하다, 바꾸다, 변화, 잔돈
check	조사, 검사, 조사하다, 수표
cheese	치즈
chess	체스
chicken	병아리, 닭, 닭고기
child	아이, 아동, 유아

China	중국
Chinese	중국의, 중국어, 중국인
chocolate	초콜릿
christian	기독교도
church	교회, 성당
circle	원, 서클[동아리, 패]
city	도시
class	학급, 반, 종류, 등급, 계급
clean	깨끗한, 청소하다
clever	영리한, 솜씨 있는
clip	핀, 클립
cloud	구름, 연기
cloudy	구름이 낀
club	클럽, 동호회
coach	코치
coat	상의, 외투
coffee	커피
coil	코일, 감긴 것
cold	추운, 냉담한
color	색, 빛깔
come	오다
computer	컴퓨터
concert	음악회
condition	조건, (주위의) 상황
congratulation	축하, 경하
contest	경쟁, 대회
control	통제, 지배, 통제하다, 지배하다
cookie	쿠키
cool	서늘한, 냉정한
copy	복사, 사본, 카피, 복사하다
corn	옥수수
corner	구석, 모퉁이
count	세다, 계산하다
counter	계산대, 판매대
country	나라, 국가, 시골
couple	부부, 한 쌍, 둘
course	진로, 과정, 코스
cover	덮다, 씌우다, 덮개
cow	암소
crazy	미친
cream	크림
crown	왕관
cup	찻잔, 잔
curtain	커튼, 막
curve	굽음, 휨
cut	베다, 절단하다 (cut-cut-cut)
cute	귀여운

dam	댐, 둑
dance	춤추다, 춤
darling	가장 사랑하는 사람, 귀여운 사람
data	자료
daughter	딸
day	낮, 하루
deep	깊은
deeply	깊게, 철저히
design	계획, 설계, 디자인하다
desk	책상
diamond	다이아몬드
diary	일기, 일지, 일기장
difficult	어려운, 까다로운
dirty	더러운
doctor	의사, 박사
dog	개
door	문, 출입구
double	두 배의, 이중의
down	아래로, 밑으로
drama	극, 연극
dream	꿈, 희망, 꿈을 꾸다
dress	의복, 정장, 옷을 입다, 정장하다
drink	마시다 (drink-drank-drunk)
drive	운전하다, 몰다

	(drive-drove-driven)
driver	운전하는 사람, 운전사
dry	마른, 건조한, 건조시키다
drum	드럼, 쿵쿵 두드리다
duck	오리

ear	귀
early	일찍이, 초기에, 이른
earth	지구, 땅
easy	쉬운
eat	먹다, 식사하다 (eat-ate-eaten)
egg	달걀
elephant	코끼리
elevator	승강기
else	그 밖에
end	끝, 끝단, 끝나다
energy	정력, 활기, 에너지
error	잘못, 과오, 에러
Europe	유럽
Eve	이브(하나님이 창조한 최초의 여자)
evening	저녁, 밤
event	사건, 사고
everybody	누구나, 모두
everyday	매일의, 일상의
everything	모든 것
everywhere	어디에나, 도처에
excellent	뛰어난, 우수한
expect	기대하다, 바라다, 요구하다
eye	눈

face	얼굴, 표정
facsimile	팩시밀리, 팩스 (=**fax**)
fact	사실
factory	공장, 제조소
famous	유명한
far	먼, 멀리
fashion	양식, 유행
fast	빠른, 빨리
father	아버지
feel	느끼다, 느낌 (feel-felt-felt)
feeling	기분, 감정
festival	잔치, 축제
field	들판, 광장
fight	싸움, 전투, 싸우다, 전투하다 (fight-fought-fought)
fighter	싸우는 사람, 투사
film	필름, 영화
find	찾아내다, 발견하다
fine	훌륭한, 맑은
finger	손가락
fire	불, 화재
first	첫 번째의, 으뜸의
fish	물고기, 어류
flower	꽃
fly	날다
foot	발 (*pl.* **feet**)
football	축구, 미식축구
forget	잊다, 잊어버리다 (forget-forgot-forgotten)
fork	포크, 갈퀴
fox	여우
free	자유로운, 한가한
French	프랑스의, 프랑스어, 프랑스인
fresh	신선한, 새로운
front	앞, 정면
fun	재미, 장난, 재미있는
funny	재미있는, 기묘한
furniture	가구

game	놀이, 경기
garden	마당, 정원

gas 가스, 기체
gentleman 신사
gesture 몸짓, 제스처
giant 거대한, 거인
give 주다
girl 여자아이, 소녀
glad 기쁜
glass 유리, 컵, 글리스
glove 장갑
go 가다, 향하다
god 신, 하느님
good 좋은, 친절한
grandfather 할아버지, 조부
grandmother 할머니, 조모
grandparent 조부모
great 큰, 거대한, 훌륭한, 멋진
greatly 크게, 대단히, 매우
green 녹색의, 녹색
ground 지면, 땅, 운동장
group 그룹, 집단
guest 손님
guitar 기타

hair 머리카락, 털
hall 집회장, 회관, 홀
ham 햄
hamburger 햄버거
hammer 망치, 해머
handsome 잘생긴, 멋진
happily 행복하게, 운 좋게
happiness 행복, 행운
happy 행복한, 기쁜
hat 모자
he 그, 그 남사
head 머리
health 건강
hear 듣다, 들리다 (**hear-heard-heard**)
heart 심장, 마음
heavy 무거운, (정도가) 심한
helicopter 헬리콥터
helmet 헬멧, 투구
help 돕다, 거들다, 도움
helpful 도움이 되는, 유용한
here 여기에, 여기, 이곳
history 역사
historical 역사상의
hit 때리다, 치다 (**hit-hit-hit**)
hobby 취미
holiday 휴일, 휴가
home 가정, 고향, 자기 집으로, 고국으로
hometown 고향, 출생지
hope 희망, 기대, 바라다
horse 말
hospital 병원
hot 뜨거운, 더운
hotel 호텔, 여관
hour 시간, 시각
house 집, 가옥, 주택
how 어떻게, 어찌, 어떤 방법으로
human 인간의, 사람의, 인간, 인류
humor 유머, 해학
hundred 100, 100개, 100의
hungry 배고픈, 굶주린
hunger 굶주림
husband 남편

ice 얼음, 빙판
idea 생각, 관념
if 만일 ~이라면
image 상, 모습, 모양, 이미지
important 중요한

inside	안쪽, 안쪽의
interest	흥미, 관심
interested	흥미를 느끼는, 관심 있어 하는
interesting	흥미 있는, 재미있는
internet	인터넷
island	섬
it	그것
item	항목, 종목, 품목

jacket	웃옷, 재킷
jean	청바지, 진
jet	제트기의, 제트기
joke	농담
juice	주스
jump	깡충 뛰다, 뛰어오르다
jungle	정글, 밀림
just	단지, 겨우, 정확히

key	열쇠
kick	차다, 걷어차다
kill	죽이다, 살해하다
kindness	친절
king	왕, 국왕, 군주
kiss	키스, 입맞춤
kitchen	부엌
knee	무릎
knife	나이프, 식칼
know	알고 있다, 알다, 이해하다 (**know-knew-known**)

lady	숙녀, 부인
lamp	등불, 램프
large	큰, 넓은, 광범위한
late	늦은, 지각한
later	나중에, 더 늦은
learn	배우다, 익히다, 공부하다
left	왼쪽의
leg	다리
leisure	여가, 한가한 시간, 레저
less	더 적은(little의 비교급)
letter	글자, 편지
level	수준, 수평
life	생명, 삶
like	좋아하다, 바라다
line	선, 줄
lion	사자
list	목록, 표, 리스트
listen	귀를 기울이다, 경청하다, 듣다
little	작은, 어린, 거의 ~않다
live	[liv] 살다, 생존하다, 거주하다 [laiv] 살아있는, 생생한
long	긴, 길이가 긴, 오랜
look	보다, 바라보다, 봄, (겉)모습
love	사랑, 사랑하다
low	낮은
luck	운, 행운
lucky	행운의
lunch	점심

machine	기계, 기계장치
mail	우편물, 우편
mailbox	우체통
man	남자, 인간, 사람, 인류
manner	방법, 예절, 예의, 매너
many	많은, 다수의
marathon	마라톤 경주
mark	표, 기호, 부호, 마크, 표시하다
marriage	결혼
mask	탈, 복면
master	대가, 마스터, 완전히 익히다
may	<조동사> ~할지도 모른다, ~해도 좋다 (**may-might**)

medal	메달, 훈장
meet	만나다, 마주치다 (meet-met-met)
meeting	만남, 모임, 집회
member	회원, 일원
memory	기억, 기억력
menu	식단, 메뉴
message	메시지, 전갈, 전하고자 하는 것
mile	마일(거리의 단위; 약 1,609m)
milk	젖, 모유
minute	분, 잠시
missile	미사일
mistake	잘못, 틀림, 오해, 오해하다, 틀리다 (mistake-mistook-mistaken)
money	돈, 금전, 통화
model	모형, 모델
monkey	원숭이
month	월, 달
mood	기분, 무드, 분위기
moon	달
morning	아침, 오전
mosquito	모기
mother	어머니
motion	움직임, 동작
mountain	산, 산맥
mouse	생쥐 (*pl.* mice)
mouth	입, 구강
movie	영화
much	다량의, 많은
music	음악, 악보
must	<조동사> ~해야 한다, ~할 필요가 있다
mystery	신비, 불가사의, 미스터리

name	이름, 성명
napkin	냅킨, 작은 수건
near	가까운
nearly	거의, 대략
neck	목
need	필요로 하다, 필요
neighbor	이웃 사람
net	그물, 망
never	일찍이 ~한 적이 없다, 결코 ~하지 않다
new	새로운, 신식의
news	뉴스
newspaper	신문
next	다음의, 이번의
nice	좋은, 훌륭한, 친절한
night	밤, 야간, 저녁
nobody	아무도 ~않다
none	아무도 ~않다
noon	정오, 한낮
nose	코, 후각
notebook	노트, 공책
nothing	아무것도 아님, 전혀 ~않음, 무가치, 무의미
now	지금, 현재
number	수, 숫자
nurse	간호사, 보모

office	회사, 사무소
oil	기름, 석유
old	나이 먹은, 늙은
Olympic	올림픽 경기의
one	하나의, 한 개의, 어떤, 한 사람, 한 개
oneself	자신이, 스스로
onion	양파
only	유일한, 단지
open	열린, 뚜껑을 열다, 펴다
or	또는, 혹은
orange	오렌지

out 밖에, 외부에
outer 밖의, 외부의
outside 바깥쪽, 바깥쪽의

page 쪽, 면, 페이지
paint 페인트, 페인트칠하다, 그리다
pants 바지
parade 행렬, 퍼레이드
parent 어버이, 양친
park 공원, 유원지
part 부분, 역할
party 모임, 파티
pattern 패턴, 형, 양식
pen 펜, 펜촉
pencil 연필
person 사람, 인간
personal 개인의
people 사람들, 국민
phone 전화, 전화를 걸다
photo 사진
piano 피아노
picnic 소풍
picture 그림, 회화, 사진
pig 돼지
pilot (비행기·우주선 등의) 조종사
pipe 관, 파이프
place 장소, 곳
plastic 플라스틱
plate 접시, 판
platform (정거장의) 플랫폼
play 놀다, 놀이를 하다
player 노는 사람, 경기자, 선수
plug 마개, (가전제품의) 플러그
point 뾰족한 끝, 바늘, 득점, 장소, 요지
police 경찰, 경찰관
policeman 경찰관, 순경
poor 가난한, 빈약한
potato 감자
powder 가루, 분말
power 힘, 권력
powerful 강한, 강력한
president 대통령, 회장, 총재
print 인쇄하다, 인쇄(물)
program 프로그램, 계획
promise 약속, 약속하다
push 밀다, 밀고 나가다
put 놓다, 두다
puzzle 수수께끼, 퍼즐

queen 여왕
question 질문, 물음, 의심
quiet 조용한, 고요한, 온화한
quietly 조용히, 고요히
quiz 질문, 간단한 테스트

rabbit 토끼
radio 라디오
rain 비
rainbow 무지개
read 읽다, 읽어주다 (**read**-**read**[red]-**read**[red])
real 실제의, 진짜의
really 정말로, 진짜로
reality 현실, 사실
recreation 휴양, 오락
red 빨간, 적색의, 빨간색
refrigerator 냉장고
relax 긴장을 풀다, 늦추다
restaurant 식당
rice 쌀
rich 부자의, 부유한
ring 고리, 반지, (종·벨 따위가) 울리다

	(ring-rang-rung)
river	강
road	길, 도로
robot	로봇, 자동 기계 장치
rock	바위, 암석
rocket	로켓
romantic	로맨틱한, 낭만적인
room	방
rope	밧줄, 로프
rose	장미
round	둥근, 원형의
run	달리다, 뛰다 (run-ran-run)

salary	봉급, 급료
salt	소금
same	같은
sample	견본
sandwich	샌드위치
say	말하다 (say-said-said)
schedule	시간표, 예정, 스케줄
school	학교, 수업
science	과학
score	득점
sea	바다, 해양
season	계절, 시기, 시절
seat	자리, 좌석
second	제2의, 두 번째의
secret	비밀, 비밀의
see	보다, 관찰하다 (see-saw-seen)
sell	팔다 (sell-sold-sold)
series	연속, 시리즈
service	봉사, 서비스
sheet	시트, 커버
shine	빛, 빛나다, 번쩍이다 (shine-shone-shone)
shiny	빛나는, 반짝거리는
ship	배
shirt	와이셔츠, 셔츠
shock	충격, 깜짝 놀라게 하다
shoe	신, 구두
shoot	쏘다, 발사하다 (shoot-shot-shot)
shop	가게, 상점
short	짧은, 키가 작은
shoulder	어깨
show	보여주다, 나타나다, 구경거리, 쇼 (show-showed-shown)
sick	병에 걸린, 아픈, 넌더리나는
side	측면, 가장자리
sign	신호, 표시
signal	신호, 암호
silk	비단, 실크
silver	은
simple	간단한, 간소한
sing	노래하다 (sing-sang-sung)
singer	노래하는 사람, 가수
sister	여자 형제, 자매
sit	앉다 (sit-sat-sat)
size	크기, 치수, 부피
skate	스케이트
ski	스키
skill	기술, 기량
skin	피부, 가죽
skirt	치마, 스커트
sky	하늘
sleep	잠자다 (sleep-slept-slept)
slow	느린
slowly	천천히, 늦게
small	작은, 소형의
smart	영리한
smile	미소 짓다, 미소

smog 스모그, 연무
smoke 담배를 피우다, 연기
smoking 흡연, 담배 피우는
smooth 부드러운, 매끄러운
snake 뱀
snow 눈
so 그와 같이, 그렇게, <접속사> 그래서
soccer 축구
sock 양말
soft 부드러운
soldier 군인, 병사
son 아들, 자식
song 노래
soon 이윽고, 곧
sorry 슬픈, 유감스러운
sound 소리, 음향
soup 수프
space 공간, 우주, 장소
spaceship 우주선
speak 이야기하다, 연설하다 (speak-spoke-spoken)
speaker 말하는 사람, 강연자
speed 빠르기, 속력
spider 거미
spoon 숟가락
sport 스포츠, 운동, 경기
stadium 경기장, 스타디움
stage 무대, 시기
stamp 우표, 도장
stand 일어서다 (stand-stood-stood)
standard 표준, 기준
star 별
start 출발하다, 시작하다
station 정거장, 역
stay 머무르다, 체재하다
steak 스테이크
steam 증기, 수증기
step 걸음, 한 걸음
stone 돌, 바위
stop 멈추다, 정지시키다
store 가게
story 이야기, 줄거리
strange 이상한, 낯선
stranger 낯선 사람
strawberry 딸기
street 거리
stress 스트레스, 압박, 강세
strong 강한, 굳센
student 학생
study 공부하다, 연구하다
style 방식, 방법, 모양
succeed 성공하다
success 성공
successful 성공적인
such 그러한
sugar 설탕
sun 태양, 해
supermarket 슈퍼마켓
support 지탱하다, 지지하다
sure 틀림없는, 확실한
surely 확실히, 반드시
surprise 놀라게 하다
sweater 스웨터
sweet 달콤한, 맛 좋은
swim 헤엄치다
system 조직, 체계

table 식탁, 탁자
talk 말하다, 이야기하다
tall 키 큰, 높이가 ~인
target 과녁, 표적
tea 차

teach	가르치다, 교육하다 (**teach-taught-taught**)
teacher	선생, 교사
team	조, 팀
technology	공업, 기술
telephone	전화기, ~에게 전화를 걸다
television	텔레비전 수상기
tell	말하다, 이야기하다 (**tell-told-told**)
tennis	테니스
tent	천막
test	시험, 검사, 시험하다
thank	~에게 사례하다, 감사하다
that	그것, 저것, 저, 그, 그것의, 그렇게
there	거기에, 그곳에서, 거기, 저기
they	그들
thing	물건, 물체
think	생각하다, ~라고 여기다 (**think-thought-thought**)
third	제3의, 세 번째의
this	이것, 이, 이것의, 이렇게
thousand	1000, 1000개, 1000의
thunder	우레, 천둥
ticket	표, 승차권
tiger	호랑이
time	시간, 때
title	표제, 제목
today	오늘, 현재
together	함께, 같이
toilet	화장실, 세면소
tomorrow	내일, 가까운 장래
tonight	오늘 밤
too	~도 또한, 너무나
top	꼭대기, 정상
topic	화제, 논제
total	전체의, 합계의
touch	~에 닿다, 접촉하다
towel	수건
town	읍, 도시
toy	장난감, 완구
train	열차, 기차
tree	나무, 수목
truck	트럭
true	진짜의
truth	진리, 진실
try	해보다, 시도하다, 시도
tube	관, 통
tunnel	터널, 굴, 지하도
twice	2회, 두 번
twist	뒤틀다, 비틀다
type	유형, 타입
umbrella	우산, 양산
uncle	아저씨, 백부
understand	이해하다, 알다 (**understand-understood-understood**)
uniform	제복, 군복, 유니폼
university	대학교
vacation	휴가, 방학
very	대단히, 매우
victory	승리, 정복
violin	바이올린
waist	허리
wait	기다리다
waiter	웨이터, 심부름꾼
waitress	(호텔·음식점 등의) 여종업원
wake	깨다, 깨우다 (**wake-woke-woken**)
walk	걷다, 산책하다
want	원하다, 하고 싶다

war	전쟁
warm	따뜻한
wash	씻다, 세탁하다
watch	지켜보다, 주시하다
water	물
we	우리(가, 는)
wear	입고 있다, 착용하고 있다, 착용, 의복 (**wear-wore-worn**)
week	주, 1주일, 평일
wedding	결혼, 결혼식
weekend	주말, 주말의
welcome	환영, 환대
well	잘, 능숙하게, 충분히
what	무엇, 어떤 것, 무슨, 어떤
when	언제, 어떤 때에
where	어디에, 어디서
which	어느 것, 어느 쪽
while	~하는 동안에, ~하면서
white	흰, 흰색
who	누구, 어느 사람, 어떤 사람
why	왜, 어째서
wife	아내, 부인
will	<조동사> ~할 것이다, ~할 작정이다 (**will-would**)
win	이기다, 쟁취하다 (**win-won-won**)
wind	바람, 강풍
window	창문
wine	포도주
wing	날개
winner	승리자, 수상자
wire	철사, 전선
wish	바라다, 원하다, 소원
with	~와, ~와 같이, ~을 데리고
without	~ 없이, ~하지 않고
woman	여자, 여성
wood	나무, 목재
wool	양털, 털실, 모직물
word	단어, 낱말
work	일, 작업, 노동, 일하다, 공부하다
worker	노동자
world	세상, 세계
worry	걱정하다
write	쓰다, 기록하다, 편지를 쓰다 (**write-wrote-written**)
writer	저자, 작가
wrong	잘못된, 틀린
year	연, 해, 나이
yellow	노랑, 노란
yesterday	어제
you	당신, 자네
young	젊은, 어린
zoo	동물원

APPENDIX 주관식 복습문제

01강 다음 단어의 뜻을 적어보면서 배운 내용을 복습해보세요.

soap	______	pain	______
doll	______	kid	______
hang	______	dead	______
scare	______	bee	______
fruit	______	different	______
museum	______	force	______
leave	______	wall	______
foreign	______	carry	______
honest	______	grand	______
pull	______	then	______
dawn	______	engineer	______
follow	______	ocean	______
ache	______	habit	______
headache	______	delicious	______
grow	______	problem	______

02강 다음 단어의 뜻을 적어보면서 배운 내용을 복습해보세요.

region	______	farmer	______
visit	______	lamb	______
bath	______	sharp	______
bathroom	______	choose	______
universe	______	clothes	______
pick	______	wallet	______
borrow	______	enter	______
hurt	______	bite	______
tooth	______	purse	______
frog	______	grass	______
pumpkin	______	weak	______
flow	______	cousin	______
often	______	behind	______
leaf	______	even	______
farm	______	heaven	______

정답은 01강 p.010-015, 02강 p.018-023에서 확인 가능합니다.

03강 다음 단어의 뜻을 적어보면서 배운 내용을 복습해보세요.

noisy ________
argue ________
honor ________
culture ________
lonely ________
alone ________
scissors ________
cruel ________
glory ________
weapon ________
necessary ________
half ________
trip ________
set ________
deaf ________
fireman ________
thin ________
thick ________
fog ________
advice ________
along ________
hide ________
strike ________
boredom ________
discuss ________
deer ________
dear ________

04강 다음 단어의 뜻을 적어보면서 배운 내용을 복습해보세요.

fear ________
fortune ________
mean ________
traffic ________
order ________
enough ________
afraid ________
bean ________
map ________
hug ________
develop ________
fill ________
remember ________
way ________
bat ________
shark ________
battle ________
pond ________
garbage ________
emotion ________
medical ________
foolish ________
pity ________
metal ________
favorite ________
grace ________
grave ________
calm ________
calm down ________

정답은 03강 p.026-031, 04강 p.034-039에서 확인 가능합니다.

05강 다음 단어의 뜻을 적어보면서 배운 내용을 복습해보세요.

hawk		pear	
goldfish		fail	
dozen		teen	
mate		clock	
classmate		floor	
roommate		bottom	
address		guess	
until (=till)		carrot	
general		sad	
branch		dolphin	
dictionary		clear	
watermelon		mad	
tray		taste	
kind		trash	
mankind			

06강 다음 단어의 뜻을 적어보면서 배운 내용을 복습해보세요.

gun		volleyball	
fond		exactly	
supper		laugh	
care		decide	
careless		wet	
useless		a lot of	
exercise		catch	
maybe		cheap	
hurry		happen	
cabbage		weather	
kindergarten		whether	
throw		candle	
wise		above	
bitter		land	
basketball		ghost	

정답은 05강 p.042-047, 06강 p.050-055에서 확인 가능합니다.

07강 다음 단어의 뜻을 적어보면서 배운 내용을 복습해보세요.

sheep ______
convenience ______
close ______
cave ______
valley ______
discover ______
hard ______
hardship ______
hardworking ______
suppose ______
roof ______
delight ______
shell ______
arrive ______
toe ______
pillow ______
joy ______
lend ______
patient ______
bring ______
owl ______
coast ______
stair ______
downstairs ______
upstairs ______
earn ______
ankle ______
beat ______
survival ______

08강 다음 단어의 뜻을 적어보면서 배운 내용을 복습해보세요.

courage ______
silence ______
beer ______
wonder ______
appoint ______
cycle ______
send ______
steal ______
still ______
garlic ______
pair ______
symbol ______
search ______
mostly ______
almost ______
cough ______
pretty ______
seem ______
praise ______
hop ______
empty ______
attend ______
bone ______
disappoint ______
beam ______
mind ______
since ______
aloud ______
crowd ______

정답은 07강 p.058-063, 08강 p.066-071에서 확인 가능합니다.

09강 다음 단어의 뜻을 적어보면서 배운 내용을 복습해보세요.

spread ______
thirsty ______
mild ______
autumn ______
narrow ______
within ______
perhaps ______
during ______
cost ______
probable ______
diligent ______
shore ______
elder ______
pea ______
nut ______
peanut ______
dental ______
knowledge ______
board ______
blackboard ______
quarrel ______
delay ______
lie ______
lay ______
layer ______
enemy ______
piece ______
allow ______
attention ______

10강 다음 단어의 뜻을 적어보면서 배운 내용을 복습해보세요.

graduation ______
shade ______
own ______
goal ______
tear ______
desire ______
medicine ______
prepare ______
separate ______
otherwise ______
cheek ______
wealth ______
meal ______
ruler ______
harmony ______
stomach ______
judge ______
turtle ______
disease ______
ill ______
agree ______
accept ______
spend ______
expend ______
let ______
both ______
tail ______
tale ______

정답은 09강 p.074-079, 10강 p.082-087에서 확인 가능합니다.

11강 다음 단어의 뜻을 적어보면서 배운 내용을 복습해보세요.

clap ____________
flag ____________
apologize ____________
accident ____________
hold ____________
bit ____________
Mars ____________
sum ____________
summary ____________
bury ____________
unless ____________
professor ____________
blind ____________
throat ____________
silly ____________
celebrate ____________
apart ____________
iron ____________
accord ____________
according to ____________
college ____________
envious ____________
downtown ____________
uptown ____________
between ____________
shy ____________
tend ____________
tendency ____________

12강 다음 단어의 뜻을 적어보면서 배운 내용을 복습해보세요.

regulation ____________
pole ____________
satisfy ____________
matter ____________
particular ____________
hike ____________
period ____________
neither A nor B ____________
either ____________
breathe ____________
royal ____________
novel ____________
suffer ____________
shadow ____________
suggestion ____________
prison ____________
scold ____________
ever ____________
forever ____________
fix ____________
background ____________
few ____________
result ____________
broad ____________
abroad ____________
court ____________
rough ____________
moment ____________
confidence ____________

정답은 11강 p.090-095, 12강 p.098-103에서 확인 가능합니다.

13강 다음 단어의 뜻을 적어보면서 배운 내용을 복습해보세요.

warn
global
job
examination
example
examine
education
admire
race
realize
industry
amount
produce
thieve
elbow
favor
wound
common
safe
save
equal
load
stick
lip
stuck
journal
beneath
pardon

14강 다음 단어의 뜻을 적어보면서 배운 내용을 복습해보세요.

terrible
drug
draw
fold
slim
quite
normal
port
passport
fuel
join
drop
zone
construct
treat
injure
hire
public
appear
approach
smell
provide
practice
content
effort
popular
fit

정답은 13강 p.106-111, 14강 p.114-119에서 확인 가능합니다.

15강 다음 단어의 뜻을 적어보면서 배운 내용을 복습해보세요.

proper ______
rest ______
govern ______
ahead ______
exist ______
bill ______
swear ______
lazy ______
apparent ______
throughout ______
avoid ______
nuclear ______
curious ______
area ______
concerned ______
slight ______
row ______
actually ______
square ______
source ______
risk ______
achieve ______
create ______
depend ______
value ______
connect ______
worth ______
company ______

16강 다음 단어의 뜻을 적어보면서 배운 내용을 복습해보세요.

contain ______
demand ______
situation ______
property ______
require ______
rather ______
democracy ______
lack ______
destruction ______
destroy ______
offer ______
correctly ______
limit ______
huge ______
relay ______
relate ______
tight ______
major ______
minor ______
majority ______
amazing ______
describe ______
among ______
supply ______
charge ______
serious ______
crime ______
confuse ______
advantage ______
advance ______

정답은 15강 p.122-127, 16강 p.130-135에서 확인 가능합니다.

17강 다음 단어의 뜻을 적어보면서 배운 내용을 복습해보세요.

comfort	______	improve	______
recently	______	doubt	______
physical	______	attack	______
vote	______	consider	______
mention	______	figure	______
population	______	circumstance	______
individual	______	refuse	______
determine	______	politician	______
pocket	______	recommend	______
monster	______	impact	______
detail	______	affect	______
effective	______	ignore	______
responsibility	______	complex	______
local	______	complicate	______
prove	______	completion	______

18강 다음 단어의 뜻을 적어보면서 배운 내용을 복습해보세요.

cancel	______	attempt	______
able	______	add	______
several	______	purpose	______
forgive	______	stupid	______
trousers	______	election	______
nickname	______	solution	______
each	______	religion	______
other	______	bull	______
each other	______	horror	______
another	______	conflict	______
hut	______	site	______
charm	______	sparrow	______
pigeon	______	method	______
punish	______	ceremony	______
blame	______	structure	______

정답은 17강 p.138-143, 18강 p.146-151에서 확인 가능합니다.

19강 다음 단어의 뜻을 적어보면서 배운 내용을 복습해보세요.

passenger		beside	
railroad		besides	
below		especially	
citizen		center	
city hall		central	
international		concentration	
kingdom		textbook	
grade		over	
sight		yet	
sightseeing		sometime	
challenge		sometimes	
past		somewhere	
path		anytime	
cause		anyway	
however		anywhere	
angle		not ~ anymore	

20강 다음 단어의 뜻을 적어보면서 배운 내용을 복습해보세요.

merry		sand	
crab		palace	
tie		fair	
heat		wrap	
castle		talent	
contact		march	
shuttle		cheer	
heel		propose	
cart		receive	
boil		extra	
cube		guard	
roll		sail	
meat		handle	
career		adventure	
mirror			
similar			

정답은 19강 p.154-159, 20강 p.162-167에서 확인 가능합니다.

21강 다음 단어의 뜻을 적어보면서 배운 내용을 복습해보세요.

burn		update	
wheel		random	
alarm		nail	
assist		steel	
law		post	
lawyer		delivery	
dump		tough	
fin		mobile	
raft		automobile	
fusion		selfish	
mall		mat	
main		clay	
gift		luxury	
elegance		wellbeing	
genre		incentive	
diet		media	

22강 다음 단어의 뜻을 적어보면서 배운 내용을 복습해보세요.

veteran		ride	
remodel		midnight	
dealer		action	
aquarium		manage	
boom		motto	
gap		though	
fiction		although	
simulation		millennium	
request		documentary	
mental		quarter	
trend		bet	
cereal		capture	
quality		credit	
healing		whole	
view		league	
handicap		focus	

정답은 21강 p.170-175, 22강 p.178-183에서 확인 가능합니다.

23강 다음 단어의 뜻을 적어보면서 배운 내용을 복습해보세요.

freedom	______	servant	______
sunny	______	friendship	______
windy	______	dive	______
musician	______	stretch	______
speech	______	rank	______
lovely	______	inform	______
childhood	______	memorial	______
flight	______	golden	______
national	______	feed	______
saying	______	alive	______
strength	______	build	______
length	______	fantasy	______
height	______	thought	______
daily	______		
serve	______		

24강 다음 단어의 뜻을 적어보면서 배운 내용을 복습해보세요.

at	______	along	______
in	______	across	______
on	______	through	______
by	______	beyond	______
until (=till)	______		
for	______		
during	______		
up	______		
out	______		
out of	______		
into	______		
over	______		
under	______		
above	______		
below	______		

정답은 23강 p.186-191, 24강 p.194-197에서 확인 가능합니다.

25강 다음 단어의 뜻을 적어보면서 배운 내용을 복습해보세요.

on ____________
out ____________
out of ____________
from ____________
to ____________
off ____________
of ____________
into ____________
for ____________
through ____________
over ____________

26강 다음 단어의 뜻을 적어보면서 배운 내용을 복습해보세요.

take ____________
get ____________
do ____________
make ____________
have ____________

정답은 25강 p.200-203, 26강 p.206-209에서 확인 가능합니다.

27강 다음 단어의 뜻을 적어보면서 배운 내용을 복습해보세요.

invite		regret	
instead		repeat	
invent		recover	
intention		reaction	
intend		research	
involve		remind	
increase		return	
decrease		refresh	
independent		review	
reduce		unique	
reject		union	
reply		unite	
remove			
reach			
remain			

28강 다음 단어의 뜻을 적어보면서 배운 내용을 복습해보세요.

conversation		disappear	
community		dislike	
consult		discourage	
confirm		disorder	
compare		discount	
cent		disadvantage	
century		dishonest	
centimeter		unavoidable	
centigrade		unbelievable	
experiment		unhappy	
explore		unkind	
experience		unknown	
expensive		unable	
except			
disagree			

정답은 27강 p.212-217, 28강 p.220-225에서 확인 가능합니다.

29강 다음 단어의 뜻을 적어보면서 배운 내용을 복습해보세요.

define ______
finish ______
final ______
finalize ______
infinite ______
include ______
conclude ______
exclude ______
depress ______
pressure ______
express ______
impression ______
compress ______
import ______
export ______
transport ______
portable ______
influenza ______
fluent ______
influence ______
fluid ______
statue ______
stable ______
establish ______

30강 다음 단어의 뜻을 적어보면서 배운 내용을 복습해보세요.

cucumber ______
rate ______
wrist ______
trust ______
clerk ______
Pacific ______
Atlantic ______
temple ______
lake ______
violet ______
custom ______
customer ______
blood ______
bowl ______
client ______
vase ______
absent ______
rise ______
raise ______
debate ______
survey ______
oxygen ______
hydrogen ______
factor ______
clown ______
soy ______

정답은 29강 p.228-233, 30강 p.236-239에서 확인 가능합니다.

MEMO

INDEX

E

F

INDEX

INDEX

Q

R

S

놀라운 해마학습법의 효과!
수강생이 말하는 100% 리얼 수강후기

[중학 1700단어 1일 완성] "30% 정도 밖에 몰랐던 중학영단어를 1일만에 100% 암기했어요" (양지민)

처음 알고 있던 단어는 30% 정도 밖에 안됐는데 1일만에 중학영단어를 100% 암기했어요 선생님의 목소리를 통해서 또 그림을 통해서 설명해주시기 때문에 단어를 암기할 때 머리 속에 오래 기억이 남았어요 강의 중간에 복습을 시켜주셔서 암기가 더 잘 됐던 것 같습니다. 재미있는 연상법들 덕분에 하루만에 완강할 수 있었습니다. 예전에는 영어가 무조건 두려웠는데 지금은 자신감도 생기고 영어공부가 즐겁게 느껴져요

▶ 1일완성 다음날 회사 방문하여, 무작위로 추출한 100단어 TEST에서 100점

[중학 1700단어 2일 완성] "한 강에 15분 씩, 2일이면 가능해요. 다음날도 까먹지 않고 오래 기억나요" (장미혜)

원래 알고 있던 단어는 200개 정도였는데 강의 수강하면서 이틀 만에 2000개의 단어를 암기했어요. 2배속으로 한번에 20강씩 했고 한 강에 15분 정도 걸렸어요. 쓰면서 할 때는 다음날 바로 까먹었는데 지금은 선생님 동작을 따라 하면 그 장면이 신기하게 다 기억나요. 그러면서 단어랑 뜻이 동시에 생각나요. 선생님이 원어민처럼 발음 교정 해주셔서 안 헷갈리고 오히려 더 좋아졌어요. 중1인데 벌써 중학영단어는 다 끝낸 것 같아 기쁩니다.

▶ 2일완성 다음날 회사 방문하여, 무작위로 추출한 100단어 TEST에서 100점

[중학 1700단어 2일 완성] "직접 해보기 전에는 의심했는데 진짜 빨리 암기 되는 것에 정말 놀랐습니다" (심호용)

30% 정도는 미리 알았어요., 해마학습법으로 암기 전에는 조작 아니야 라는 생각이 들었는데 하다 보니 생각이 바뀌었고 2000개의 단어를 이틀 만에 암기해서 놀랐습니다. 이미지를 떠올려 암기하다 보니깐 진짜 빨리 암기 되더라구요. 선생님께서 단어의 발음과 뜻을 알려주시고 연상을 몸으로 현실감 있게 표현해 주세요. 한번만 복습해도 기억에 오래 남아서 놀랐고 계속 반복하다 보면 단어와 뜻이 동시에 빨리 기억나기 때문에 절대 시간이 오래 걸리지 않아요

▶ 2일완성 다음날 회사 방문하여, 무작위로 추출한 100단어 TEST에서 100점

[중학 1700단어 3일 완성] "처음엔 믿지 못했는데 강의 듣고 복습하니 진짜 3일만에 100% 암기했어요" (박세진)

단어를 10번씩 쓰면서 암기해도 몇 시간 후면 대부분 잊혀졌습니다. 그러다 경선식에듀를 알게 되고 처음엔 반신반의 했는데 강의를 듣고 혼자 복습까지 하다 보니 3일만에 100% 암기했어요. 강의 듣고 90% 이상은 암기가 되었고, 나머지 단어를 복습하는 시간은 3분~5분 정도 밖에 안 걸렸어요 쉽고 재밌게 공부할 수 있어서 좋았고 발음도 더 정확해졌습니다

▶ 3일완성 다음날 회사 방문하여, 무작위로 추출한 100단어 TEST에서 100점

[중학 1700단어 3일 완성] "뜻이 쉽게 생각나는 것과 발음 교정에 효과가 있다는 것이 너무 좋았어요" (한시래)

예전에는 3일 만에 단어 책 한 권을 끝낸 적이 없었는데 연상법을 통해서 좀 더 재미있고 쉽게 단어를 외울 수 있어서 좋았습니다. 한 강의가 끝나면 바로 바로 복습을 함으로써 좀더 완벽하게 단어를 암기할 수 있도록 노력했습니다. 한 강의 듣고 나서 3개 정도 생각이 안 났는데 다시 복습을 하고 나서는 거의 다 생각이 났어요. 혼자 외울 때는 그냥 무턱대고 외외우기만 했는데 이렇게 강의를 들으면서 연상법으로 외우니까 좀 더 뜻도 쉽게 생각나고 발음 교정에도 효과가 있어 좋았습니다.

▶ 3일완성 다음날 회사 방문하여, 무작위로 추출한 100단어 TEST에서 100점

[중학 1700단어 3일 완성] "2주일이 넘어도 기억이 다 나요. 저에게 정말 잘 맞는 학습법이예요" (민규비)

3일만에 암기했어요. 중고등학교 필수 단어가 2000개가 넘는데 무턱대고 암기만 해서는 기억에 남는 단어도 없고 지루하기만 한데 단어를 재미있게 암기하니 오래 기억할 수 있어서 해마학습법이 저한테는 가장 잘 맞았어요. 강의를 듣고 한번 복습한 후 단어테스트까지 3단계로 공부를 하니깐 2주일 넘겨도 기억이 다 나요.. 체험해 보지 않으신 분들이 발음도 망치고 뜻이 떠오르는 시간이 오래 걸린다고 하시는데 절대 아니라는걸 증명해 드릴 수 있습니다!

▶ 3일완성 다음날 회사 방문하여, 무작위로 추출한 100단어 TEST에서 100점

[중학 1700단어 4일 완성] "복습 프로그램 덕분에 따로 복습해야 하는 번거로움이 없어서 너무 좋았어요" (이정우)

다른 단어 책의 경우 한 두 달 걸렸는데 경선식 영단어의 경우 강의를 활용하여 연상법으로 더 쉽고 빠르게 연상 할 수 있었습니다. 처음에 1800개 정도의 단어를 단 4일 만에 외우는 것이 믿기지 않았고 또 거짓말이라고 생각을 했는데 4일째 되고 나니까 1800개가 모두 생각이 나는 것에 저 또한 놀라웠습니다. 선생님이 강의에서 해주시는 제스처와 행동으로 잘 연상될 할 수 있었고 또 책에는 없는 복습 프로그램을 따로 만들어 주셔서 직접 복습을 해야 하는 번거로움을 없애주셔서 정말 좋았던 것 같습니다

▶ 4일완성 다음날 회사 방문하여, 무작위로 추출한 100단어 TEST에서 100점

놀라운 해마학습법의 효과!
수강생이 말하는 100% 리얼 수강후기

[수능 2900단어 4일 완성] "연상법은 발음과 뜻을 연결 시키기 때문에 외우기 쉽고 잊어버리지 않아요" (정한교)

4일 완강을 목표로 1.8배속으로 수강하며 누적복습을 했습니다. 강의 덕분에 4일 완성이 가능했어요. 선생님이 연상법을 생생하게 설명해주셔서 쉽게 이해가 되었습니다. 처음에는 주위에서 연상법에 대한 부정적인 말들이 많았는데 막상 해보니 연상법이 발음과도 연관이 있고 단어의 의미와 연관이 있기 때문에 외우기 수월하고 쉽게 잊어버리지 않았습니다. 게다가 발음도 정확하게 알게 되어 많은 도움이 되었습니다. 예전에는 쓰면서 암기하니 계속 까먹고 다시 외우고 하는 시간이 너무 많이 걸렸는데 선생님의 연상법으로 하니 적은 시간 안에 많은 단어를 외우게 됐습니다. 수능 단어들을 다 외웠기 때문에 풍부한 어휘력이 생겼고 어려운 단어 암기도 문제 없을 것 같습니다.

▶ 4일완성 다음날 회사 방문하여, 무작위로 추출한 100단어 TEST에서 100점

[수능 2900단어 5일 완성] "강의에서 복습을 계속 해주시니깐 암기효과가 더 컸던 것 같아요" (김민서)

5일 동안 하루 종일 강의와 책만 보고 단어를 외웠습니다. 의지를 가지고 열심히 하니 5일만에 암기가 가능했고요, 빠른 배속으로 인강을 들으며 mp3 자료를 자투리 시간에 많이 활용했습니다. 단기 완성이 가능했던 이유는 선생님이 알기 쉽게 발음을 이용하여서 풀이를 해주는데 그 풀이가 정말 제 귀에 쏙쏙 들어왔고 강의 중간중간 복습도 계속 해주셔서 단어를 안 까먹고 머리 속에 집어 넣을 수 있었던 것 같습니다. 단어 실력 뿐 아니라 발음 향상과 복습하는 습관이 길러져 많은 도움이 됐습니다. 과연 5일 완성이 가능할까라는 의구심이 있었는데 직접 5일만에 해보니 정말 뿌듯하고 제 머리 속에 많은 단어들이 들어온 것 같아서 정말 기분이 좋았습니다.

▶ 5일완성 다음날 회사 방문하여, 무작위로 추출한 100단어 TEST에서 100점

[수능 2900단어 7일 완성] "처음엔 거짓말인줄 알았는데 직접 해보니깐 7일 100% 암기가 진짜 가능해요" (문성호)

어휘력이 굉장히 부족한 학생인데 7일만에 정말 100% 암기했습니다 처음에는 당연히 거짓말인줄 알았는데 직접 해보니깐 정말 가능한거에요. 빠른 배속으로 인강을 들으며 꾸준히 누적복습을 했고, 강의에서 몸동작이나 손동작을 활용하여 그 뜻을 정확히 숙지하도록 도와주셨는데요. 단기 완성에 큰 도움이 되었어요. 연상 때문에 독해에 방해되는 일은 절대 없구요 영어 문제를 풀면 뜻이 너무 빨리 떠올라서 오히려 지문 풀이에 많은 시간이 단축되었습니다. 영어에 대한 자부심을 얻었고 어휘력까지 성장되어 너무 뿌듯해요

▶ 7일완성 다음날 회사 방문하여, 무작위로 추출한 100단어 TEST에서 100점

[수능 2900단어 7일 완성] "단어 외우는 속도가 빨라져 독해에 많은 도움이 되었어요" (정지호)

제가 영어를 이렇게 빨리 암기할 수 있을지 몰랐는데 강의의 도움을 받다 보니까 되게 빨리 암기하게 되더라구요. 강의 끝나고 바로 복습을 하였는데 발음하고 연상 비법을 활용해서 읽으면서 단어를 보고 그렇게 계속 반복하여 읽다 보니까 복습이 저절로 되었습니다. 강의에서 어려운 단어 3~4단어 정도 기억이 안 났는데 바로 복습을 하고 나서는 계속 기억에 남아서 좋았어요. 복습 프로그램도 제공 해주시니까 훨씬 외우기 편하고 또 빠르게 외워져서 좋았습니다.

▶ 7일완성 다음날 회사 방문하여, 무작위로 추출한 100단어 TEST에서 100점

[수능 2900단어 8일 완성] "발음을 중심으로 암기하니깐 헷갈리지 않고 더 정확히 암기할 수 있었어요" (송주아)

원래 알고 있던 단어는 30% 정도 였고요 8일 만에 다 외울 수 있을까 걱정했었는데 강의를 듣기 시작하면서 선생님이 자꾸 말을 하라고 말씀해주셔서 같이 말을 하면서 외우니까 훨씬 더 단어가 잘 외워지는 게 느껴졌습니다. 처음에는 단어를 보고 연상법을 생각해서 오래 걸렸는데 2~3번 정도 복습을 하다 보니까 영어 단어를 보면 바로 뜻이 생각나서 독해 하는데 전혀 지장이 없었습니다. 발음까지 헷갈리지 않고 정확하게 할 수 있어서 오히려 더 좋았습니다.

▶ 8일완성 다음날 회사 방문하여, 무작위로 추출한 100단어 TEST에서 100점

[수능 2900단어 8일 완성] "기존에 헷갈렸던 단어들을 연상법을 통해 더 확실히 알게되었어요" (김세광)

어휘 암기에 있어서 정말 취약했는데 8일 초단기 암기를 통해 지금은 수능영단어를 거의 완벽히 암기한 상태입니다. 해마학습법을 사용해서 계속 반복 하였고 20강 단위로 누적복습을 해주시는데 그게 큰 도움이 되었습니다. 배속을 해서 들으면 15분 이면 1강이 끝났던 것 같아요. 강의는 그만큼 시간을 효율적으로 활용하고 더 집중력을 발휘 하여 단어를 암기할 수 있게하는 장점이 있는 것 같습니다. 발음도 더 확실하게 알 수 있어서 좋았어요

▶ 8일완성 다음날 회사 방문하여, 무작위로 추출한 100단어 TEST에서 100점

초등부터 중학, 수능, 토익, 공무원, 각종 시험대비까지

이제 경선식영단어로 쉽고! 빠르게 공부

초등 영단어

경선식영단어 초등-3,4학년
강의: 50강 (1강당 10분 내외)

경선식영단어 초등-5,6학년
& 중학대비
강의: 50강 (1강당 10분 내외)

중학 영단어

경선식영단어-중학

강의: 총 60강
(1강당 15분 내외)

수능 영단어

경선식 수능영단어 Vol1+2

강의: 총 99강
(1강당 15분 내외)

수능 영숙어

경선식 영숙어-수능

강의: 총 31강
본강좌 1~29강 (1강당 25분 내외)
복습강좌 30~31 (1강당 1시간 내외)

토익 영단어

경선식 영단어-토익

본강좌 1~76강 (1강당 30분 내외)
복습강좌 77~86강 (1강당 1시간 내외)

공무원/편입/ 토플/텝스/SAT

경선식 영단어-공편토

강의: 총 80강
본강좌 1~74강 (1강당 20분 내외)
복습강좌 75~80강 (1강당 1시간 내외)

저절로 내 것이 된다! 100% 암기보장

업계유일 복습시스템 무료제공

복습시스템

경선식에듀 회원이라면? 무료로 이용가능한 초단기완성 복습시스템!
교재가 없어도 언제 어디서든 쉽고 편한 반복학습을 누려보세요.

POINT 01

교재 & 강의 복습

교재 매 강마다 복습문제 수록 동영상 매 강의마다 5분 복습 & 전체 복습강의 제공

POINT 02

모바일 스터디 무료제공

만화+단어+뜻+원어민 발음 암기효과 UP!

POINT 03

단어테스트 무료제공

챕터별 객관식, 주관식 QUIZ로 빈틈없는 실력점검

POINT 04

나만의 단어장

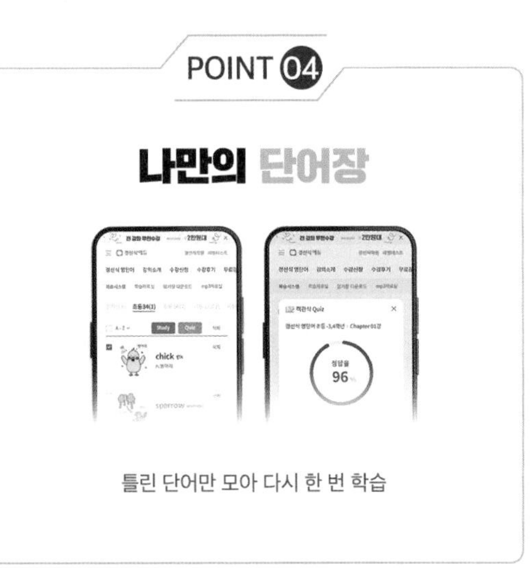

틀린 단어만 모아 다시 한 번 학습

원어민 음성 복습을 통한 최단시간 학습효과 UP!

17년 연속 수능 어휘 적중률 1위

어떤 교재를 선택 하시겠습니까?

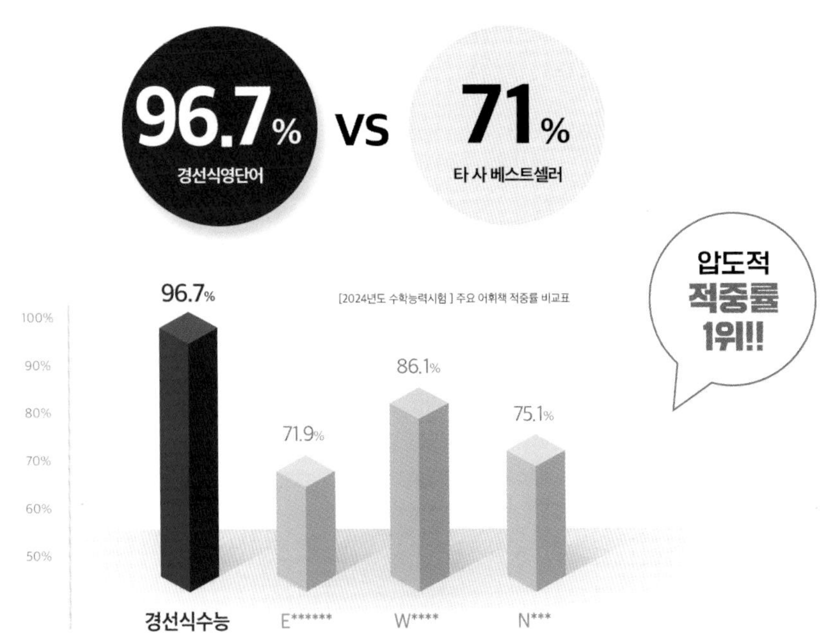

평균 적중률 96% <경선식 수능영단어 역대 적중률>

2008	2009	2010	2011	2012	2013	2014	2015	2016	2017	2018	2019	2020	2021	2022	2023	2024
96.1%	96.1%	95.0%	90.4%	90.6%	97.5%	96.7%	97.9%	99%	98%	97%	97.7%	98.5%	93.3%	95.9%	95.6%	96.7%

최적의 어휘구성

수능, 내신 1등급! 경선식영단어면 충분하다